Message from Berlin

一建築家の思索の日々

狩野忠正

96
1
23
三ケ月の門

装幀　森本良成

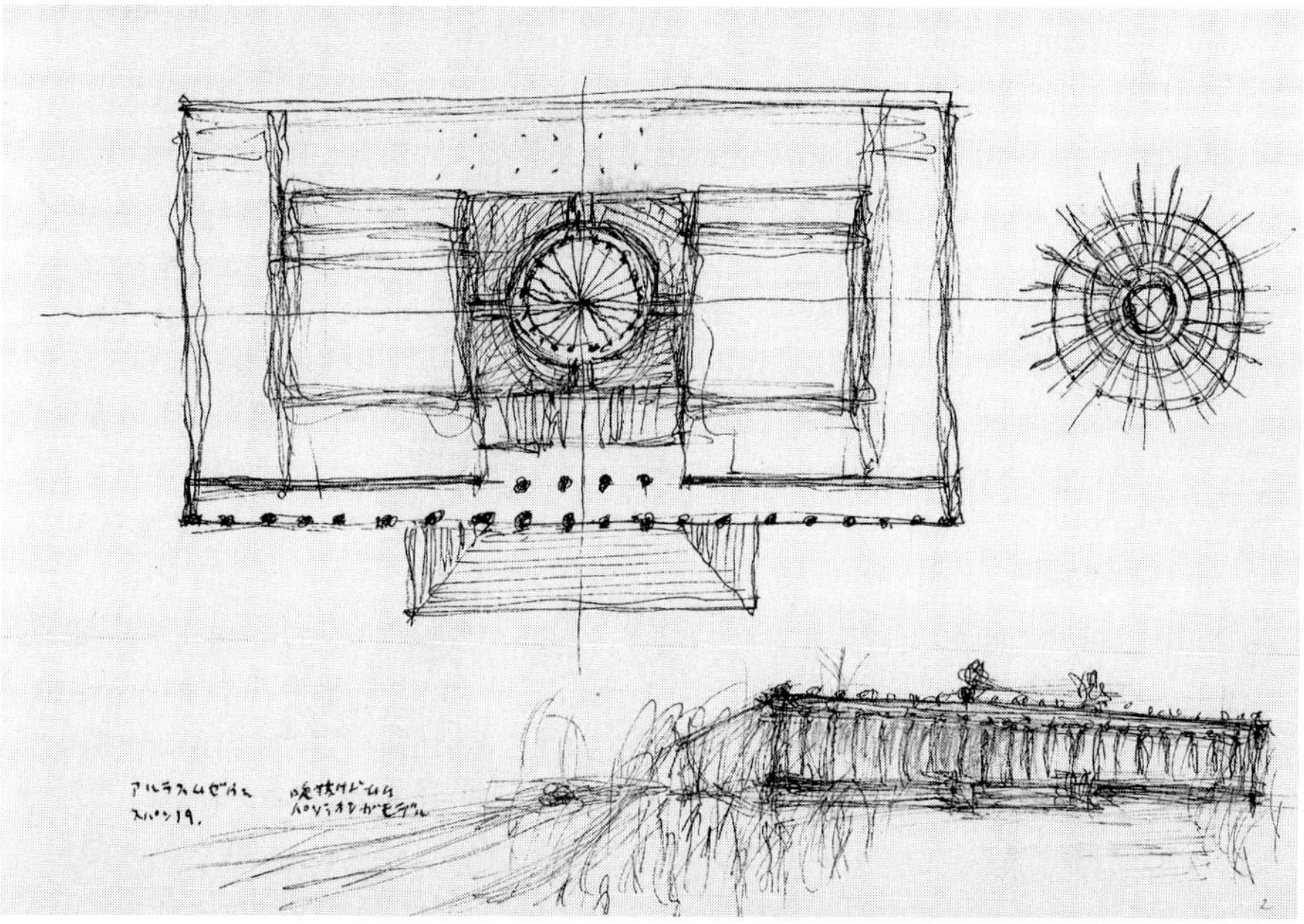

96.1.4-1.31

96・1・6

今月で退社して138日となる。生活は変ったが、仕事に対する確かな自信はまだない。これからある方向づけは必要である。何をやり、何をやめるかだ。何をやりと云うことは、自分に何が出来るかと云うことに他ならない。その前提となるのは現実を直視することに他ならない。

政治、経済、文化、スポーツ、ファッション、技術……あらゆるものをセグメントしながら理解しなければならない。そこがむずかしい。

しかしやる方法はある。世の中にはスペシャリティが必ずいるものだ。スペシャリティは現実を深く見ながら未来をめざす。スペシャリティが間違いを犯すのは相対的にものが見えないところにある。絶対なのだ。絶対だからスペシャリティでもあるが、現代は絶対を前提として相対でなければ通用しない。そこに時代の波を感じる。

風景の中の建築

今日、※シンケルのドローイングを見て感じたことは、十九世紀初頭にあって時代を良く見ていたということ。あのドローイングにはどの王様も感動する。風景の中の建築そのものである。風景が主であり建築は従なのだ。つまりシンケルは風景をつくろうとした。どこか現代に教えられるものが存在する。

※カール・フリードリッヒ・シンケル（1781年—1841年）
十八世紀ドイツの新古典主義建築を代表する建築家。ベルリンなどの都市計画・設計においても活躍。画家、舞台美術家としても知られる。アルテス・ムゼウムなど多くの作品を残した。作風はギリシア建築に倣った新古典主義建築であるが、幾何学的、厳格で端正なデザインはモダニズム建築の美学に通じると評される。

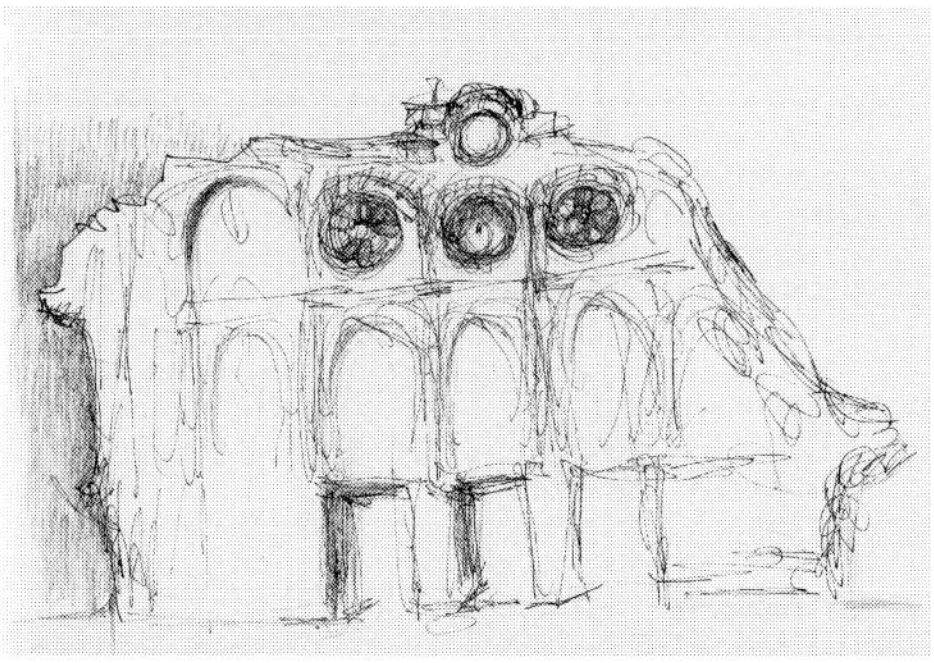

現代は風景を忘れてしまって久しい。人間が感動するのは、風景こそストレートに心情に伝えてくるのだ。シンケルの行ったことは今でも通用する。同じやり方ではだめだが、風景としての建築は未来永劫変らない。シンケルの設計による音楽ホールにシャウスピールハウスがあり、よく聴きにいく。

インテリアは風景ではないことが、少し言葉を変えると、風景のすべてを語りにくいことが理解されてくる。音楽を聴く行為、あるいは指揮者、演奏者と空間を共有する行為、それは観客も含めてのことだが、すでに時代とずれてしまっている。クラシックコンサートを行うとしても、メロディはクラシックを基にしているが、オリジナリティとはかなり変曲されたものになっているのだ。

クラシックという伝統の響きは骨格だけのこして外皮は変ってしまっている。インテリアはそのままで外皮の変わってしまった音楽を聞く、そこに問題がある。それにくらべてベルリン・フィルハーモニーはインテリアと音楽がうまくいっている。しかしこれもいつまでつづけられるかは不明。

建築における風景論は、いろいろな外的条件をふまえて見なければならない。シャウスピールハウスの外観は両サイドにある教会と、前庭となる彫刻、それに出来の悪い現代建築があるので生き生きとしてくる。

この建築が出来た当時のパースを見ると　馬車に乗り帽子をかぶりロングスカートの女性は傘を下げている。この建物は今も生かされている。今は前の道をバス、乗用車が行き来する。かろうじてこの街に生きづいている一階のロビーは、受付の男性がマントを着て迎えてくれる。

これはぴったりだ。入場券を拝見する単純な行為は今も昔も変わらない。それとこの服装、それで風景として成立している。シャウスピールハウスのインテリアは、人が誰もいないときは美しい。人が中に入ってくると、これほど異様な風景もない。若い人のジーパンにセーター姿では、もうパロディのなにものでもない。さすが年をとった婦人などは、わざわざ別の靴をもってきてクロークでかえている。かなり努力しないとこのインテリアにあわせることはできない。

シンケルの建築から教えられることは多い。プロポーションのすごさ、色づかいの完成度、空間の息づかい、ランドスケープの広がり、視線のおさえ方、スカイラインの大胆さ、街を息づかせるものがある。近代はこれを忘れてしまって久しい。

縦形のプロポーションは今だに新しいものがある。ピロティの柱頭と柱間隔、屋根を大きくしたり小さくしながらバランスさせている。

それに対して、近代建築はスカイラインをだめにしてしまった。外観はのっぺりして工業製品と変わりがない。使う目的だけなのでこうなってしまったのだ。近代はもっとすごいことができるはずだ。

※ゴットフリード・シャドウ
（1785年―1787年）
ドイツ新古典主義彫刻の代表的作家。ベルリンで宮廷彫刻家、アカデミー教授などを務めた。

※アルテス・ムゼウム
（1823年―1830年に建設）
ベルリン国立博物館群のなかでもアンティーク・コレクションを専門として収蔵。もともとはプロイセン王国の王室コレクションの収蔵と展示が目的で、シンケルの設計をもとに新古典主義様式で建設された。新古典主義様式建造物のなかでも最も評価されているものの一つで、シンケルの代表作とされている。

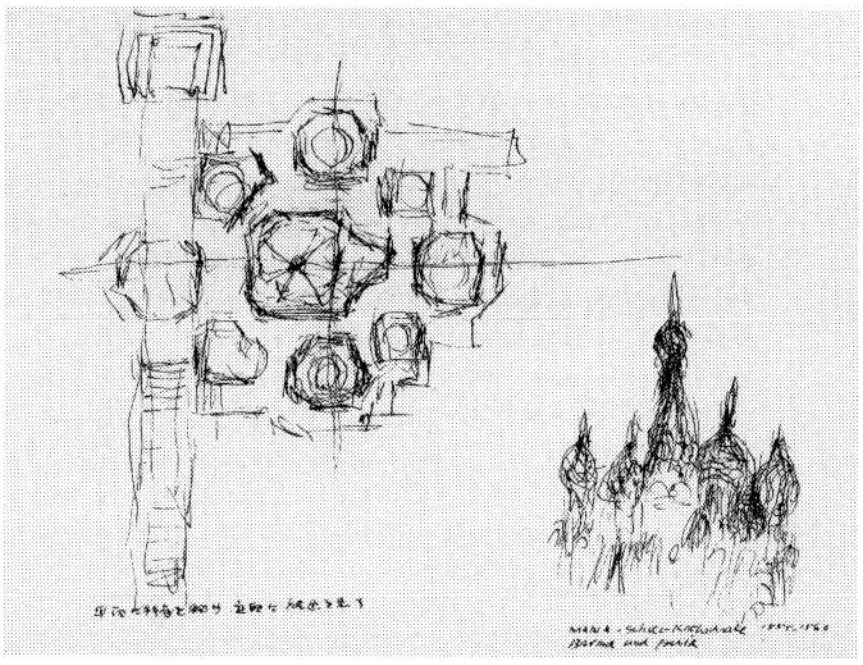

生活を変えなければならない。生活を変えると近代が見えてくるのだ。近代の問題は都市化の中に本性を見失ってしまっている。自然の中に、田舎の中に、土の中に封印されてしまった。土を耕せば人類永久の真理がある。ごく身近にころがっている。

シンケル建築のもう一つの特異性は、彫刻家※シャドウ達と組んで仕事を行ったこと。ウンター・デン・リンデン街に面してある新衛兵所はシャドウとの共同作業。

ギリシャ神殿をイメージしたこの建物、ギリシャと同等以上の迫力があるのはシャドウの力によるところ大である。破風の部分を埋めつくした彫刻は十九世紀を呼吸している。※アルテス・ムゼウムでもシャウスピールハウスでも、入口廻り、屋根のスカイラインの変化を与えるところに有効に彫刻を配置している。彫刻がない場合を考えると、かなりマイナスとなることは間違いない。

建築の品位はプロポーションとか材料の使い所、ディテールにあるが、それにさらに加わる要素をとらえておかなければならない。近代建築の品位があるレベルまでいきながらそれ以上になりえないのは、このプラスαがないからである。

それは多分生活からくるものだろう。時の移ろいとも語れそうである。食べ物、家具、住居、洋服、持ち物、すべて別の世界で生きている。それと同じことはできるものではない。それと同じ本質をふまえて生活することはできる。

選択眼が問われる。必ずや同じ本質のことは残されている。ただコンヒューズの中にあるので、かなりの気力がなければ見ぬけない。この本質的なものが応々にして、人気があるとか価格が高いので良いとかで一般人はまどわされてしまう。

本質とは体内から発する信号音と交信するようなもの。この交信がなかなかできるものではない。限られた人しかできない。特別に与えられた天賦のようなものなのである。

芸術には背景に科学が備わっている。科学が与える計算的なものがバランスさせ、秩序を保たせる。建築は構造の関係、納りを必要とするところから科学を斥けては通れないので、その拘束から逃れようとして絵画的になろうとする。

絵画は幾何学を解放したものであるので、もとをただせば科学そのもの。建築も絵も、科学から逃れるほど弱体化してしまう。科学に操られるのでなく、自由に使いこなすことが重要。

音楽にあっても同じ。音楽は数学におきかえることができる。それが良い音楽かどうかは、数学にしばられたか開放したかの違いにある。この開放が簡単なようで難かしい。

芸術の永遠性

元東ベルリン地区のオラニエン通りの建物が、若者が芸術活動を行っていて面白い場所なので、最近多くの観光客が押しかけている。絵画、彫刻、ランドスケープ、映画など活発、しかし弱い。

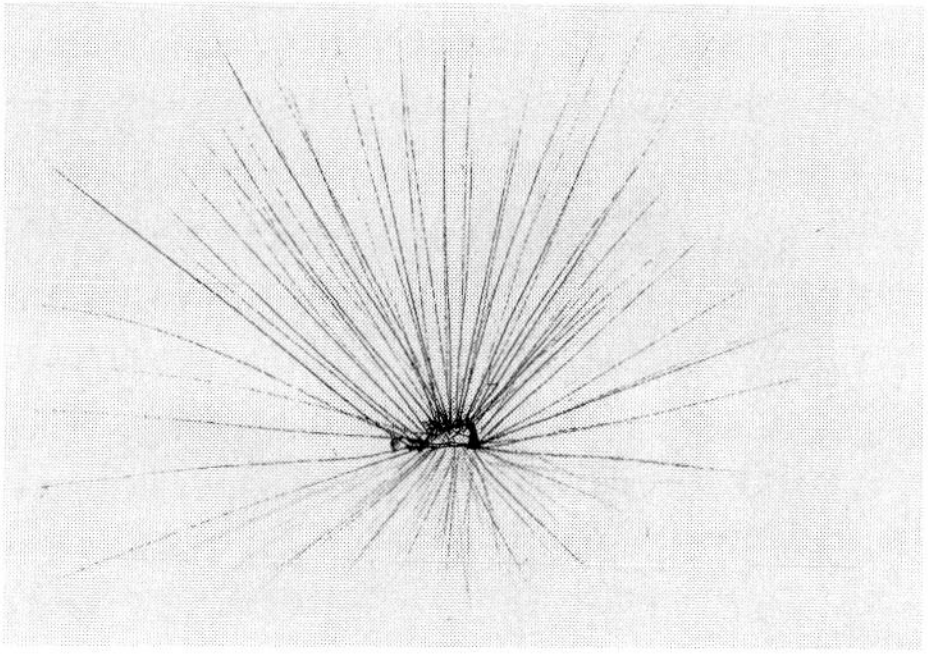

作品に力が欠けているのだ。それはこの科学の裏づけがなく、流されているからである。
芸術とは単に情熱があるとか努力するとか、体を張って作品をつくっているとかではない。冷徹なる計画と構造的な力学を解答したものが基本であり、それではすまされない。それを次に自由に使いこなしたかにある。まだまだ深いのだ。
芸術は足し算と引き算から始めなければならない。人類の歴史の基本がそこから出発しているので、それが歴史がまがりなりにも持ちこたえてきたのでやむをえないと云うか、人間が持つ遺伝子と云えるものなのだ。
従ってあらゆる芸術は科学で実証されるものと云えよう。それは時代と共に、方法とかプロセスは違うにしても、行きつくところは同じなのだ。普遍的なということは　科学における実証に他ならない。科学が永久の真理であるように芸術も永遠性をもっている。

今日ユダヤ人の住む地区に行った。天気が久し振りに良くなったので写真を撮りに行った。

ユダヤ人の街は余分なものがそぎ落され、筋が一本通っているところがあり、心動かされるものがある。特別に名のある建築家が設計したわけではないが、群となったたたずまいを見ると、暗黙の中に相通じる家と家、街区と街区が語りあっているように思える。窓に見えるカーテン、照明器具、扉のノブ、表札、呼鈴、どれを見ても華やかさはない。

華やかさのかわりに魂をゆさぶられるような思いに至る。ごつごつしたやや丸味をおびた石

※ギュンター・ヴァント（1912年—2002年）
ドイツ人指揮者。ハイドン、モーツァルト、ベートーヴェン、シューベルト、ブラームス、ブルックナーといったドイツ音楽を得意とする一方、ストラヴィンスキーやメシアンのような現代音楽作品も積極的に演奏した。

畳、自由自在に立ちはだかる街路樹、どれも民族の歴史を背負いながら歩んできた証のよう。

建築の外観はすべて石造りではなく、石の形のコンクリートブロックを取り付けている。深い目地、安定した窓、バルコニーの手摺、この百年程の歴史を持つ住居建築を、近代はどうのりこえようとするのか。これにかわるもの—同じことはできないのは当然—は、何によってこえようとするのか。新しくできたものがほとんど見おとりするのは、形を変えてはいるが別のプラスとなる要素が付加されていない。

近代は外部と内部がもっと自由に同化混在がなされていいのだ。外に出るところと入るところ、もっと明るく、もっと重厚で快適で、光と影が空中にどろどろと渦巻くことなのだ。ユダヤ人街の建築の密度はその時代のものであり、今ではないのである。

夜のブランデンブルグ門を見に行った。十時を廻っていた。いつも夏のシーズンなど人であふれる場所である。気温零下十度、風が門の間をぬけていくとあって、全く人一人歩いていない。時にバス、乗用者が通りぬけていく。近くの工事現場が暗闇の中に黒々として無気味だ。ブランデンブルグ門はかすかではあるがライトアップされ、門の上部にある馬車が天空を背景に浮かび上がっている。偶然にも門の中央に三日月がかかっていることを発見した。柱と柱を結ぶ架橋のスタイルをしている。

この門はいろいろな歴史の事象をくぐりぬけた門だ。フィルムで見て記憶に鮮明なのは、大

戦中、リンデン街の東の方から行進する軍隊を閲兵するヒトラーの姿があったり、公園の西の端から平和を祝う行進、門のすぐ西側に東西を分断する壁、門の上で銃をかまえる兵隊、壁の解体の時にあふれる市民、壁の上に立つもの、壁を破壊するもの、そして最近行われるようになった市民マラソン。参加人員二万人、朝九時から夕方四時頃まで走りつづけるフルマラソンコース。市民はこの門をくぐることによってベルリン市民としての自覚を高めるに違いない。

門はいろいろな歴史を秘めている。この場所が象徴的であり、なにものにも負けない強い精神力が伝わってくる。深夜のブランデンブルグ門は時間と空間をこえて沈黙の中にすべてを教え、すべてを語ろうとする。

ふと不思議なる連想が伴なった。今回ベルリンフィルで最も印象的だったのは※ギュンター・ヴァントのブルックナー第五番交響曲だった。この指揮者とこの門だ。そしてブルックナーの五番があればぴったりだ。今まで全く知らなかった。この指揮者とベルリンフィル、この完成度、この空間、一人立つヴァント、これは門と同じであった。

指揮者の年令83才。体に、タクトの棒に、すべてが音楽でみなぎっている。ブルックナーの強弱の激しい曲を振りこなす力はどこから蓄えられたものなのか。時間が一時間もかかる全曲を休みなしで行った気力、精神力、そこには別の何かが働きかけてそうしているとしか思えない。フィルハーモニーという超一流のメンバーをそろえて、これがなしうるのだ。二流を集めては無

※ルイス・イザドア・カーン（1901年―1974年）
構造と意匠が高度な必然性の高みで融合し、その精神性を専門家だけでなく、広く一般にまで感受させることのできた建築を作り続けた最後の建築家と考えられている。代表作に、イエール大学アートギャラリー、ペンシルベニア大学リチャーズ医学研究棟、ソーク研究所、バングラデシュ国会議場、インド経営大学、キンベル美術館など。

理なのだ。しかも83才のヴァントにしてなしうるのか。フィルハーモニーの伝統と歴史がその支えとなっていることは確かだ。ヴァントとブランデンブルグ門、幾多の惨禍を経験し、なおまどわされず、一条の道を歩んだ姿がそこにある。深夜のブランデンブルグ門とブルックナー交響曲第五番を演奏するヴァント。

そういえばこの門にかかる三日月は何を意味するのか。ヴァントの指揮棒が終演でピタリと静止したときそのものではないか。フィニッシュが重要なことがこれを示している。この前でもこの後でもこの風景は訪れない。人生のチャンスのような出来事なのだ。いろいろなことをやり、悩み、迷い、喜び、おとしめられ、助けられ、そのようなことを営みながら、ある一瞬に現れる至福の瞬間なのだろう。一つの信念なのだ。

建築は長時間かけてじわじわと進んでいくが、三年、五年、十年と時を重ねているうちに訪れる歓喜の合奏なのだろう。その為には日々の研鑽しかありえない。うろうろするのでなく、表層でなく、核になるようなものを見すえる姿。

何かが登場し何かが去っていく。これも時間なのだ、歴史なのだ。人類何億年の経過の中に幾多のことが起こり、幾多の美の瞬間が訪れたのだ。それを感じる機会があるかどうかは、生活の流れの中でどのように行動するかしかない。遠くへ行けばそれだけ深い電子の応答がある。長い過去から受け継いだ己が内なる電子が感応したのだ。今日のブランデンブルグ門にはそれ

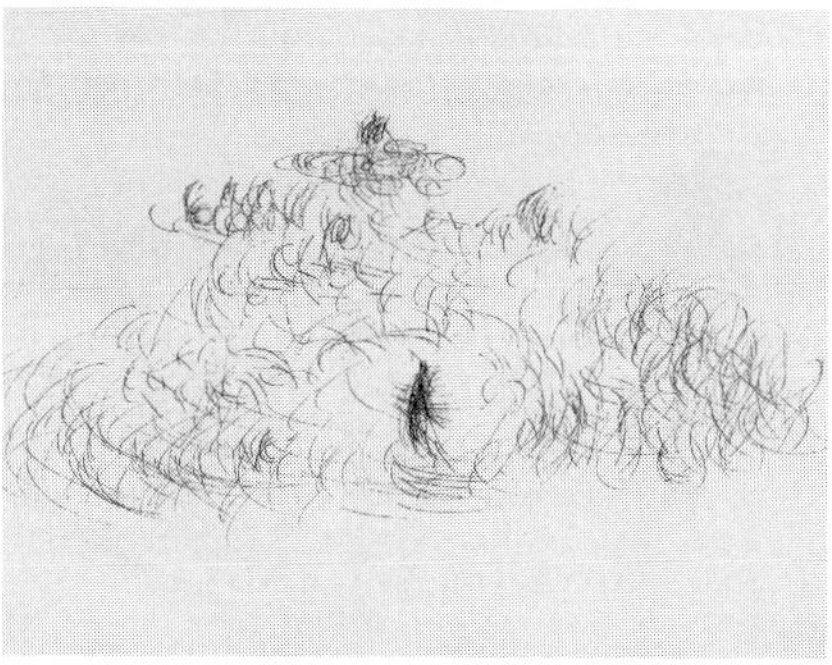

があった。絵を描いていたときに思われた。

終って帰ろうとしたら、手がかちかちになっていた。今日は寒いのだということが、やっとわかった。

光と影

光と影のドラマを語らなければならない。光と影で形を、空間を、どれだけ変化を与え豊かにしているかはかり知れない。光と影は神が造り人間に示したのだろうか。斜めの光は長い影を落し街に表情を与えている。時間の経過で変わり、四季の変化で変わり、天気の具合で変わっていく。実体よりも影の方が存在感があることが多い。それはモノクロの形成するドラマである。今日は湖のそばでも街路の並木道でも人が歩く姿にも、そこで起きる影の美はどこからくるのかと、何度も何度も考えてみた。人間が誕生したときが感じていたこと、しかしあまりの与える実体―本当はそれの方が影かもしれないが―が目の前をうろうろと通りすぎて、あるいは他人の語ることばにまどわされて、感度がにぶってしまっている。人間は一人静かにいると、それがひたひたと甦ってくる。

影はモノクロであるので、いやが上にも存在感を示し、イマジネーションを高め、何が起こるのかどう移り変わっていくのかといろいろ考えさせられる。建築の世界で影を語ったのはルイ※

ス・カーン。カーンは影の生命感をとらえていた。より強力に人間の内面に訴えるものであることを。カーンの建築の外部性、カーンはほとんど外部空間として建築を考えていた。

カーンは遺跡から多くの啓示を受けた。機能もなくなってしまい、自然のなるがままに変わり果てた空間にその美—この場合、人にはっとした思いに至らすこと—を発見した。だからカーンの造る空間は時間が永続し、いつの時間をとらえても新しいものを訴えてくる。それが見る人の心深く到達してくる。

カーンの建築の平面形がよく表しているが、凹、凸は光がどのように反応をくりかえすかを考えている。ただ平面形の面白さでは決してなく、光のドラマがどのようになされるかにあったのだ。機能のないカーンの建築は、逆にどんな機能がやってきても平等なのだ。カーンの建築の永遠性の秘密はここにある。光と影を設計したのだ。これほど意志強固につらぬけるものではない。機能をみたすだけのものであれば、機能が去ると同時におさらばだ。現代建築の多くがそこでただぐるぐるとさまよっているだけなのだ。

様式時代の建築がなぜ生き残っているかといえば、様式が影をおとし、それが人の心を打つから。様式建築の意味はそこにある。修練をくりかえしたマイスターの技が、形態が、表情を豊かにし、光にさえぎられた影が次々と迫りくるのだ。

建築の影のドラマは二度と同じものではないところに現れる。表情が生き生きとしてくる。

影は生きているのだ。一瞬のうちになくなることもあり、現れることもある。半分現れたりすることもできる。影は天才である。実体よりもその影の方がもっと存在感がある。影だけを考えた建築ができれば、現代を読みぬくことができる。時間もコストもかけなくてもできること、だから現代なのだ。表面だけをみているとそれを見失ってしまう。そこを、そこにとどまって行動することが重要。

社会は表面が面白いことを求め、それに左右される。そこである方法論にゆきあたる。形はつくらないこと、素材に頭をいためないこと、プランニング、使い勝手でくよくよしないことが重要。ただ大切な事は影なので、影がよければ人の心に潜む深層心理に訴えかけてくる。眠っていたものがよびさまされてくるのだ。おそらく過去百年二百年と時代をさかのぼるほど、人間は影に敏感であった。遺伝子の中にそれは備わっている。この眠れる因子をどうしてさまさせるか、簡単なようでなかなか。今世紀初の大きな課題なのであろう。

民主主義の時代となり、市民平等となり、同じようなコストをかけて建築をつくるときにあって何が可能か。それは視点のおき方を変えるしかない。実体でないもの、手を開げればできる空間、無のところにいちばんの実体がある。

それを行わなければならない。柱をたてるだけ、ゲイトをつくるだけ、床を上げたり下げたりするだけでできるのだ。光はどこか、光はどこまでもついてくる。光は純粋。純粋なる光に対

して正しい姿勢を保たなければならない。

ここには日本的なものがある。禅の思想がある。なにもないところにすごいものがある。ということは禅の無に共通する。ないものが一番あるのであり、あるところはなにも意味のない実在しないことになる。

〝無〟のところにどうさがしあてるか。そう考えてくるとあまり苦労は感じない。ただ自然体で、淡々とすることなのだ。この、ただ淡々、がなかなかむずかしい。いろいろの拘束の中にとじ込められているのが現代であるので、静かにスタディするしかない。この多様なる時代―公衆が自由に行動し発言できる時代―にあって、この光という理解しにくい実体をどう伝えるかが重要なのだ。

そこでクローズアップされるのが光と映像である。光を伝える手段としての映像が、映像によって光が正当化されることになる。考え方によっては映像の方がより実体なのかもしれない。映像によって光のドラマが演出されることになり、ものの見方がこれほど光によって変わるのだということを思いつく。

光はそれぞれのシーズンにその特性を発揮するものだが、冬の光、晩秋の光が光の到達距離が長く、奥行きを伴なってくる。さらに真上にある太陽光よりも日の出、日没前の方が光の奥

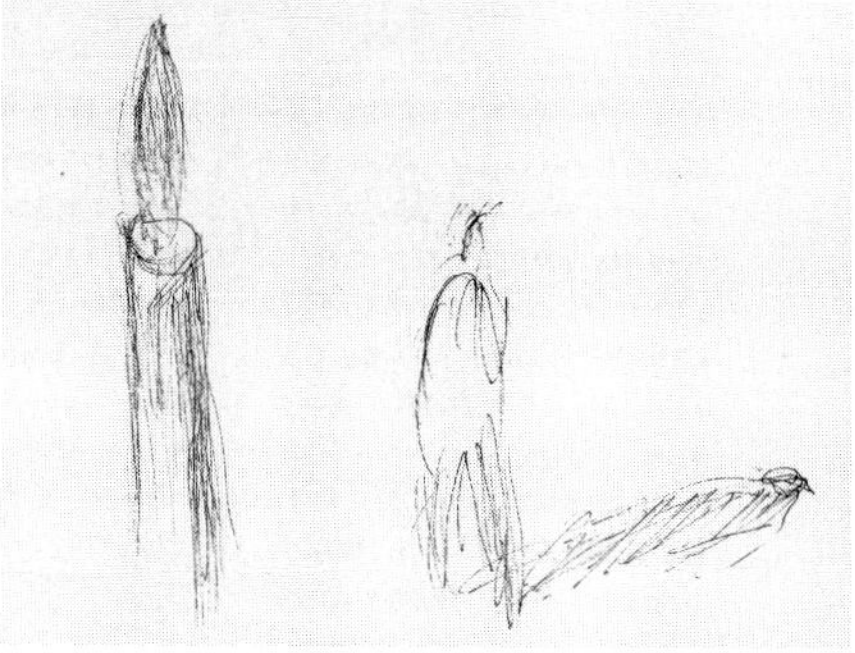

行きが増すのは、刻々と変化をしていくことと、対象を下の方から持ち上げるような思いに至らしめるから。

それはあまりコントラストのない中でのコントラストが豊かな心境に、人々の気分を至らしめるから。冬場の湖面の薄氷は美しい光をはなつ。これは建築ではかなわない。光の交響曲の演奏であり、ここでもあそこでも至るところで演奏されている。

あまりに日常性の中にあるので人々は関心を示さない。人間は珍しいものには関心を示すが、日常の中のドラマは見すごしてしまう。この薄氷が十年に一度とか一年に一度しか現れないとしたら、多くの人が殺到することになる。日常の中にある美の存在の証を行うためには、切りとられた場所と時間を映像にするのが訴える力をもってくる。建築空間と映像は、レンズを通して登場したドラマの何百分の一秒か何分の一秒かなのだ。

そのそぎとられた中に生命体がごそごそ動いている。生命体をもつ光は現代人に訴える。映像を通してある作者—カメラマン—に選びぬかれた瞬間をとらえたものを見て、公衆は心動くのだ。そこに空間と光と映像の意味が浮かびあがる。映像は日常からぬきとられた非日常の劇場ドラマと云える。

冬の落葉した樹木は美しい。樹木の枝が美しいこともあるが、もっとすごいのは、細い枝がか

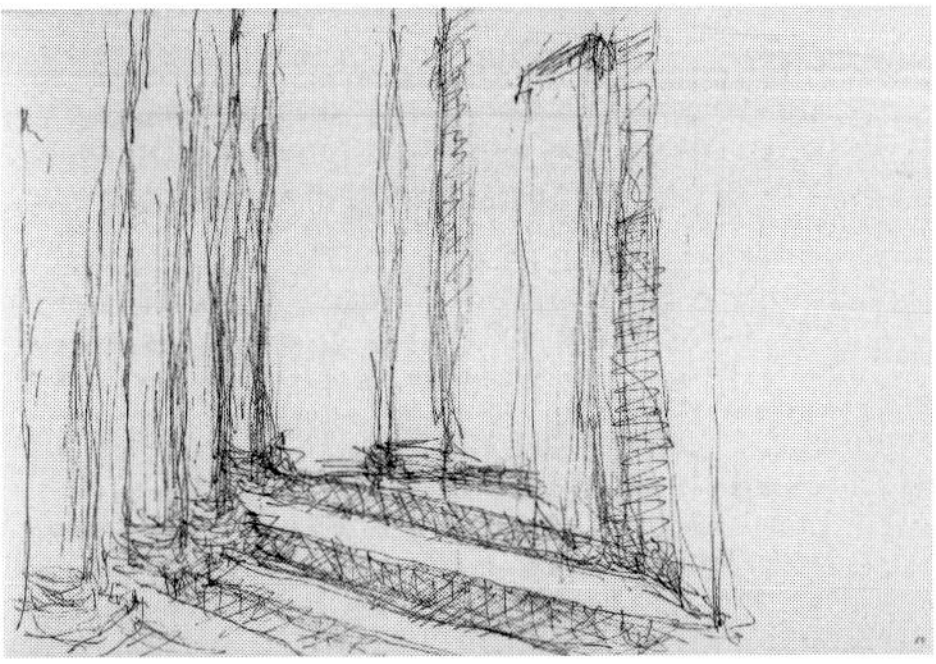

すかにゆれ動いた間にある空の美しさに、街の形態、人間、トランスポートの美しさに見とれているのだ。小枝にゆれる光が遠く近く、強く弱く、色の変化、強弱が反応している。特別なところに行かなくても、街を歩いていても窓から外を眺めていても、そのドラマは訪れる。感情が鈍くなってしまっているから感じないだけなのだ。

街路樹があってどれだけ建築は助けられているかはかり知れない。建築だけで都市のイメージを完成させようと思うことなど、建築家の思いあがりもいいところだ。樹木は思い思いの個性をもって時がなすがままに生長していく。生長する過程と建築の存在が、いかにということが、都市を形成しているのだ。

ある街はまだ未成熟な場合もあるし、すでにすぎ去ったときもある。しかしまた、完成に向かって成長しているかも知れない。どの状態にあるのだという判定はおぼつかない。人が通りすぎ、犬が走り、車が残像を残し去っていく。街で建築と樹木とそこに訪れる光、実体がつかみにくい光が主体なのである。実体もかくされた主体なのである。

従が主体として表舞台に現れることなく、裏方でありながらすべてを支配している。表に出ずに支配するということが重要なこと。

光と影を考えていて強く思いをよせることになったこのネガとポジの関係、ネガがポジを支配すること、このような視点を考えることは重要だ。

切り取られた領域

コーヒーカップの形はたしかに重要であるが、底がぬけていたり、器として十分でなかったりしてはだめだ。コーヒーカップの形よりも内面の形にならないもの、容量とか質を変えるもの、心理的に豊かにさせるものとか、それが主体の役を演じている。これと同じように建築空間をとらえてみると、柱とか梁とか壁の構造とか仕上げがどうあるかを問うより前に、それで区切られ覆われた内部のガランドウはどうなのかをとらえることの方が意味深い。

外部仕上げとなる石組み、タイル張りをとらえて見ても、その目地にあたるものが重要だ。目地の大きさ、深さ、タテとヨコ目地の関係、左右の関係、それが時間が経過し光と反応を示すことによって、より存在感をもっている。

元東ベルリンには多くの石造建築が残されている。新古典主義建築であるが、そこにある石と石の間の目地がほこりでよごれ、雨にうたれて流れ、同じ目地として設計され施工されたものが、唯一無二であるはずが、みごとにそれから離れ去っている。特異なる現象だが、歴史の検証として、石壁に多くの銃弾の跡がのこっている。痛々しい痕跡そのものだ。これはもっと存在感がある。計算されざる場所にその跡をとどめるからである。

切り取られた領域、ここにはボイド空間の世界がある。あいだにある意味、あいだで演じられるドラマ、そこは断ち切っていながら連続したいという期待をもたせる。上家のある電車の駅

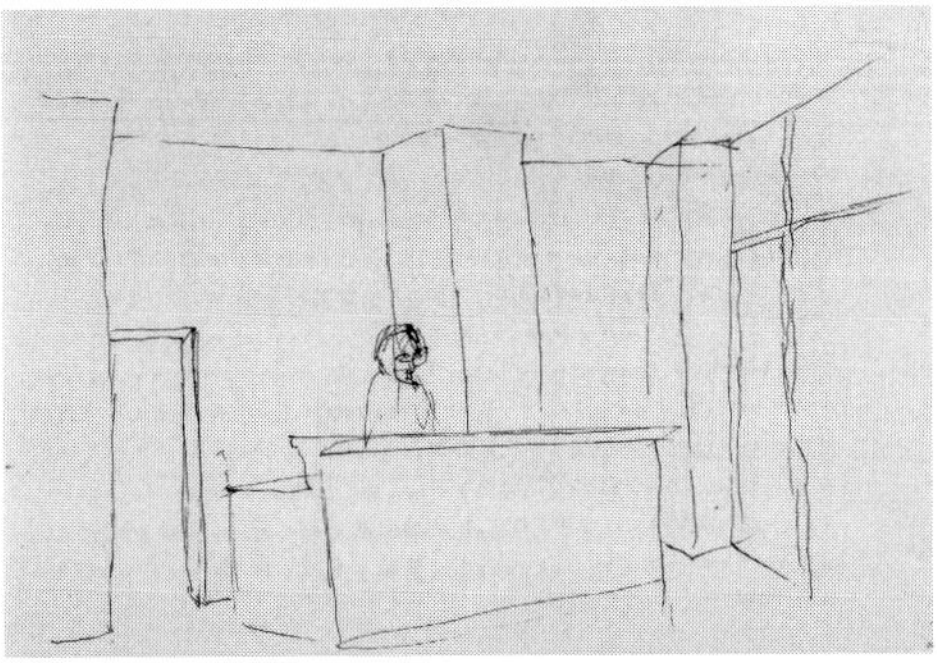

舎のプラットホームから眺める景色もさることながら、いつ訪れるかという電車を待つときの心のあやなす波動なのだ。

切り取られた領域は外部でも内部でもあり、別に空間に限らず政治、経済、社会、スポーツ、あらゆるところで起こっている。すべてを見ることも知ることももはやできないとしたら、どこを誰が切り取り誰が示すか。

メッセージにあってもしかり。何が言葉で伝達されたかであり、そのタイミングが多くても少なくてもだめだ。その瞬間に成立する呼吸のようなもの、語りすぎてもいつ語るかも考えあわせてのことなのだ。ここでは必ずしも早いからいいと云うものでもなく、波調というもの。いつ選びぬかれたものが見られるのかが重要。

その為に準備が重要である。思いついてすぐとか、予定もなくただがむしゃらでは無理。潮時と云うもの。あせることはない、着実でなければならない。この着実の内容こそ大切で、着実は感覚的なものではなく、客観的で計数的で物理的でリアリティを伴うもの。経験の風景をただ流される、流してしまうのではなく、定着させながら進んで行くこと。だから静かなものなのだ。

考え方によっては人間の一生も人類の歴史も、切り取られた領域なのである。ここでの着実とは、人間の個人にとっては遺伝子がどうかということであり、人類にとっては地球誕生にさかの

ぼるときからの相互存在関係なのである。その時その時に成立と消滅をくりかえす事象も、過去と未来との狭間にあっての依存関係そのもの。

従ってある一つのことにあって思い悩むことはない。その因果関係を冷静に見据えることこそ重要となる。この踏ん張りこそ大切なのだろう。その時にリアリティが浮かびあがってくるから。

切り取られた領域は、建築空間にあっても考えておかなければならない。建築という行為そのものが、このガランドウをどう仕切り、どうとりはずすかということなので、一枚の壁、一本の柱で、それはいかようでも成立する。切り取られた後に何が残るかということよりも、どのような関係性が生まれるかということ。

関係とは光がどうぬけ人がどう動くかである。切り取りは明らかにある。強制空間であると同時に動的でもある。ガランドウにより、すでに別の上位の意識の中にもち込んでしまっている。切り取られた領域は見せる見せないの空間が呼びおこしているのだから、存在感はより強く反応を示すように人間に働きかける。

多くの遺跡をみていると歴史を切り取り封印してしまったものもある。それは遺跡の秘めたる模様のようなもの。この模様を十分に発揮しているのがエジプト、ギリシャの石造のアーチに見ることができる。力学的にも安定を保ちながら、石が少し不安感を抱かせながら立ちはだかる。その場にしかなく、時間を、長い間の人間の営みさえも内包してしまっている。

様式の時代になってもその考えはつながっている。即ち連続するアーチ、ピロティにたった入口の構えなどは、それがある場合とそうでないのと比較すると、いかに切り取られた領域が重大な意味を有しているかがわかってくる。シンケルの建築の正面に堂々と張り出したピロティの列柱がなければ、シンケルの建築のレベルを低くしてしまっていることになる。

シンケルはイタリーを旅行したときに多くのスケッチを残している。ただ風景を描くにとどまらず、イメージとして描いているのもあるので、旅行中にかなりスタディをくりかえしていたことが理解される。

シンケルの風景画は実現した建築よりもはるかにドラマがあり、もっと空間の豊かさをもっていた。イメージと規定との差がそこに現れるのだ。シンケルはまさに切り取り作業をくりかえし行っていたのだ。旅行中に抱いた空間の建築への回帰が後々まで続いていくことになる。設計とはこのようなことだ。イマジネーションの置換と変換と増幅なのだ。それを支えるのは意識の力に他ならない。

切り取られた領域に対して、そうでない領域がある。ただ単に対極にあるというのではなく、切り取らずそのものだけの存在で成立することにある、存在感のようなもの。それだけが他を、周辺を支配することがある。あるものそのものであること、それだけで成立する意味をもつことであり、壁一枚でも柱一本でもなりうる。

この「なりうる」というなんでもないことが、実はたいへん意味深い。時間、空間、喜び、悲しみ、あらゆる労苦を含み込んでいるところにある。設計の一本の線にあっても同じ。それだけで訴えるもの、人の心をゆり動かすものがある。

音楽と建築

シンフォニーを聴きにいって手に入れるカタログに、作曲家のオリジナルの楽符が掲載されているが、それなどまさに啓示に近いものがある。ブルックナーの楽符にもモーツァルトの楽符にもそれがある。曲が五線の上で空間を奏でているのだ。メロディを示すだけで目的を達するものが空間的なのである。すべて共通するものをもっている。スケッチの作図の段階でもうすでに人の心をとらえ、自分もその中に入っている没我の行に他ならない。すべて同じなのだ。ただ単なる没我というのではなく、前提条件のある上でのもの、社会的背景をふまえた上でのぬけていく世界。ある一瞬の光陰の内に成立する至福のときなので、時が停止し、喜びもかなしみもそこでは超越してしまっているのだ。そこに行けた人はなかなかいない。簡単に行けるものではあり、数少ないチャンスの訪れ。五線の上にちりばめられた音符が、書かれたものなのかどこからとんできてそこに定着したものか。多分後者なのだろう。人間の意識なんか知れたもの、自然にそこにできあがってしまったのである。そこに手を貸したのがブルックナーであったりモーツァルトなのだ。

※アルフレート・ブレンデル（1931年―）
オーストリアのピアニスト。ハイドン、モーツァルト、ベートーヴェン、シューベルト、シューマンといった、ドイツ・オーストリア音楽の王道とも言うべき作曲家の作品を得意とし、新ウィーン楽派の作品も多く演奏している。

オリジナルの楽符には謎がかくされている。作曲家の手を離れたところに痕跡となって残されたのだ。そこに至るまでに、作曲家は多くのことを犠牲にしたに違いない。他のことはできないから作曲したのでなく、作曲に促されたために、他ができなかったのである。あることに促されてそのようになる。そこのぎりぎりにおかれた立場が重要なのであろう。なかなかである。こうなるまでには、ある線をこえたときに、何かを見たとき、それを追い求めた結果たどりついてしまったということ、そこに芸術が成立するのだろう。成立というには軽すぎるだろう。そこに至ってしまったという方があたっているのか。そのあたりをこれから考えて解釈していかなければならない。

その時代時代が、時代でなければ成立しえないものをつくりだすのが芸術。ブルックナーもモーツァルトも、今の時代につくるのは無理。しからば今はどうなのかということになる。

音楽と建築はどう違うのだろうか。ただ陶酔の芸術と空間の芸術という定義ではあまりにも大ざっぱすぎる。そこで音楽と建築がもっている特性としているものの元をただしてみる必要がある。音楽は人間の気分をいやす役目をもち、建築は生命の安全を護る役目をもっている。そのところはごく当り前のことであるが、ここに相互に依存しあうものがある。相互というテーゼが意味のあることであり、そこを強調していかなくてはいけない。音楽の建築性、建築の音

※フォルケ・ハンフェルト（1950年―）
国立ベルリン芸術大学絵画科卒。インスタレーション、3D写真を中心に活動、近年はプリントメディアによるパターン、合成写真、建築に関わるインスタレーション作品を発表。また建築に融合するアートとして、建築家との協力によってベルリン、ブランデンブルク州に大型の平面作品がある。ライプツッヒ市中心部再開発計画、マドリッド市のドイツ学校の両プロジェクトの委嘱作品が完成、大阪の近鉄ハルカスビル内に大型壁画作品がある。

楽性ということになる。

ブルックナーの交響曲四番にも五番にも、またベートーベンのピアノソナタ100番にも、音楽的な構成が建築構成と共通する。第四楽章の構成はまさに建築的であり、空間の連続と断続の構成そのものであり、曲の構成が建築的なのである。ギュンター・ヴァントの指揮、ブルックナー交響曲第五番にしても、ブレンデル※のピアノ演奏によるベートーベンのピアノソナタにしても建築的なのである。曲があって音楽演奏者がいる。この記憶力、この音楽性、聴衆とホールと演奏者の三位一体のなせる技なのか。なかなかこの組みあわせはできるものではない。修練とそれを支える社会、それをとりまく政治、経済があってできるので、それでこの世界トップの演奏という建築をなしとげている。

これは普通ではない。普通でないところにぬきんでたものがある。これを建築でできないものだろうか。人を育て、豊かな生活をめざし、しかも歴史的につづけられるものにできないだろうか。そこには純粋なるものが核として存在しなければならない。この純粋核こそめざさなければならない。

先日、フォルケ氏※に案内してもらって建築の模型展を見に行った。五階の一フロアーを使ってゆったりした模型展だった。ベルリンはこのような大がかりなことができて恵まれている。日本ではできないのだろうか。オペラハウスの近くであり、場所として申し分ないところにある。奥まったところにあるので一般の人には見つけにくい。

多くの作家の模型が並べられていたが、この純粋核を備えているのは、リベスキンド[※]のホロコーストミュージアムのコンセプトモデル。まったくのボイド、機能をもたない縦シャフトの塔にユダヤの犠牲者の名前が刻まれている。それをスリットの窓から見るようにつくられている。これは圧巻。まさに二十世紀のモニュメントになる。もう一つはドミニク・ペロー[※]によるベルリンオリンピックスタジアム案である。金属で円型と正型のモデルが地中に埋め込まれ、上部の平坦な屋根を人々はながめ、二十一世紀をイメージできるものとなっている。

オリンピックはベルリンではなくシドニーになったということで、この案は実施されないので残念ではあるが、ここまでペローが考えているのだということがおどろきだ。二十一世紀を予感させるプロジェクトだ。

ペローの威力にあらためて感心した。二十一世紀をすでに呼吸しはじめ、二十一世紀へのメッセージを語りかけている。切り取られた領域にわけ入ってきているのだ。部分でなく全体でなのだ。

模型は金属でなされ、完成時の金属的表現と同一のレベルまでもってきている。模型があって建築がつくられ、それがメッセージとなり、情報に加工されてどんどん世界に伝達される。金属が人間に近づけるのだということを示している。人間疎外である金属がもう身近になっている。金属の威力なのだ。木があって、石があって、ガラスがあって、金属があり、歴史のなかで確かめあいながら、素材とともにつきあっていく。

※ダニエル・リベスキンド　（1946年—）
両親はユダヤ系でホロコーストの生存者。脱構築主義の建築思想家、「建築しない建築家」として知られていた。1988年ベルリン・ユダヤ博物館コンペ当選。代表作にユダヤ博物館、帝国戦争博物館、フェリックス・ヌスバウム美術館、王立オンタリオ博物館、フリーダム・タワー、黄金通り44番タワー、ドイツ連邦軍軍事史博物館など。

※ドミニク・ペロー　（1953年—）
フランスの建築家、都市計画家。代表作にフランス国立図書館、オリンピック自転車競技場（ベルリン）など。手掛けるビルは一見無機的に見えるものの、良く見ると傾いていたり歪んでいたり、自然のフォルムを思わせる建築が特徴的。

※フィリップ・ジョンソン　（1906年—2005年）
アメリカのモダニズムを代表する建築家。代表作に自邸・ガラスの家、ロックフェラー・ゲストハウス、エーモンカーター美術館、リンカーンセンターニューヨーク州立劇場、エルマーホームズボブスト図書館、ウイリアムズタワー、PPGプレイス、バンクオブアメリカセンター、リップスティックビル、プエルタデエウローパなど。

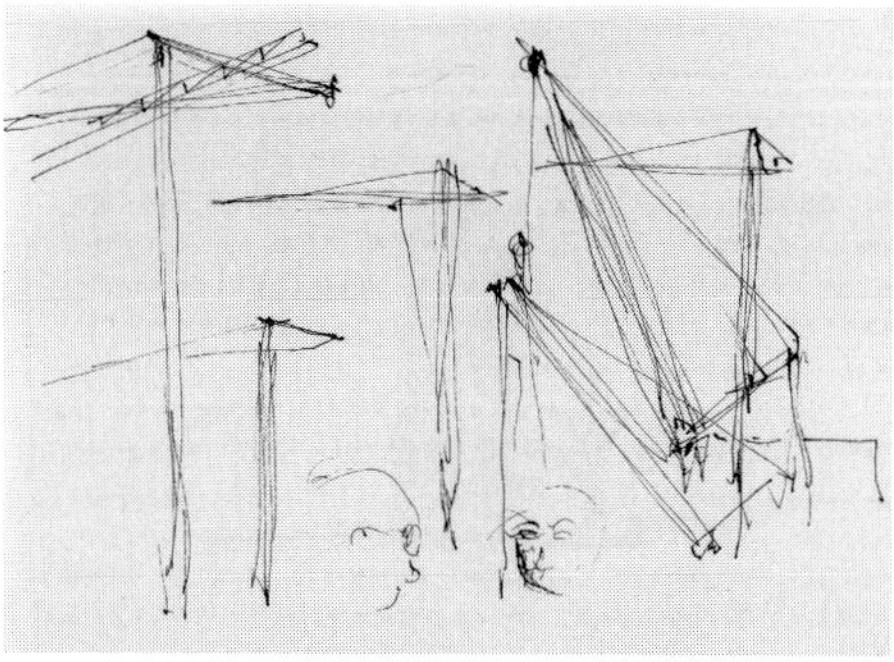

金属とうまくつきあった例は少ない。あまり無理することなく、素材の特性を生かしつづけて追求した人が少ない。コンクリートは多い。コンクリートはオールマイティ的なところがあり、あるときは床に、壁に、柱、梁になるから比較的恵まれた素材。

金属はなかなかやっかいである。特性が限られている。その特性を引き出して生かすしかない。特に引張力において、線材としての形としてコンクリートと異なるものを多々もっている。しかしコンクリートより限られている。なかなか従わない。そこが個性であり、それを引き出すと別の魅力をあらわしてくる。コンクリートがピアノとすると、金属はバイオリンだ。バイオリンの名曲をまだ奏でていない。

チェックポイント・チャーリーの角に古い建物が残っていて、その一階にレストランがある。以前一度、フォルケ氏の案内により、すっかり気に入った場所となり、このあたりにきたときはこの店に立ち寄ることにしている。

このレストランの奥のテーブルから、チェックポイント・チャーリーで工事中の現場を見ることができる。※フィリップ・ジョンソンがメインの建築を行うということで、その建物を中心に多くのクレーンが立ち並んでいる。おそらくこれから五年ほど工事の砂塵の中にあることになるが、この風景、なかなかのものだ。工事中とは云え見学する。バルコニーをつくったり、建築家のプ

ロフィール、建築の完成の姿、平面計画と詳細に説明が行われている。従って見学者が絶えない。

このようにプロセスが重要なのだ。場所がこういう戦争と東西の壁の接点の意味をもつから、よけいそうなっているとも云えるが、建築、都市のプロセスが大切であり、それでより完成後の意味を強めることになる。建築は完成以降だけでなく、長い設計期間、工事期間を問題としてとらえるべきなのだ。ここに来て特にその重要性を感じる。

元ゲイトにあたる検問の建物が残され、当時の写真がパイプ足場の上にかけられている。ここは完成後は、普通どこでも見かけるものとなってしまうであろうことを考えると、この、今ある情況は歴史的なものをもり込んでいるといえる。人間が世相をどう感じるかはいろいろだが、ここにはドラマがある。レストランにいる人の表情にも今日のドラマが間違いなく呼吸していることは確かだ。

都市の魅力

もっとドラマティックに、もっと激しくもっと意味深く、もっと愛情豊かにできるはずである。このプロセスをいかに考えるか。現代は完成を急ぎそれだけに気がとられ、おろそかになっている。歴史的建築にあっては節目節目で祭事が行われ、都市の意味、建築の喜びが語られてきたので、建築がその途中でただ単にテナントの心配だけでは、あまりにも未来への遺産としては

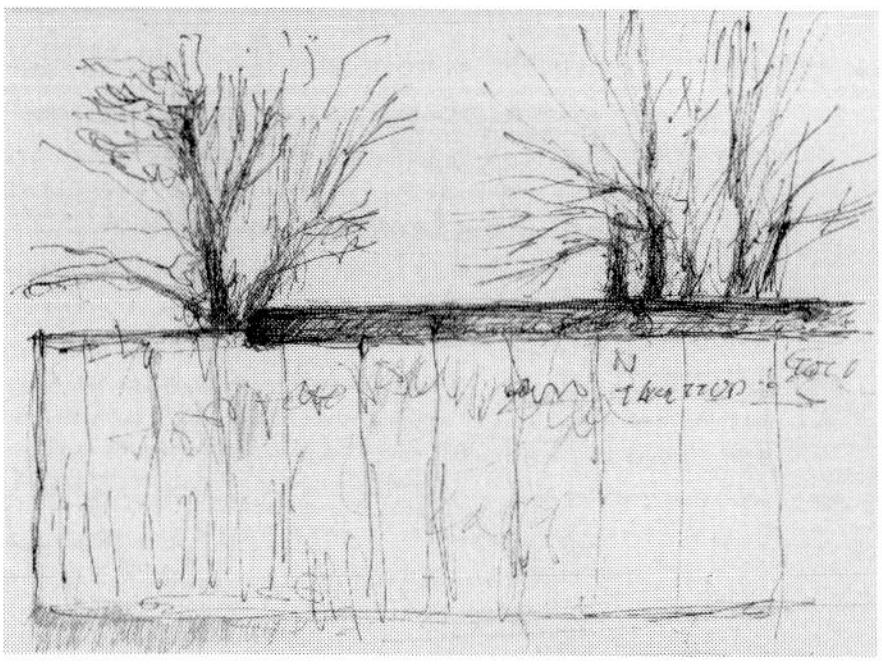

心もとない。

ホロコーストミュージアムでは工事中に写真展を行ったりしていると聞いたが、これは重要なこと。それであのミュージアムは完成後も生命をふき込まれ、生きながらえていくのだ。

リベスキンドの提案としたら、建築家の役目がただ設計して監理するだけでないことを実証したことになる。リベスキンドもフィリップ・ジョンソンもプロセスに生きている。フィニッシュなどこの世にはない。途中しかないのだ。途中、どのようにくさびを打ち込んでいくか。あまり間があいてもいけないし、あまり長くてもいけない。

チェックポイント・チャーリーの位置づけはこういうところにある。世界に、日本に通用すること。そこで語られ、そこでスケッチされ、写真が撮影され、映画となりドラマとなって歴史は生きていく。いつの時代もこうであったのだ。コストをかけずにエネルギーをかけずに考え方をかえることによってドラマは始まる。それは人間知能のなせるわざ。今日も明日もその日にも成立すること。そう思うといかに視点を行動を、別におくかが意味を伴ってくる。

都市の魅力とは何だろうか。建築だけでは語れないが、建築がその中で重要な役目をもつことは確かだ。建築が新しく造られ、時間と経過により、最初考えていたのと別のものとなることは普通なのだ。

そこで建築のよさとして残されるのは骨格的なこと。骨格とは、構造もさることながら外部

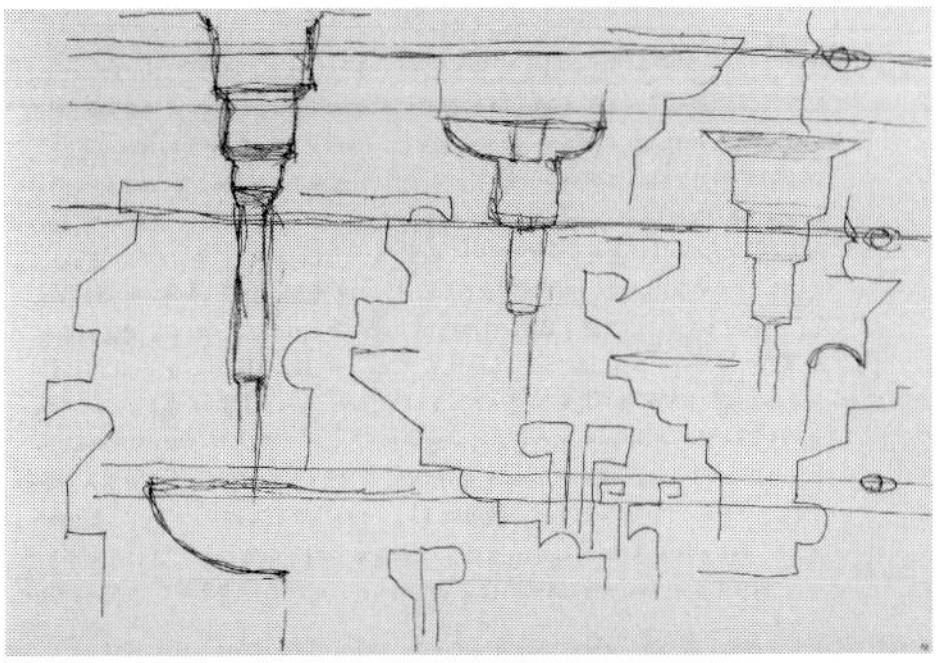

内部との関係、周辺との関係、スラブの形、サッシュの形、そのようなことがしっかりと成立していて、次の時代に息づいていく。天井の高さ、空間の広がりは基本的な条件であり、これがあまりにマイナス要因であれば次に計画がおぼつかない。

必要なのは骨格といいながら、その中に空気のように存在するものが重要。この空気をいかにつくるかが次の時代に求められる。そこは、人間が何かができるのではと期待を抱かせるものであり、そこに起りうるドラマを予感する。将来に対する予感、表現は未完の状態の中から生まれる。

ベルリンの壁はなくなってしまっているが、一部モニュメントとして残されているのを見ることができる。これなど内と外の強い断絶であり、また強力なるきずななのだ。おそらく将来この一枚の壁をめぐって空間のプレゼがなされることになろう。この壁の本当の意味はベルリンに限らず人類共通の原罪なのであり、人類はこの一枚の壁がなぜ出来るようになったかを考える必要がある。

壁をつくるように決定を下した人物も、それを建設した人物も、あるいはこの世に生きていないかもしれない。

都市とはそういうものなのだ。誰かがいて、誰かがそこで語り、考え、遊び、悲しみ、そして去っていく日々の舞台。どのようなシーンも受け入れる舞台。この唯一無二の状況劇場がそこ

にある。永遠性と一過性の共存するところ、そこが都市。この永遠にも一過にもそれぞれ役目がある。それをわきまえないと感動として伝わってきにくい。それが表層的でなく内部からにじみでるものであるべきなのである。一片の新聞にもパンフレットにも意味があり、それだけで人の心がどれだけ動かされるかはかり知れない。都市とはそういうもの。それらが組立てられ配置されタイミングが選ばれ、メッセージとなって伝えられる。そのときの緊張と自由が混在するところにある。そこでベースとなるのはユーモア精神なのが、それが次なるものを受け入れる要素となる。

空間のユーモアは難かしい。ただ上品でなければならない。さらに未来指向でなければならない。未来とは期待を抱かせるもの。未来に期待を抱かせる面白い場の設定が求められる。これがあまり大がかりで、それをつづけるにあたりコストがかかるものであってはいけない。それはいくらでもできうる。それを選定する眼があればできる。今あるもの、装置、機械で十分可能だ。

建築が行われて都市は生き生きとした活気を示すもの。人間は何かアルバイトを行うことでその存在が認知され、アルバイトの間を縫って感情が投入され、喜びも悲しみものりこえていく。従って仕事を支えなければならない。仕事をとりあげて自由にさせられるほど、生きるこのつらさがある。多くの低開発国——実は以前はたいへん発展をとげた国・地方なのだが、そこ

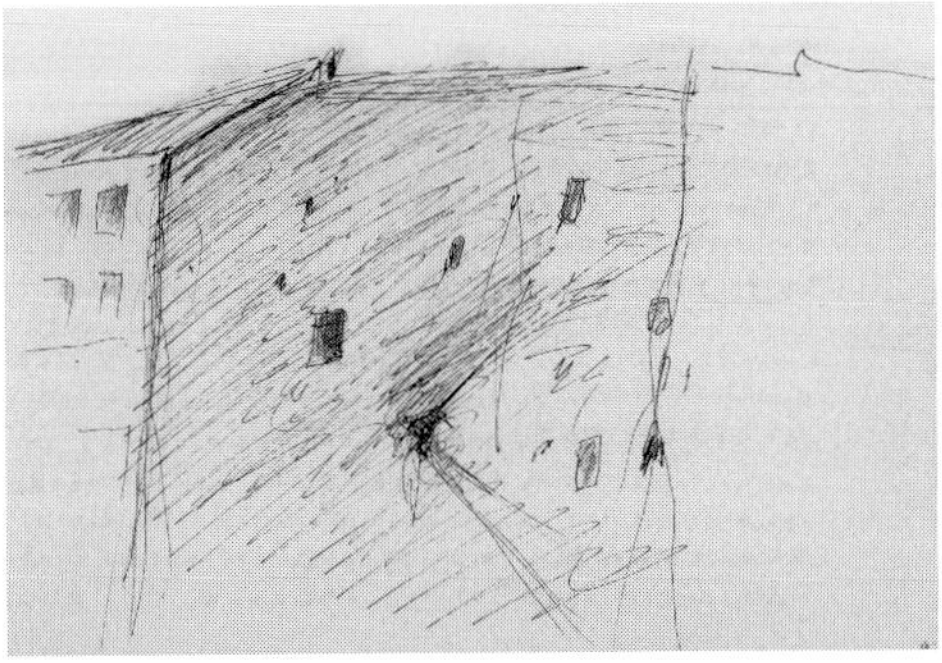

にはあまり仕事がない。人はうろうろしているばかり。そこにいると異邦人としての眼をもつことはできるが内容はつかみにくい。多くの都市がそうであるように、異邦人にはわからないことが多い。だから魅力があり、また重要なることを見落としてしまうことになる。

都市はおそろしい。温和と非情が同居しているところ。都市は、建築する行為を基準に動いていることは確かだ。ベルリンの石積みの続く街並みを見ていて、これをやりとげていくときの生の充実を感じることができる。一つ一つ異なる窓、バルコニー、扉、曲線を描いたり、出っぱったり入ったりくり型があったり、アイアンワークの繊細なものがあったり、ひとつひとつがドラマティックだ。

それと同じことを今行うことはできないが、行為の根底は同じ。そして人が動き議論が動き、活力がみなぎってくる。そこに芸術が生まれパフォーマンスが生まれ、人々は主役とわき役をかわりばんこにこなすことになる。そして都市は再生され、次の時代に受けつがれていく。ただ古いものだけを保存するだけでは、新しい感情移入もドラマも生まれ難い。そこをどう抜けていくかが鍵だ。ものごとは保守的にすごされがちである。改革がなければ、解体がなければ、少しのマイナスがあってもそれをつき進んでいかなければならない。

この古い街と新しい街が混在するベルリンで、その思いを強くもった。他の都市はもっと動きがなく、保守、保守で進んでいっているのだろう。そこがつらいものをかかえている。都市は一

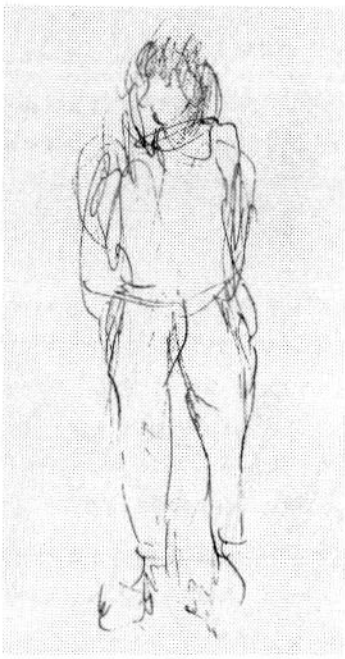

時も停滞は許されない、安定も許されない。完成したときには破壊が始まっている。あるいは建設中も崩壊を内包しているのではなかろうか。それならばいつの時でも完成、未完を問わずに、その時その時での建築・都市に添えられた意味を語り、理解をしながら歩まなければ、都市の充実はありえない。

資本の論理から云えば、たえず資本が回転することによって生活が生き生きとしてくるのだが、資本の性格からすると淀みのようなところがあり、その淀みをつき動かす作用をどうしたらいいのかを考察していなければならない。その淀みをつきくずすのがプレゼンテーションなのである。

無から有を、停止から行動を呼ぶものがプレゼンテーションなのだ。たえず働きかける、くりかえし働きかける。そうすることで人間の行動が前向きに反応を行う。プレゼ、プレゼ、プレゼが重要なのはそこにある。停止は死を意味する。美しいものを見し人はたえずプレゼを求める。プレゼとはいかなるものか、それを次に探求しておかなければならない。

プレゼとは、その基本は眠れる脳細胞に働きかけるもの。ゆり覚まされた脳細胞はいろいろな期待を伴うと同時に、停止の方が生きやすいと思ったりするもの。それは大きなリスクを発生することもない。全く何の投資もなく安定した状態でも成立する。この場合、最初の行動形式は後者であるべきだろう。動き出してから、確実に次なる行動に入るべきなのだ。

日本とドイツの文化の違いは、あまりにも大きい。大きいから新しいことがイメージされる。この違いをすくい上げて、日本からドイツへ、ドイツから日本にプレゼすることが始まりとなる。多くのドイツ人に会って感じることは約束の明確な実行であり、平静の内に心の中のゆらぎがある。日本人の場合は、あいまいな約束の中での実行であり、信頼を伴うのもそれが前提となる。明確とあいまいのとらえ方を見失うとたいへんである。

ドイツで生活する場合、明確な守りさえすれば、後は全く自由なる我が天下みたいなところだ。この明確なる手法、手段、フォーマットは、日本人にはやや弱いところであり、日本人からすると異和感を伴うぐらい、思考の変換が求められる。これは日本がとり入れながら、次の時代を考えるには重要なこととなる。

それに対して、日本の美学でもある、あいまいをどうしてドイツに知ってもらうか。暗黙の中の礼節、見えないところでの儀式にも似た精神的浄化は、どのようにしてわかってもらえるか。ある知識人はその違いをよく理解してくれて、話題となり始めている。

ヨーロッパ思想のあるゆきづまりを開放する鍵は、このようなところにありそうだ。次の時代二十一世紀を考える場合、日本のあいまいな中での礼節を理解しなければ、ヨーロッパの社会も進めないところにきている。それは地球が培ってきた宿命を感じる。それを理解しあうにはプレ

※バウハウス
1919年、ドイツ・ワイマールに設立された工芸・写真・デザインなどを含む美術と建築に関する総合的教育学校。また、その流れを汲む合理主義的・機能主義的な芸術。ナチスにより1933年に閉校されるまでの十四年間、その活動は現代美術に大きな影響を与えた。

ぜしかない。地球をかけめぐる情報化時代にあって、いかに発信し、いかに外から反応をとり入れるか。それには今から五年の年月をかけて準備しなければならない。

※バウハウス美術館に行った。今回で二回目。どこか謎めいたものがあり足を運ばせる。それはなかなか展示だけは読みとれない時代背景があるからだろう。バウハウス運動は1919年から1933年までだが、何があの片田舎ワイマールにおいて始めようとさせたのかを考えるため。

バウハウスは近代をとらえるための一部だが、近代をつくりあげる上で一つの大きな原動力となったことは間違いないから。

それには1919年というヨーロッパの時代背景をみなければならない。いわゆる産業革命以降、物がマスプロダクションされるにつれ、人間性疎外があげられる。建築、絵画、彫刻、写真、家具、演劇、織物が、一つのスクールでスタディしなければならないという事情があったのだ。そこでは異分野をまたがってのスタディがなされていた。

今でいう芸術総合大学だが、各々の教室を持つ先生が作品を発表しながら教えたということ、社会の受け入れがみごとになされていてバウハウス運動は成立した。ワイマールという場所が発信基地であったわけで、これを仕組んだ校長の※グロピウスがたいした人物ということがわかっている。その校長の下に、※モホリ=ナジ、※カンディンスキー、※シュレンマー、※ブロイヤー、※ミース

※ヴァルター・アードルフ・ゲオルク・グロピウス（1883年—1969年）
バウハウスの創立者、初代校長。「ファグスの靴型工場」は初期モダニズム建築。「デッサウの校舎」は著書「国際建築」とともにモダニズム建築の代表作。

モホリ=ナジ・ラースロー（1895年—1946年）
写真家、画家、タイポグラファー、美術教育家。1919年バウハウスに招聘され、写真を中心に建築、工芸、絵画、彫刻、舞台装置などで制作活動。前衛的かつ実験的なフォトグラムやフォトモンタージュなどの写真作品を制作。バウハウスにおいて写真の分野が隆盛を誇ることができたのも、モホリ=ナジに拠るところが大きい。

※ワシリー・カンディンスキー（1866年—1944年）
ロシア出身の画家、美術理論家。抽象絵画の創始者とされる。1922年からバウハウスで教官を務め、1933年にナチス・ドイツによってバウハウス自体が閉鎖されるまで勤務。ピエト・モンドリアンやカジミール・マレーヴィチとともに抽象絵画の先駆者。

など、実力ある作家が集まったことが驚威的。皆、なにかを渇望し研鑽し、世界をリードするものをつくりあげる。

今もこれと別の形で起きている。国境をこえ、言葉をこえ、民族をこえて行きかっている。それは過ぎ去ってみなければわからないことではあるが、それらしき波は感じる。何かが反応しあい、何かがつくられていく。地球の反対側どおしが反応を行う。コンピューターによる場合もあるし、ＴＶによる場合もある。展覧会で刺激しあう場合もある。メッセージの伝達が重要な要素となり、それを敏感にキャッチしなければ、時は流れていってしまうばかりだ。

都市が求めているのは情報であり、その次に情報の具体的な顕在化なのだ。情報の進化が急いでやってきたために、公衆はなかなかそれを受け取るすべを修得できないでいる。今日のバウハウス美術館に設けられているパンフレットに二月の行事が記されている。たえず移りかわりながらたえず問題提起をすること、それがタイミングとしてはずすことはできない。

そこで一つの「ものさし」になることは、あるテーマ性をもつこと。音楽界―ベルリンフィル―ではゲーテ週間とし、ゲーテにまつわるオペラ、交響曲、詩、など多角的にとらえ、演奏者にも聴衆にも、その深まりを楽しませることを行っている。以前のテーマとしてマーラーがあったように、今回は文学が音楽を読みなおすことを行っている。

※オスカー・シュレンマー（１８８８年―１９４３年）
二十世紀前衛芸術を代表する芸術家、彫刻家、デザイナー。バウハウスの教員。人体の動きや組成を分析し、思考や感情に内在する原理を新しくとらえなおした画期的な人間工学的授業「人間」を行なった。絵画理論をはじめ、劇場という総合的演技空間からダンスにおける抽象化の理論化（アブストラクト・ダンス理論）を実践。

※マルセル・ブロイヤー（１９０２年―１９８１年）
モダニズムの建築家、家具デザイナー。モジュール構造と単一形態の重要性を提示したモダニズムの父のひとり。バウハウスで学び、後に同校の教官となった。芸術とテクノロジーの融合を説き木工工房を任される。

※ミース・ファンデルローエ（１８８６年―１９６９年）
二十世紀のモダニズム建築を代表する建築家。近代主義建築のコンセプトの成立に貢献した。ユニヴァーサル・スペースという概念を提示。１９３０年からバウハウスの第3代校長。モダニズムの空間を実現した。

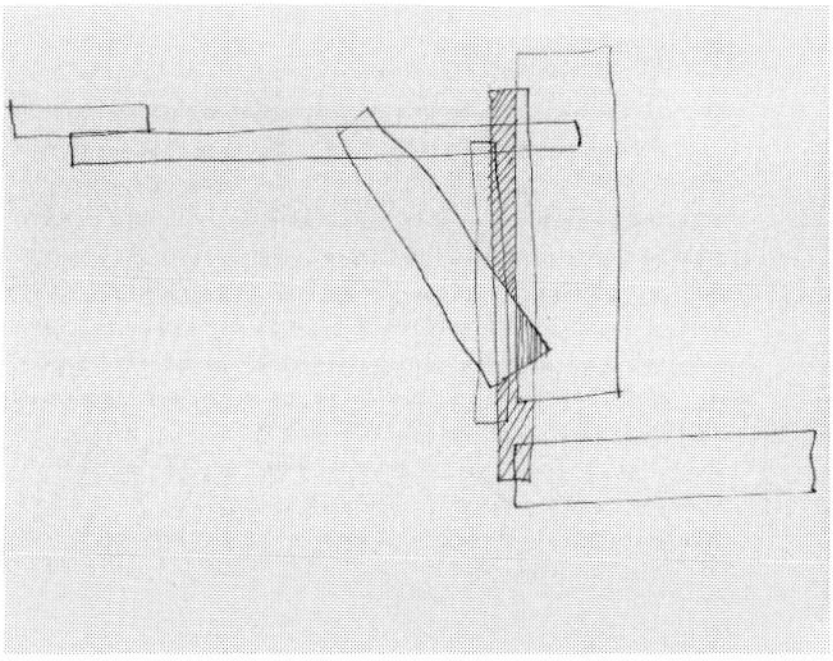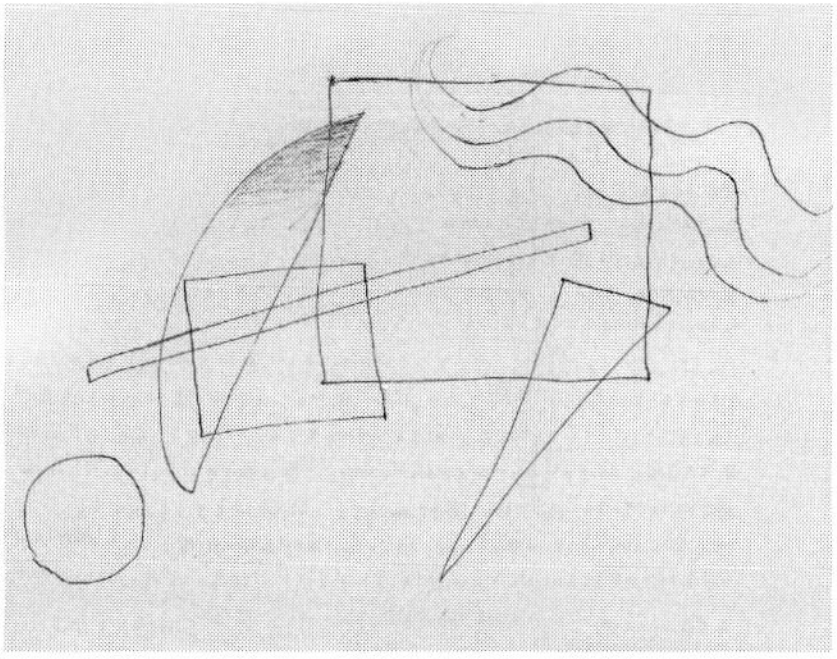

これと同じように都市を読むことも可能である。源氏物語からとか万葉集からとか、徒然草からとか道元、一茶、芭蕉などと、どのようなとらえ方もできるだろう。都市の読み方としてどのような「ものさし」を考えるべきか、これからの課題となる。都市はいつの時代も生きていて人が喜び悲しみ、そして生まれ死んでいく。その内容がどうかということが問われる時代。ただまんべんなく内容をおさえるのでなく、その切り口をどうするか。今どんな切り口なのかを思い、いたさなければならない。

ベルリンでは二月はフィルムフェスティバルがあり、世界からフィルムを持ち寄りコンクールを行い、今、何を、いかに、を語ることになる。これも時代をいかに読むかの一つのとらえ方であり、未来を示唆するものが選ばれることになる。都市はフィルムによって反応され生かされる。フィルムを見るためここにいる人も、世界の人々も集ってくる。それで活力が生まれ、次世代に受けつがれる。フィルムにかけるコストは限られているが、フィルムというメディアは世界共通語。フィルムから発せられたメッセージを一つの核として、生活のベースとしてとらえ行動となって引きつがれていく。

都市を読む

関係でなりたっているということ。この関係ということばは都市を考える場合重要だ。道と

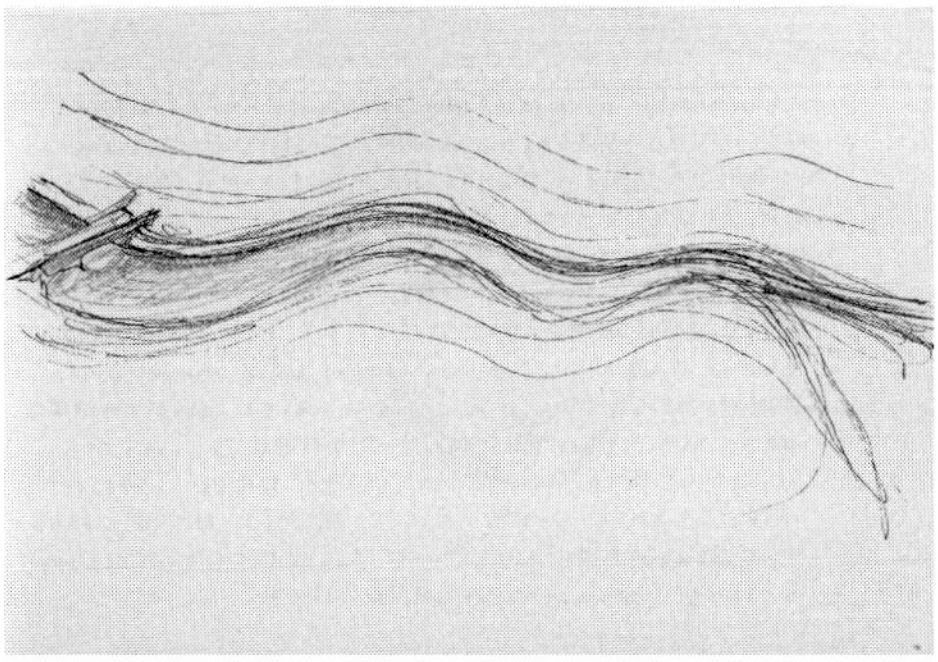

建築の関係、樹木と建築の関係、すべて人間との関係がかかわっているわけであり、その関係を見つめなければならない。なにもないところにぽつんと建築がなされても反応が弱い。AとBのテレパシーのようなものがあって生き生きとしてくる。

都市をそうして見てくると、＋にしていくときと－にしていくときでは力関係がずいぶん違ってくる。たいがいの都市はA、B、C、D、E、F、……とあまりに関係がありすぎて、強まったり弱まったり、結局、普通のところに落ちついている場合がほとんどである。

そこで都市の力学を考えるとすると、A、B、CあるいはA、B、と最少の条件におきかえるべきである。ベルリンの旧帝国議事堂とブランデンブルグ門の関係のようなものである。ふやされてくると関係がうすまってくる。

シヤウスピールハウスと二つの教会、それに以前あったであろう前面の街並という構図。今、前面の街は新しくなり、かえってマイナス関係となってきている。関係の理想はAとBであり、少ない方がより意味を強くする。もしふえるとしてもそれがどう作用するのか、その力学が問題。

これは、その関係の中での反応があり、おだやかさと緊張関係にあるわけだ。同種でもないし、ばらばらでもない。少なくともAはAの、BはBの、明確なる主張がなければならないことは確か。音楽にたとえるとピアノソナタと聴衆の関係であり、室内楽、交響曲、協奏曲となるにつれて、その関係は弱まる条件をもってくる。そこのところが重要。

A、Bの配置の上でのディスカッションがなされ、その立場が明らかになり内容が深まっていく。この場合新しいものだけの場合もあるし、新、旧のとりあわせの場合もある。これからの関係は建築対建築という構図だけでなく、建築とそこで起りうる現象がより深い意味をもってくる。新しい都市のイマジネーションの展開なのだ。その関係を明らかにするのは別の—今まで行っていたのとは別の—手法をあみ出す必要がある。コンピューター、映像、プリンター、いろいろ登場することになる。そうすることで次なる息吹きを伴なってくる。あまりに複雑ではなく、単純な手法でなければ深耕はおぼつかない。関係をつきつめるにはグラフィックな要素が必要。グラフィックをどのように理解し、どのように実施させるか、そのときに決め手となるのは記号が意味をもつ。＋、－、↑、いろいろな記号が必要となる。記号の役どころを定めなければならない。

関係はマンネリを最もきらう。今の関係は明日の関係ではない。むしろ別の関係の定義がなされて、本質は変らないのだが、他者に伝達される。記号、グラフィック、それが都市の関係を読み取る方法論。統計的な方法、ベーシックな数値の組合せ、異種な計数の分析と統合によって現れてくる。あまり難解にとらえるのでなく、自然で事は進まなければなかなか続かないし、今たいしたことがなくても、時代が変ればそれに合ってきたりするので、気楽にことをとらえている方がやりやすい。

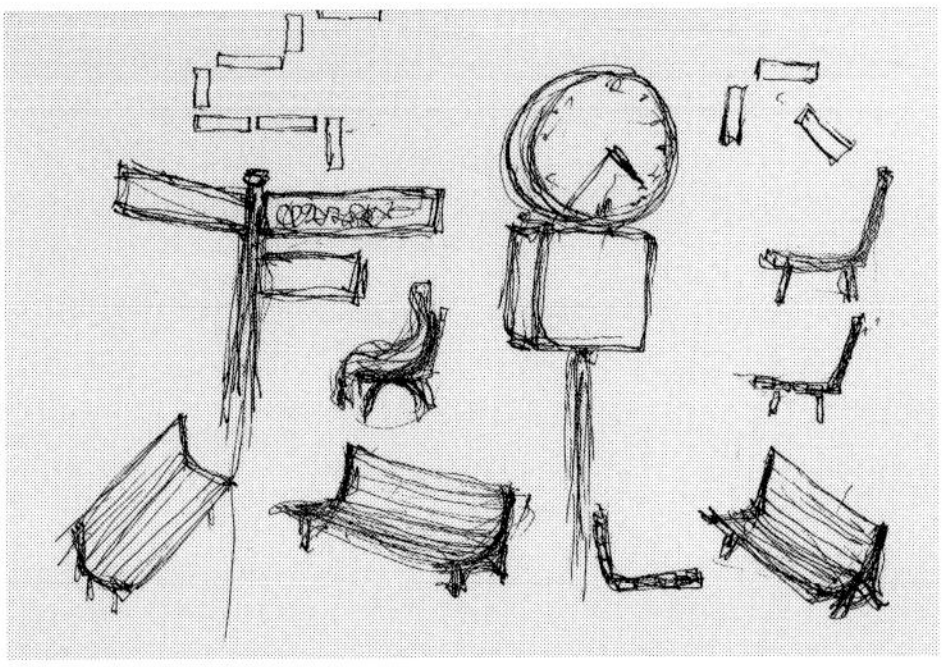

都市の読み方はいろいろな方法がある。都市のダイナミズムは一つや二つの方法論ではかたづかない。これだけ多様なる時代になればなおさらだ。都市がどちらに向かっているかは、たやすく見極めることはできない。しかしこの記号論的統計手法により、かなりわかりやすくなる。それをどう具体化するかが次に必要なイマジネーションなのだ。バウハウスが都市をとらえたように、あらゆるジャンルの参画によってこの場合どの分野を入れるべきか、どの程度入れるべきか考えておかなければならないか、答えが見えてくる。

都市と人間を言及しなければ本来の都市論とはなりえない。都市が便利であるとか安全であるとか明解であるとか、いろいろとらえ方はあるが、いずれもその反対によって、より強く都市の存在感をもたせることがあるものだから。都市はアンビバレンツを語りながら生きている。

そこで物語となるのは人間との関係。都市が単に多くの人が寄り集まりやすいだけでは、コマーシャリズムをめざす都市が鮮明に浮かびあがってくる。ただ集まるだけではなく、喜怒哀楽あわせもつものが共存できるものだ。その中に都市のうつろいがあり、詩的なものがそなわってはじめて成立する。

詩的ということが重要だが、詩的ではあまり過剰であったり面倒見がいいのではなく、歴史観と季節観と陰影をいろこく映し出すものでなければならない。ただつるつるでなめらかでデザインをこれみよがしにしているのは詩的なるものは生まれない。

ベルリンはどのあたりにあるかと考えると、マリエン教会周辺とかシュプレー川の流れる美術館周辺、ブランデンブルグ門周辺、オラニエン通りあたりになる。そこは人が独り歩いていて絵になるところ、団体客がうろうろするよりも小人数が行き交うところ。広くなったり狭くなったり、坂になったり木かげがあったりと、建築以外が影響しあっているところ。そこは歴史的な意味もなく引きつがれている。それは目にみえないところで、街の表情となってくる。

このように歴史を秘めたところは、それだけで都市として構成要素は保ちやすいが、これから計画するところはいかにあるべきだろうか。それは、そこがこれから起りうるコンテクストの転入に他ならない。喜びも悲しみもである。むしろ孤独なる中からのメッセージのようなことが求められる。

従って都市のイメージは、多くのメンバーが集まって議論して生まれるのでは決してなく、そこにあるべくして自然に現れるようなものなのだろう。人間がただ一人そこに立ったときに、周辺とどう応答がなされるかということに他ならない。都市の生命力とは、このように孤独な叫びのようなものが支配している。都市の一角に置かれたベンチ、街燈がそれを語りかける。

都市が生き生きしてくるのかは、必要をそれほど求めない。むしろ無用のところから生かしあげてくるもの。そこに視点を定めないと、ただ必要性にせまられたものだけでは息がつまってしまうことになってしまう。

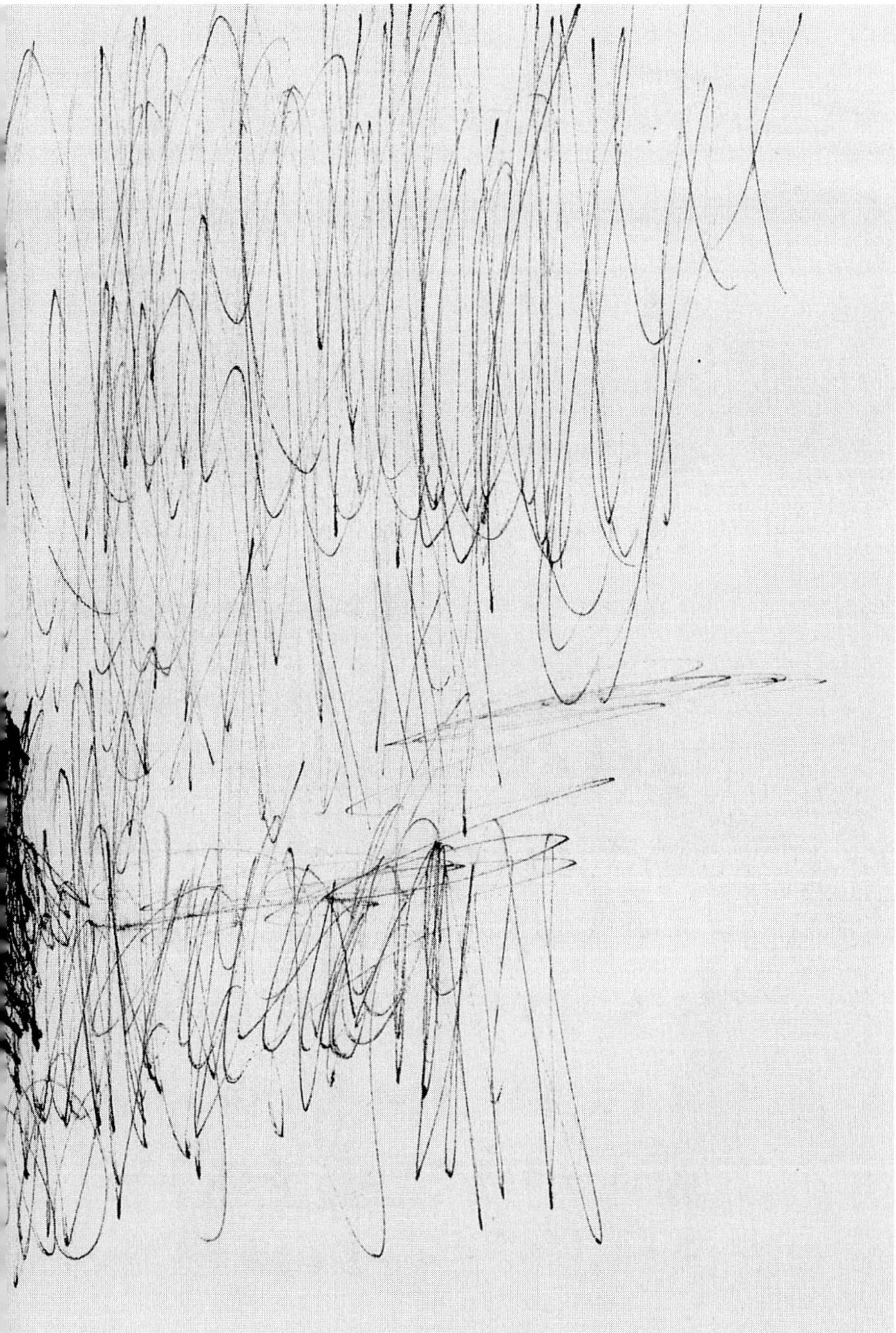

96.1.26
海へ散歩

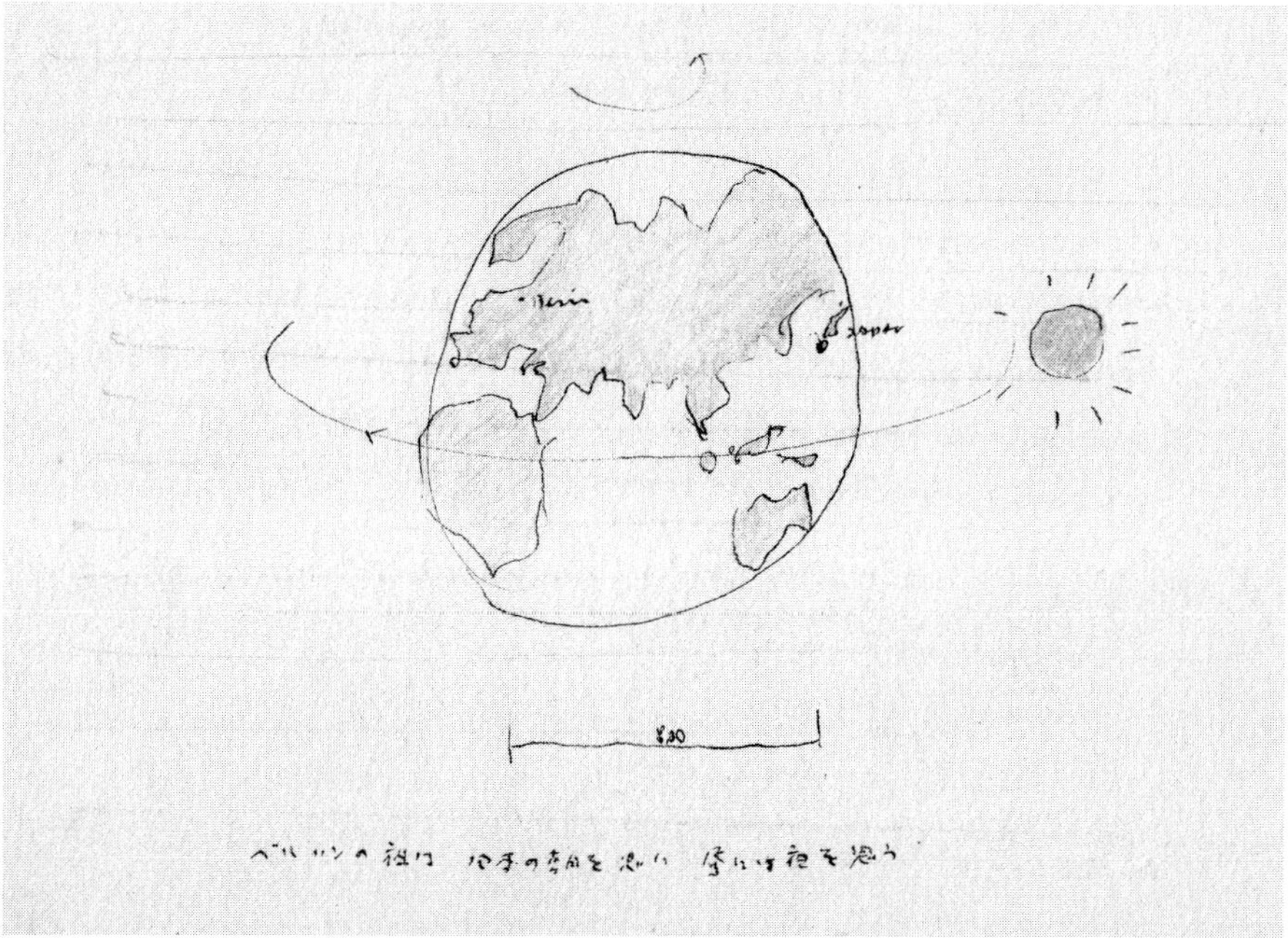

96.2.29-3.21

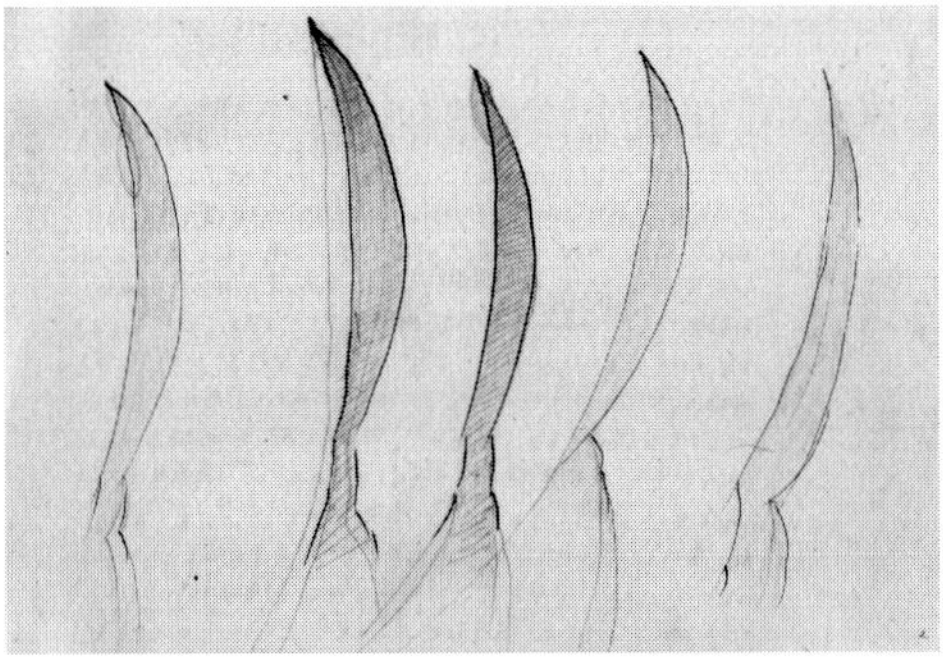

※ヨハン・ペーター・エッカーマン
（1792年―1854年）
ドイツの詩人・作家。ヨハン・ヴォルフガング・ゲーテの後半生において彼と交流し、その成果として「ゲーテとの対話」を発表。ゲーテの知遇を得てワイマールへ移り家庭教師として身を立てた。1854年ワイマールで死去。

ゲーテとの対話

エッカーマン※著によるこの大作は読みごたえがある。上、中、下ある。この日記スタイルの対話集はゲーテ74才（1823）―82才（1832）にわたる。語りは穏やかな内に人生のあらゆるものを秘めていて、心の中にぐいぐいと入り込んでくる。普通の日常生活の中でこれだけの会話を行うことは並大抵のことではできない。

この年代になってゲーテがいろいろなことに手を広げたことにたいして残念がっているのが気になる。手を広げざるを得なかったのか、それとも立場上そのようになってしまったのか、そこが重要なポイントだろう。エッカーマンが詩作以外に手を出そうとしたとき、若いエッカーマンに向かって、ゲーテがそれで失敗したことを語りやめさせているところなど、かなり激しい対話がなされている。

この対話の中心にあるのは詩を中心にした音楽、演劇、絵画、彫刻などの芸術論であり、今でもまだ通用する。芸術論は普遍的なものであることがよくあらわれている。

96・3・1

フォルケ氏とヨーロッパセンターで会う。フォルケ氏が日本人の写真家から送ってきた写真を展示する企画を行った会場で会った。この写真家は第二次大戦で神風特攻隊員として参戦した経験をもっている。今はもう記憶喪失にかかっていて、話も十分できなくなっているという。

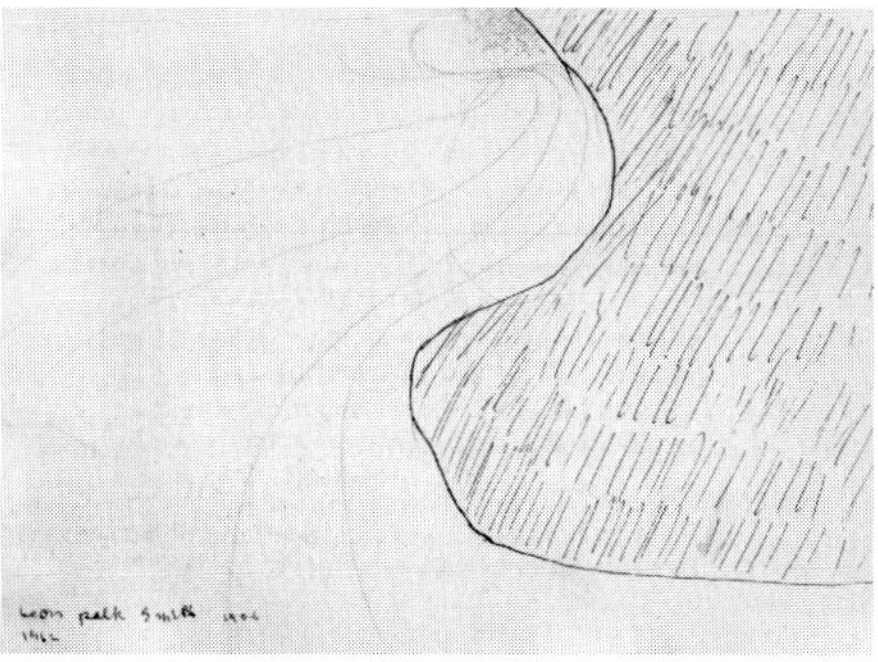

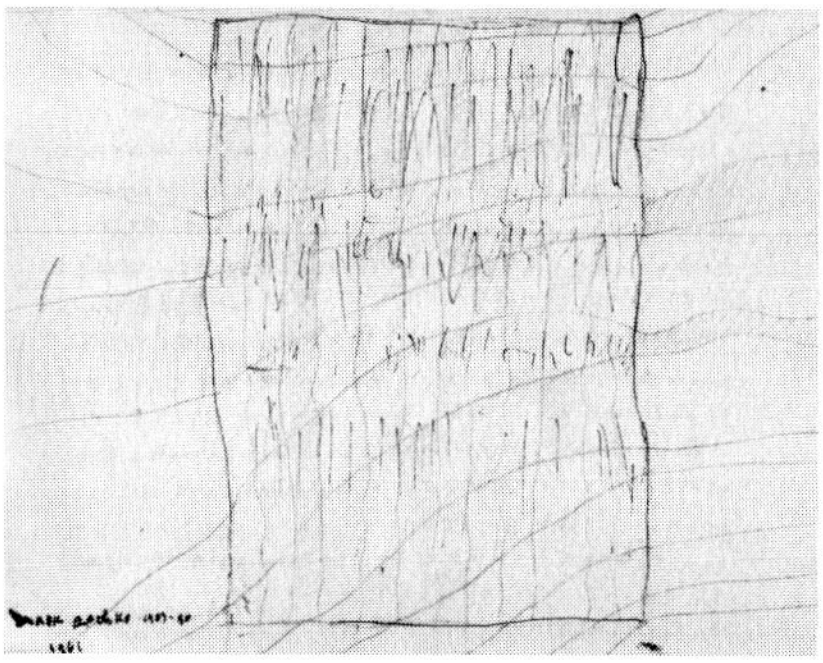

この写真家による白線内入りの全く普通の写真、カラーのプリントで、ごく、どこでも焼増できるものである。会場、目線の位置に三方の壁に横一列に展示され、一枚一枚見ていくうちに、この普通の写真が存在感をおびてくるから不思議である。写真家のコンセプトが明快であるからだ。場所は北海道、京都、その他転々としているが、この写真家と若い女性がペアで背を組んだり、ただ並んだりしているが、手がVサインであったり円に印を結んでいるところが共通。

コンセプトが明確で、ある一つのことをたえず行うことによって力が発揮されてきている。写真家は当然、三脚を立ててオートマティックシャッターで撮影していることになる。80才になって修得した単純なる行為だが、この平凡なところに社会をつき動かすものがある。

この写真を日本の反対側にいるドイツ人によって、このベルリンの地で展覧会がおこなわれていることにおどろきを感じる。日付が変わり相手となる女性が変わっても、手のポーズ、ペアで立つ姿は、だんだんその行為に引きずり込まざるを得ないのだ。

その会場でフォルケ氏といろんなことを語りあった。今行っているフォルケ氏が担当する噴水の設計のこと、人が移動することによって噴水の形が変わること、人間の視覚に関することが長々と論じられた。

たしかに視線は微妙であり、上から見ることと下から見ることは、同じ対象でも全く異なる。樹木を下から見上げるのと、高い建物のバルコニーから見下すのは異なる表情を示す。また、

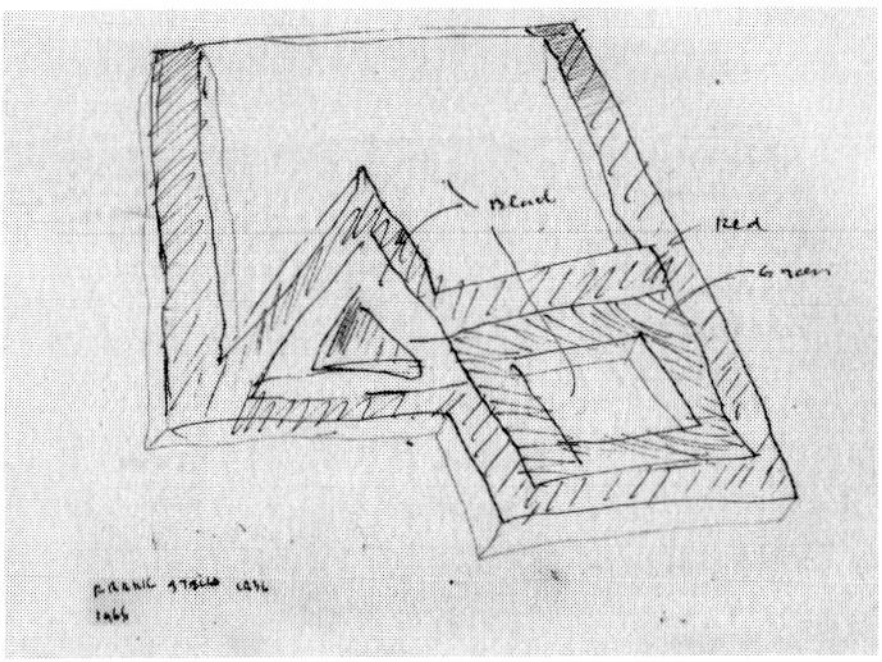

時間、季節によっても別々の表情をあらわし、対象は同じでも知の世界が現れてくる。見ることは見る人の心理状態に深くかかわり、喜びかなしみつかれたり楽になったり、どんどん変化する。一瞬として同じ組み合わせはない。

フォルケ氏との対話は奥深い。アーティストとして、人間が感動をよびおこすことは何かという命題を、常日頃から追いかけているからだ。展示会場から外を見ると爆撃された教会の塔がのぞまれ、その周辺は平和なガラスの建物、金属屋根のグレーがのぞまれる。空はすみわたり、光はまぶしいくらいだ。プラスチックボトルの水を飲みながら話はさらにつづいていく。

3D―3ディメンションの話になる。フォルケ氏の今のテーマは3Dであることは以前から理解していた。平面が立体となること、静と動の交叉するところにある。これは人類の歴史はじまって考えてきたこと。今日は今日の3Dがあり、昨日またおとずれるのが2D→3Dのとき、人間に感動をおぼえるのだ。そこには発見があり、人間の眼の網膜を通して心の奥深くゆれ動く。

建築は3Dで語られている。ここでは3D→4Dでの存在が重要となってくる。4Dは時間、動きを伴う必要がある。4Dは建築と人間であったり、建築と風であったりするが、建築と建築の関係で語る必要がある。

そのとき一つのフレームが思い浮かぶ。フレームは切りとられたものであり、切りとられないところは、切りとられたところとのせめぎあいから空間が生まれる。空間が4Dで意味をもつの

※ジャン・ヌーベル（1945年―）
フランスの建築家。「アラブ世界研究所」設計で脚光を浴びた。ガラスによる建築を得意とし、「カルティエ現代美術財団」のようにガラス面の光の反射や透過により建物の存在が消えてしまうような「透明な建築」や、多様な種類のガラスを使い独特の存在感を生み出す建築を多く作っている。

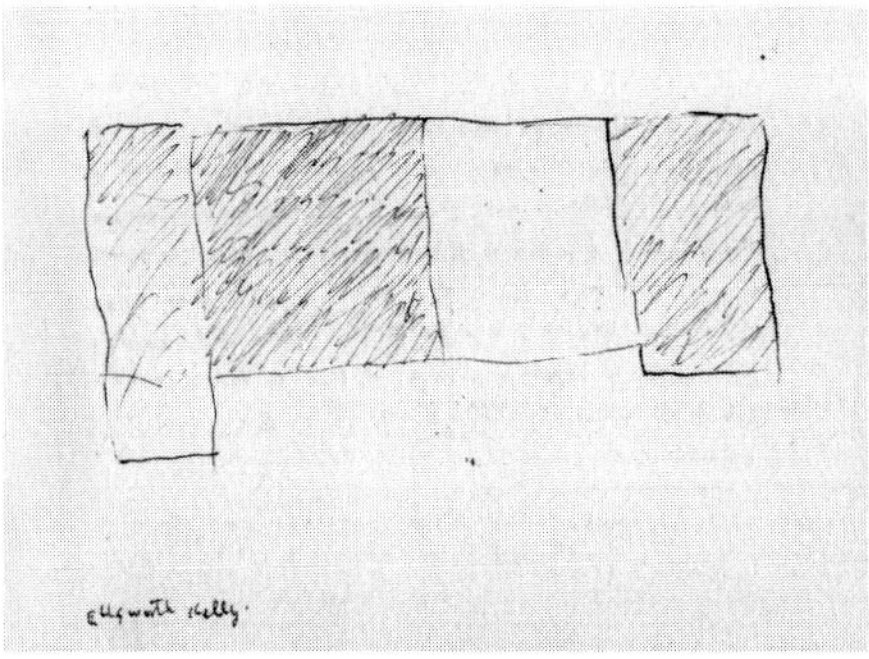

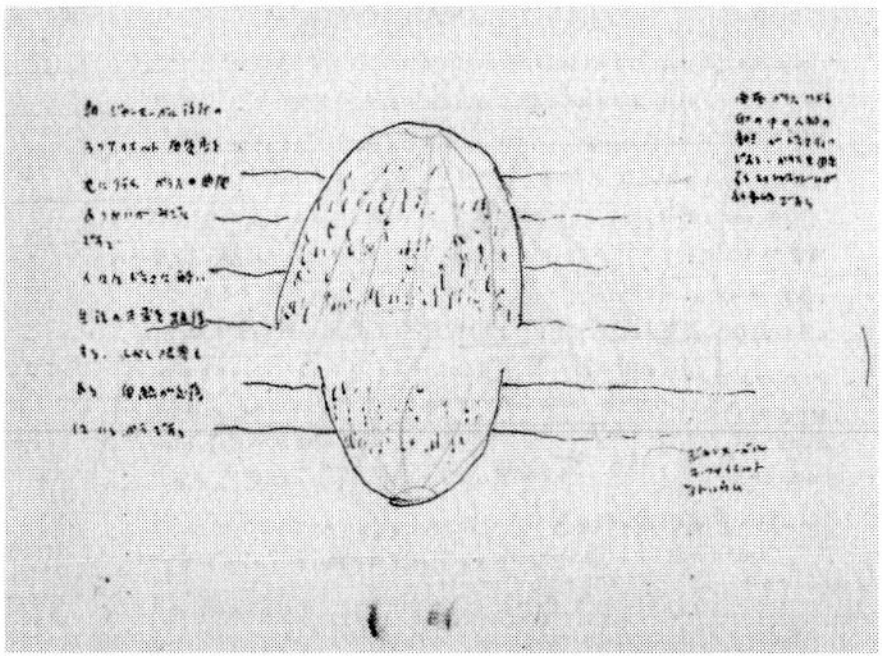

はこの4Dにあってなのだ。空間と4D、空間と風、空間と水、空間と流れなど、すべて人間に語りかけるのだ。展示物の窓からの雲の流れがすがすがしく、話し相手の表情を生き生きとさせた。話はつきない。もう六時近くになっていた。

96・3・2

朝、※ジャン・ヌーベル設計のラファイエット百貨店を見に行く。ガラスの曲面扱いが見事。人々はドラマに酔い生活の未来を期待する。しかし限界もある。自然が欠落しているから。曲面のガラスによる卵の中の人物の動きがドラマティック。ガラスを固定するステンレスフレームが効果的。

建築と場、建築家と場

フリードリッヒ通りを歩きポツダム広場からゲシュタポ本部跡地まで歩く。初めてゲシュタポの展示場を見る。第二次大戦の写真と建物配置があり、当時のことを考えると胸が痛む。人間はどうしてこのような愚かな行為になってしまうのか。人類の歴史はいつの時か平和が満たされ、ひずみが生じて戦争をくりかえしてきている。今世紀だけをとらえてみても二度の大戦以外に局地戦争は数えきれない。

ゲシュタポの小さな丘の上に立ってみると、遠くに低い雲がたなびき平和そのものである。近

※クラウディオ・アバド
（1933年—2014年）
イタリア出身の指揮者。1990年カラヤンの後任としてベルリン・フィルハーモニー管弦楽団芸術監督に就任。ベルリン・フィルとの録音として、ベートーヴェン交響曲全集、ヴェルディのレクイエム、マーラーの交響曲第七番・第九番、ワーグナー管弦楽曲集など。

くにグロピウス・バウの美術館だけが堂々と建ち、元のゲシュタポの建物は破壊され、仮屋根がかけられ当時の面影はなくなっている。建物の痕跡と地下部分は歴史の証しとして遺そうとしている。これからどのようになっていくのか。

人間の殺戮を相談した地下の部屋が、不気味なほど静けさをたたえている。生と隣り合わせている死、戦争の時代も平和の時代も同じだが、そのプロセスは大いに異なる。戦争は理解できないところで死にいたることにある。理解できないでいかに多くの人の命が断たれたことか。その無念さが地球上を覆っていると云える。戦争の悲劇は起こるごとに語られ、忘れられ、またくりかえす。

ゲシュタポの展示場を別の見方をすると、空間として見ると、人間の愚かな行為など忘れ去ってしまうほど静逸な時が流れる。行為とは反対の極に空間の謎が隠されている。美は永遠であるのか、さもなくば人間の行為をあげつらうがごとき様を呈すのだ。そぎ落とされた中での美が現れるのである。これがミニマムアートと同一とは思わないが、ミニマムな極限での美を示すかのようだ。

建築が発光体となってぐらぐら動いていく。光に敏感といった方がふさわしいとも云えるのではなかろうか。ミニマムが平面から立体となり、永久不変の様を見せるのだ。多くのモダンアートを見てきたが、そこに内在する力のようなものを感じるのは3Dであり4Dなのである。

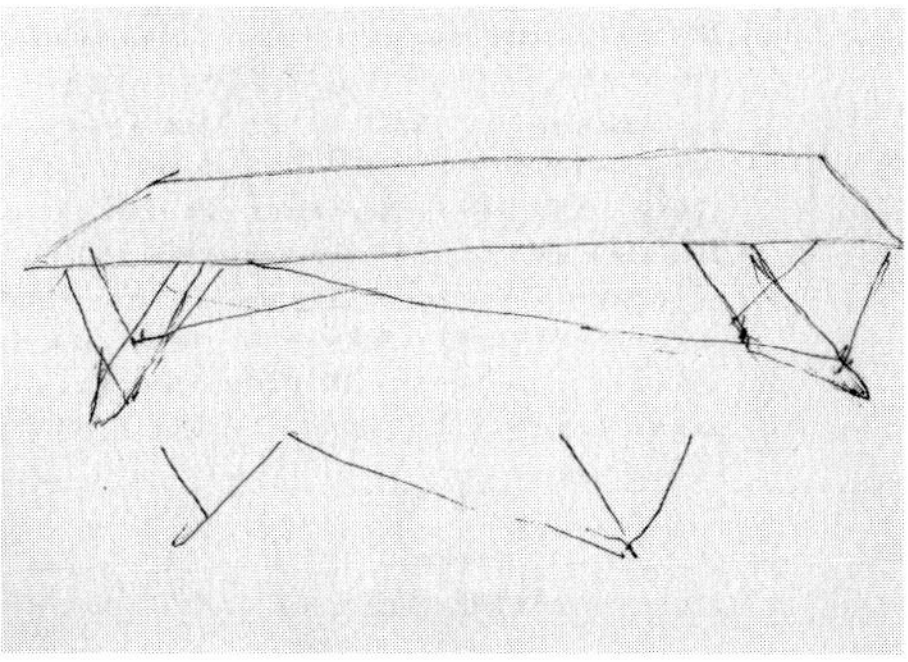

カンディンスキーの絵を見て、長い間何故かとその絵の意味を考えていたが、やっとわかってきた。カンディンスキーは色を使い形を抽象化して、より存在感をもたせたのだ。その時、形態とか色の意味などとっくに消え失せてしまっているのだ。カンディンスキーの絵の前に立つと、ぐらぐらと絵が生きているような動作を起こすのは、実はこのことなのだ。

これを現代建築にあてはめるとあまりにもレベルが低い。普通であれば何もしなければ語りかけるであろう建築が、材料の使い方、ディテールの無知、自然の無関心のため、すっかり精気を無くしてしまっている。

96・3・3

ベルリン・フィルハーモニー、※クラウディオ・アバドによるウォルフガング・リーム作曲の交響曲とベートーベンシンフォニー九の合唱を聴いた。立席であったがみごとだった。リームの曲は1995年作曲なので多分初演だろう。ここでは木魚のような打楽器が効果的だった。打楽器が曲をリードし、それにこたえるものだった。それにコントラバスの不協和音の響がかえって新しさを感じる。

アバドはたえず現代にチャレンジしている。日本では考えられない。シンフォニー九番はこれが合唱だというのを経験した。第四楽章の合唱は人間の声ではない。音楽もつきつめれば人間

※リチャード・ロング（1945年―）
イギリスの彫刻家・美術家。特にランド・アートに分類される作品を数多く発表。場所に束縛されない自然を対象にした作品は屋外の自然を歩行し、石を並べて写真を撮ったりそのときの歩行のメモを記録に残したりして制作・発表される。採集した石は切ったり削ったりはせず、自然への干渉を最小限に抑えている。

※フランク・ステラ（1936年―）
戦後アメリカの抽象絵画を代表する画家・彫刻家。2次元の枠を超えて炸裂する絵画とも立体ともつかないダイナミックな作品を制作。

※マーク・ロスコ（1903年―1970年）
ロシア系ユダヤ人のアメリカの画家。ジャクソン・ポロック、バーネット・ニューマン、ウィレム・デ・クーニングらとともに、抽象表現主義の代表的な画家。

の声におきかえられ、さらに人の声が声でなくなるときが、音楽の最後にゆきつくところなのだろうか。指揮者も歌手も演奏者も聴衆も、時間と空間をのりこえる至上の境に至る。

ベルリン市民はこのような経験をたえず行っている。何と恵まれたることか。すべてをかなぐり捨てて、無なる没我の中にさまよいでるがごときである。音楽はすばらしい。

建築でこのような時を持てることができるだろうか。建築が空間も理論も構造も、まして仕上などはなげうって空中に存在するとき、そのような時がきたと云えるのではないだろうか。

ミースの設計による現代美術館は時間を超越している。微動だにしないがいとも軽々と空間に浮きあがり、ロンドンでもパリでもニューヨークでもどこにでもさまよい出る。誰を歓迎こそすれことわることはない。これが建築なのだ。鉄もガラスもなくただ空間だけがそこにある。

この美術館にあるリチャード・ロング※、フランク・ステラ※、マーク・ロスコ※、どれもそこにあるという意味ではなく、たまたま見る人のためにそこにあると云った方がふさわしい。これも世界中どこにいっても不変だ。見る人を同じ境地に至らしめる。ここで建築も同じように無国籍になりつつある。これが自然なのだ。これだけ人々が国境をこえて行きかい、そこが持っている風土はたぶん国際的な呼吸をはじめたのである。

建築はどこにでも会合でき、風土はインターナショナルなものをとり込もうとする。地球同

時発生装置のようなものが求められる。これが建築なのか、全く別のジャンルなのか、これからの課題なのだ。建築の周辺は変わり、建築によって風土も変わる。これは保存的見方では反対がなされるだろうが、その問題もだんだん影をひそめるに至る。

96・3・4

建築家と建築の関係を考えることが重要となる。建築がインターナショナルスタイルになればなるほど、建築と場の関係、建築家と場の関係を考えておかなければならない。場に密着する建築にあって、地域性とインターナショナルという相矛盾する要素を考慮しておかなければならない。

ここで確認できることは、建築はその建つ場と歴史性をとり込んでいく必要があるということ。この力量は建築家に求められる素養のようなものであり、他の芸術と異なるところである。

都市・建築が美しく感じられるということはどういうことなのか。このベルリンを私は充分に理解はしていない。異邦人の目で感じるしかない。この異邦人の目による美意識は、この国の民族とは別のものであることは当然なこと。ただ異邦人は客観的にみることができることは確か。この客観は、見る側のコンディションがベストでなければならない。そうでなければ冷静さを欠くことになりかねない。

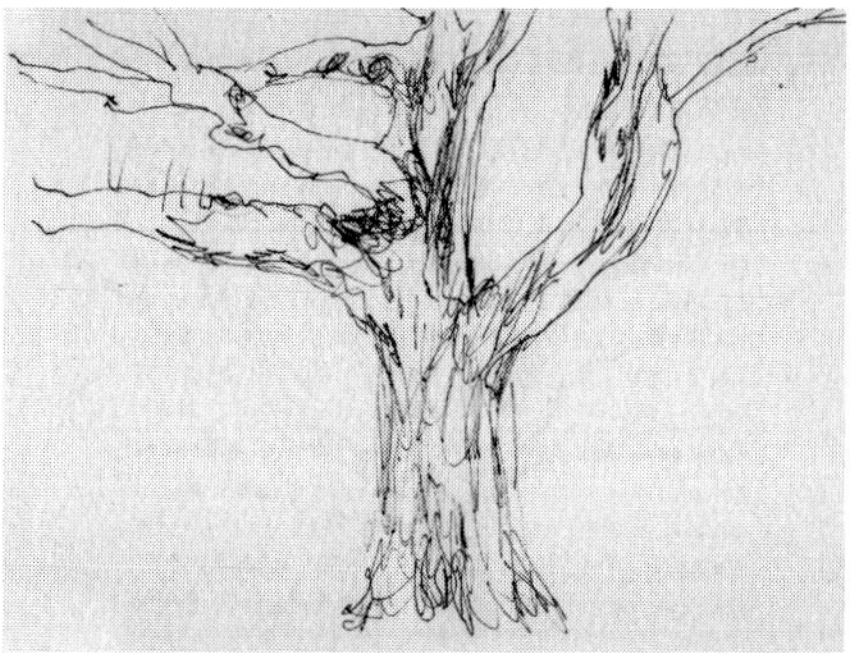

また別の考えがある。美が心に呼びおこされるのは、対象に直接接触しているときではなく、そのとき深層に働きかける記号―信号音をもった力が時を経過して、このいろいろなフィルターにかかった後になって思い出されるものなのだろう。従っていまベルリンの街でいろいろ会合している現象が、美の領域に高められるのは何年か後なのだ。このことは何年か後に実証する必要がある。ここでのスケッチ、文章が後に活かされることに期待したい。そのためには理性的なる洞察が求められよう。内容を理解したうえでの観察でなければならない。

96・3・5

ナショナルギャラリーを見に行った。1740年以降の具象が多く集められている。観客は少ない。ギャラリーはガランとして自分の靴音がフローリングに反応する。美術の見方の正当な時。自分と絵との直接対面がそこにある。

これだけ多くの具象をみると人物が風景が部屋が乗物が生き生きと迫りくる。絵具の世界をぬけだしてリアルティをもってくる。リアリティより時間を凝縮せる、瞬間といった方が確かだ。ふと具象も抽象もなくなってくる。セザンヌ、コロー、マネの作品に対すると、特にその思いが強くなる。風景が風景でなく果物が果物でなくなってしまう。生命を持った一つの空間がそこにある。

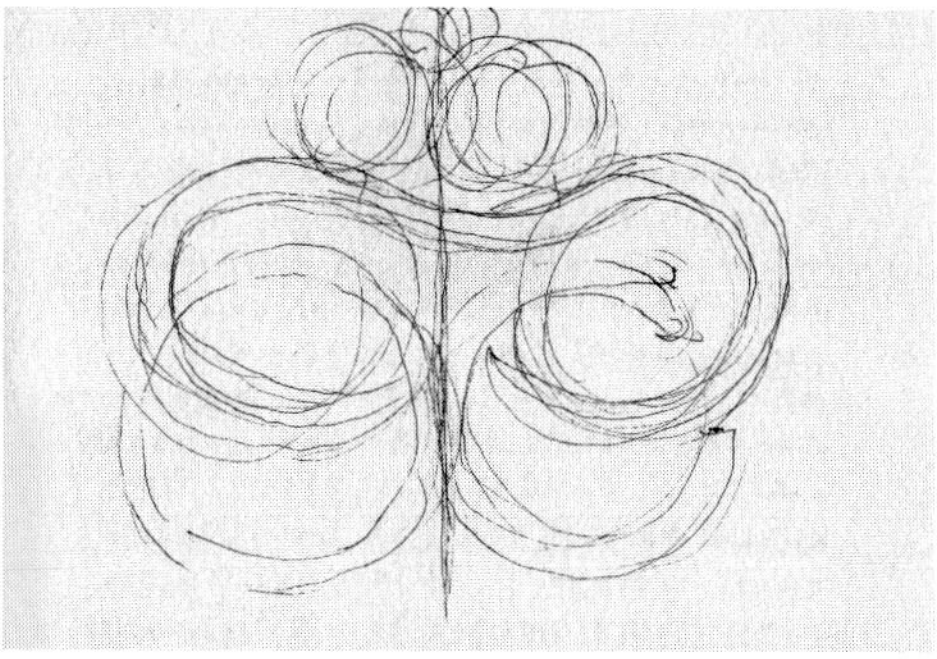

余白の存在

絵画と彫刻と建築の境目はどこにあるのだろうか。絵画が空間的であるとしたら建築の域に入ってきているのであり、建築が絵のように美しいと語られると、もう絵画そのものなのだ。

アバド指揮の第九番ベートーベン合唱を聴くと、空間そのものがホールを抜けて別世界をつくりだしているのを経験すると、音楽と建築の境があやしくなってくる。一流の絵、音楽によって、建築とは何かがだんだん明らかになってくる。具象絵画は背景に物質がある。背景、即ち余白となるべきところが重要な意味をもっている。ここを力強く描くかどうかで、平面が立面へ昇華できるかの鍵をにぎっている。

セザンヌの果物の静物画が生き生きと語りかけるのは、この余白の存在感がどうであるかにかかっている。建築も都市も同じだ。この余白がどう考えられているかで、人間に語りかけるか否かがかかっている。だから恐ろしい。図面でいえば線で引いたところでなく、引かなかったところであり、建築の目的をもつところにあるのではなく、機能をもつところにあるのでなく、そうでないところということになる。

セザンヌの果物はその輪郭線の強さに特色がある。これほど強い線を描いた画家は今までいなかった。この線の中に強い意味が込められている。この線は誰も近づきがたいところにある。輪郭は切りそぐ境であり、また他をとり入れるところである。輪郭―境界域のもつ役目は深い、おろそかにはできない。線の意味は深く、永遠なる命題なのだ。人類の歴史でたえずこれを極めようとしながら、未知なるところにある。まだ！

96・3・6

夜、鈴木七恵※氏の講演があった。若い男性のビデオ作家との組み合わせ。講演方式がユニークである。初めに七恵氏の話とスライドによる会があり、質問が話の途中からふりかかってくる。だんだん焦点をきわだたせる目的がある。その後小憩があり、ワイン、ビール、水を飲みながら話をつづける。その後ビデオ作家というふうに行われる。

七恵氏のはリアリティと理想の組み合わさったところに人間の何を発見するかにある。三部構成からできている。

第一部が日本の絵巻にある逆焦点法に作品の主題を置くものであり、都市の鳥瞰写真を遠い部分を大きく描くことにより都市風景をよりきわだたせようという試み。これは逆焦点の模型をつくることにより検討を加える力作である。このとらえ方はドイツの人にはきわめて新しく見えたようだ。

第二部は実際の場所と原寸大の絵を組みあわせる作品。パラディオがテアトロ・オリンピコ※で行ったのと関係があるが、七恵氏のユニークなところは、写真によっていろいろな作品を作っているところにある。どこまでそこにあるのか、人間の目はどこまで見ているのか頼りなくなる

※鈴木七恵（1947年—）
東京芸術大学工芸科専攻の傍ら絵画制作。1977年渡欧後はパフォーマンス、インスタ レーションの分野でも発表。写真と絵画、及びインスタレーションを中心にした作品を制作。1981年以降ベルリン市に居住。1990年代以降、虚と実とが境い目なく交じり合う空間とその時間性とを、絵画と写真によって表現 することを試み、見る人が共有できる記憶の時空間を現前させている。

※テアトロ・オリンピコ
古代ローマの野外劇場を模した劇場が屋内施設として造られている世界で初めての屋内劇場。アンドレーア・パッラーディオ（1508年—1580年）設計。劇場の形式は古代ローマ劇場のリヴァイヴァル形式だが、客席には区画分けが無く、また客席は楕円形に配置されている。

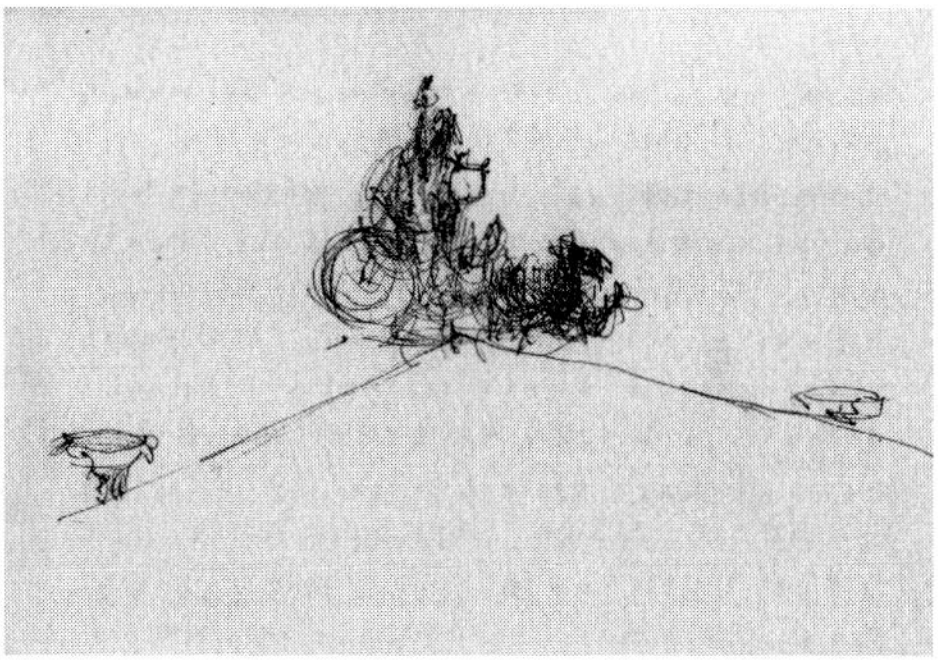

のだ。

第三部はパフォーマンスで行った作品。プールサイドのコンクリートのベンチでの作品は会期一ケ月を使い、コンクリートの隙間に植えられた植物の成長を観察するというものであったり、ポツダム広場近くに並べられた石の境目が、あたかも墓石に感じられるというものだった。

若い男性のビデオ作品は、人間が呼吸することにより気流が生じ、もし体重が無限に少なくなれば顔が回転するということをビデオであらわすものだ。ここではビデオレンズが見る側に立ち（固定され）、対象の人間は演技者となり視点の変換を行うもので、どこでもできる生活風景なのだ。さらにのぞき望遠で自分の目がうつし出されたり、のぞいた顔がいろいろなところにうつしだされ、顔が大きくなったり横になったりと、会場全体が発見の渦の中にまきこまれてしまう。

ドイツ語の講演なので理解するには十分でないが、映像が多用されるので多少理解の助けになっている。しかしやはり言葉である。

ここでは始終このように催しがなされ活気がある。日本とのへだたりははかり知れない。どうするか。発表する場所、企画する人、それをＰＲする人、課題は多い、とにかく準備に入る必要がある。時間は十分にかけて準備をしているが、コストはあまりかけていない。このＭＢＲという場所は貸し絵を専門とする画廊だが、種々一般の人に来てもらって文化活動を行ってい

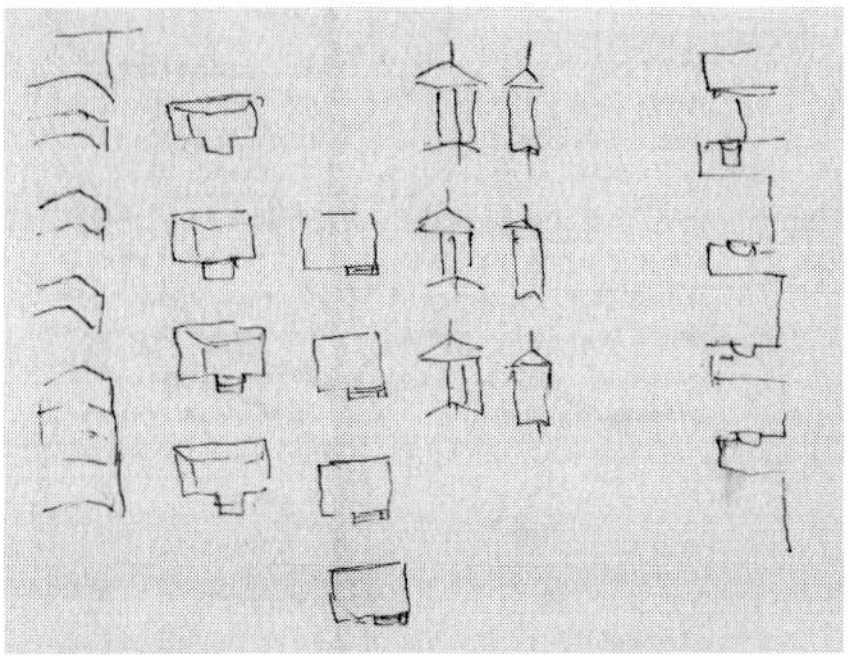

る。そしてスケジュールがしっかりしていて、半年分のスケジュールが組まれインフォメーションがなされている。

ベルリンは写真が盛んであり、写真を一つの現代を解く鍵としている。軽快で多様でリアリティを伴う映像を重複しているのがわかってくる。歴史は謎を秘めている。第二次大戦でほとんど破壊され、その後東西の壁で仕切られ、この講演会場は東の真ん中に位置し、今理想に燃えて討論を行っている。

歴史は平和と争いのくりかえしを行っている。平和がつづくとだれてきて刺激がなくなり、争いとなり答えが見えなくなってしまうと、二つに分かれて戦いとなる。正解など、この世にはもともとなかったのだということを忘れてしまう。神はどのように考えて人間のこのくりかえしを見ているのだろうか。このようにしてくりかえして、感動を伝えたり力をたくわえたりさせるのだろうか。

今の日本はどうだろう。戦後五十年、また価値の多様さに翻弄され、ただ騒然としているだけではないか。騒然を律する方法も手立ても見あたらず、ただうろうろとするだけなのか。歴史はたえず動き、過去とは異なるものを見つけなければ成立しない。今日より明日へ、一年前より一年後へ、十年、三十年前のやり方は通用しない。

しかし過去のいいもの、普遍的なものは存在する。普遍的なるものを語ることが、提示する

ことが、今求められているのではないか。戦後努力してきた日本ではあるが、その基準の示し方がわからず、ただ迷い込んでしまっているのだ。

身近なところから解決していかなければならない。身辺にはいくらでもやっていくことが残されている。目につくものだけでもいくらでもとらえ、発見へ導くことができる。鉄を考えるのも写真を並べるのも、日本とドイツの新聞を比較するのも、案内を比較するのもできる。ここで重要なことは客観的であるべきであること。主観を表にだすと骨格がくずれ弱くなってしまう。理性による客観である。

96・3・7

今日は一日デモーニッシュについて考えていた。そこには人を感動させることとは何かということが背景となる。人間が人間の行為、あるいは作品に心動かされるということは、自然を見て雪景色が美しいとか、夕日が美しいとか、花が美しいというのとはかなり異なる。

自然の美は人間が創りだす美とは異なり、人間は自然に心動かされて創作することはあっても、そのまま写しとるのではなく、自己の意識で心のフィルターを通して、独自のものとして現すもの。

デモーニッシュは時代をつきぬけるものであり、限られた機会にしか登場しない。それは神の声を聞くようなものであり、静かであり激しいもの、そして孤独なのだ。孤高の中にのみ遭遇

する。一瞬吹き抜ける風のようなものであり、一般にはなかなかそれに気づかない。赤ワインにうつる手のようなもので、なかなか気づかない。時間が停止する一瞬のできごとなのだ。

戦争はものごとをシンプルに誘う。その後に偉大なる創造の神がやってくる。その前にもだんだん平和になり堕落が始まる。歴史はこのくりかえし。

シンプルは集中力であり純粋なる精神でもあるのだ。歴史の矛盾があるようだが、過去をみるとだいたいそれがあてはまる。

夜は見えるものが少なくなりそれが純化される。それは一日の無事終了を祝福するかのようだ。夜は創造の神が宿る場所なのだ。もっと暗く、もっと暗く、役者が出番を待っている。

96・3・8

動物は器官のはたらきで教えこまれる。人間も往々にして全く偶然なる行動によって、これまで眠っていた一段高等なものを教えられる。

真実ととわれるものは、ただ一つの対象に関してさえもけっして小さなせまい限られたものではない。むしろそれはどんな単純なものであっても、同時に包括的なものであって、一つの自然法則が動物をひろく深くとらえて多種多様な啓示をあらわすように、そう容易に言いあらわすことのできるものではない。我々は真実をその啓示から認めなければならない。

SALVE　お健やかに　歓迎

後から生まれてくる人は要求されるところも多いから、またしても迷ったり探したりすべきではない。老人の忠告を役立ててまっしぐらに良い道を進むべきだ。いつかは目標に通じる歩みを一歩一歩運んでいくのでは足りない。その一歩一歩が目標なのだ。一歩そのものが価値あるものでなければならない。

詩はすべて機会の詩でなければならない。現実が詩作のための動機と素材をあたえるものでなければならない。ある特殊な場合が、まさに詩人の手にかかってこそ普遍的な詩的なものとなる。現実によって刺激され、現実に根拠と基盤をもつ。根も葉もないつくりものの詩を私は尊重しない。

詩人たる者は、平凡な対象からも興味深い側面をつかみだすくらいに豊富な精神の活動力を発揮してこそ、詩人たる価値があるのだから。現実はそのためのモチーフを表現すべきポイントを、本来の核心をあたえるものでなくてはならないが、さてそれから一つの美しい生きた全体をつくりだすのは詩人の仕事だ。

とにかくさしあたって大物は一切お預けしておくことだね。君はもう十分に長いあいだ努力を重ねてきたのだから、今は人生の明るいのびのびとしたところへさしかかった時なのだ。これを味わうには小さな題材を扱うのが一番だよ。

昔の人は壮大な意図を持っていた。そればかりじゃなくて、ちゃんとまたそれが表現できたんだからねえ。

それなのに我々近代人は意図だけは大きくても、それを思うままに力強く生き生きと生みだすことはほとんどできない。

古代ドイツの建築作品の中には、何か並はずれた状態の開花が見えるねえ。ああいう開花にいきなりむきあうと、もう讃嘆するしかない。しかしその植物の秘められた内部の生命をのぞき見て、いろいろな力の動きに目をむけ、どのように次第に発展して花をひらくにいたったかをみれば、事柄をまったく別の目で見るようになって、自分が何を見ているかわかるものだよ。

精神とか空想が近代の悲劇詩人に欠けているとは云えまい。しかし彼らの多くには軽妙な生き生きした描写の能力が欠けているよ。自分の力以上のことばかりやろうとしてね。この点で私は彼らのことを無理をする才能とよびたいのだ。

芸術本来の高さと困難さ、つまり個性的なものをつかむということに向かって、つきすすまなければならないところに来ている。抽象的な観念から脱出するために、無理にでもそうしなければいけない。四季を題材にした詩を書くこと。

特殊なものを把握し描写するということが、芸術本来の生命でもある。それに一般的なものに留まっているかぎりは誰でも模倣されてしまうが、特殊なものは、誰もわれわれの模倣をす

※ヨーハン・クリストフ・フリードリヒ・フォン・シラー（1759年―1805年）ドイツの詩人、歴史学者、劇作家、思想家。ドイツ古典主義の代表者。独自の哲学と美学に裏打ちされた理想主義、英雄主義、そして自由を求める不屈の精神が、作品の根底に流れる。ベートーヴェンの交響曲第九番「合唱付き」の原詞でよく知られるように、詩人としても有名。

ることができない。なぜかといえば、ほかの人たちはそれを体験していないからだ。特殊なものは人の共鳴をよばないと心配する必要はない。全ての性格はどんな特異な者でもみんな普遍性をもっている。なぜなら万物は回帰するのであって、ただの一度しか存在しないものなんてこの世にはないからだ。

対象よりも重要なものはない。対象をぬきにしてテクニックをどんなに論じてみてもしようがない。対象がだめならどんな才能だって無駄さ。近代の芸術がみな停滞しているのも、まさに近代の芸術家に品位ある対象が欠けているからだ。

こまぎれにわけていけば仕事は楽になるし、対象のさまざまな面の特徴をずっとよく表現できる。その逆に大きな全体をまるごと包括的につかもうとすると、必ず厄介なことになって、完ぺきなものなんてまずできっこないさ。

絵の場合と異なり、詩は同じ言葉でできている以上、また言葉を一つ付けたせば、他の言葉が死んでしまうのだ。

※シラーの哲学的な傾向がそのポエジーの面を損ねている。この哲学的な傾向のために、シラーは理念を一切の自然より高いものと考え、その考えから自然を破棄しさえするようになったからだ。

※マリエンバート悲歌。この詩全体をつらぬいている特徴は、精神の倫理的な高さによって和ら

げられた燃えんばかりに若々しい恋の情熱。この詩の感情はゲーテの他の詩にふつう見られるよりはるかに強烈で、そこにバイロンの影響があるのではと推測したが、ゲーテもそれを否定しなかった。

この詩にはたしかな直接性があり、一気呵成で鋳型に注ぎこんだようなもので、それが詩全体によい結果をあたえているかもしれない。つまり私は一枚のカルタに大枚のお金を賭けるように、現在というものに一切を賭けたのだ。そしてその現在を誇張なしにできるだけ高めようとした。

96・3・9
ゲーテとの対話

ワイマールを訪問した。この街の魅力はひとことでは語りつくせない。恵まれた自然条件、都市のスケール、ゲーテ、シラー、バッハ、シュヴァイツァー、リスト、多くの文学者、音楽家、建築家たちが愛した街。ただ一回の訪問では語ることが正確ではないかもしれないが、第一印象も重要で、ヒューマンスケールであることは確か。

ワイマール駅から都心まで歩きながら途中のカフェに立ち寄ったりして丁度よい時間だ。街の中の路は一本も直行するところがなく、広場も道もほどほどに傾斜している。この傾斜が心地よい。非合理であるが健康的なのである。ここが大切なところであり、忘れがちのこと。たえず問題意識をもたせる街、ワイマール。

※マリエンバート悲歌

ゲーテは七十歳を過ぎてから本気で恋をした。相手は十七歳の少女。ゲーテは求婚し、拒絶された。振られたゲーテはこんな詩を書いた。

どうしようもない憧憬に
此方彼方へ私はさまよい
慰さめる手だても知らず
ただ果てもなく涙は流れる
よし涙よ　湧きやむな　流れ続けよ
この心の火を消すことは
それでもできまい
生と死が
むごたらしくも組み打ちする
私の胸の中は今すでに
狂おしく裂けんばかりだ

※ゲーテハウス

ゲーテは1782年に町の中心部の館へ引っ越し、亡くなるまでの五十年間をここで暮らした。一階敷地内部に馬車が通れる道が作られている。右端と左端にある大きな扉は屋敷内の道で繋がっている。館内はゲーテの仕事部屋、研究室、図書室、居間、台所、寝室など。仕事部屋には立ち机。ゲーテは事務的な仕事は立ってこなしたが、小説は立って書いた。

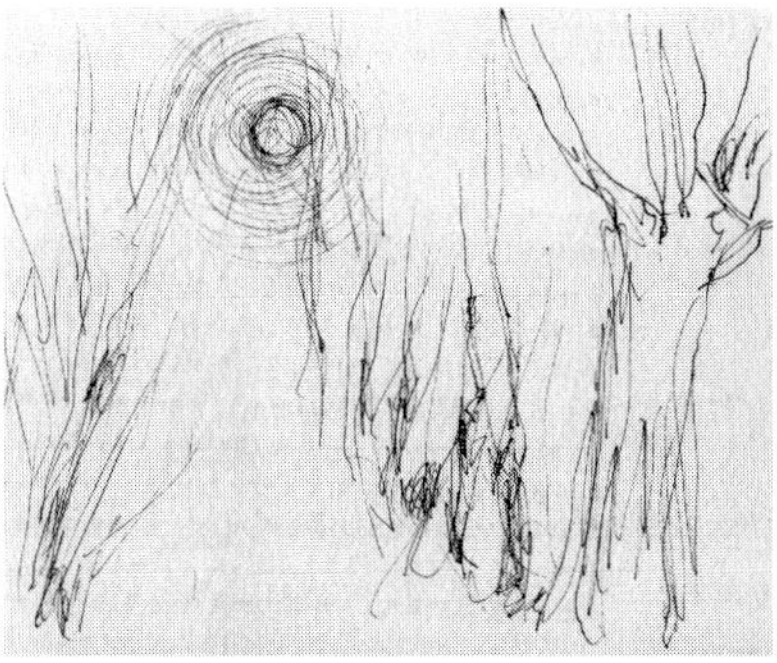 

入り組んだ道は方向感覚を養い、斜めの路面は歩く意味を人間に示すのである。建物も樹木も広場も同一のものがなく、そして個は生かされている。現代よりも十七、十八世紀はさらにすぐれた街並であっただろう。このような都市からあの芸術が生まれた。逆もいえる。すぐれた芸術家が住み、感動的な都市が生まれたのだと。

インフォメーションセンターで部屋を予約してくれた。朝食が付いてなく部屋のみで一泊28マルク。場所は※ゲーテハウスの隣のブロックの建物の三階。親切なる宿の主婦が部屋まで鍵をもって来てくれた。

部屋の外には小さなホールがあり、シャワールーム、トイレが接してある。中庭に面する部屋は静かで明るい。何よりもゲーテハウスから二十メートル程度しか離れていないことが、この街に親しさをまず与えることになった。

玄関に至る木製の螺旋階段が人の肌によくあい、手触りが自然である。小さな芸術品がこのようなところにも存在するのだ。表に出るとゲーテハウスと直角するように大きなフラウエンブラン広場があり、広場の中央に巨大なポプラが天を突くごとく立っている。ただ一木で落葉した枝がこんなに美しかったのかと、網目のように透けてみえるシルエットをしばらく眺めていた。

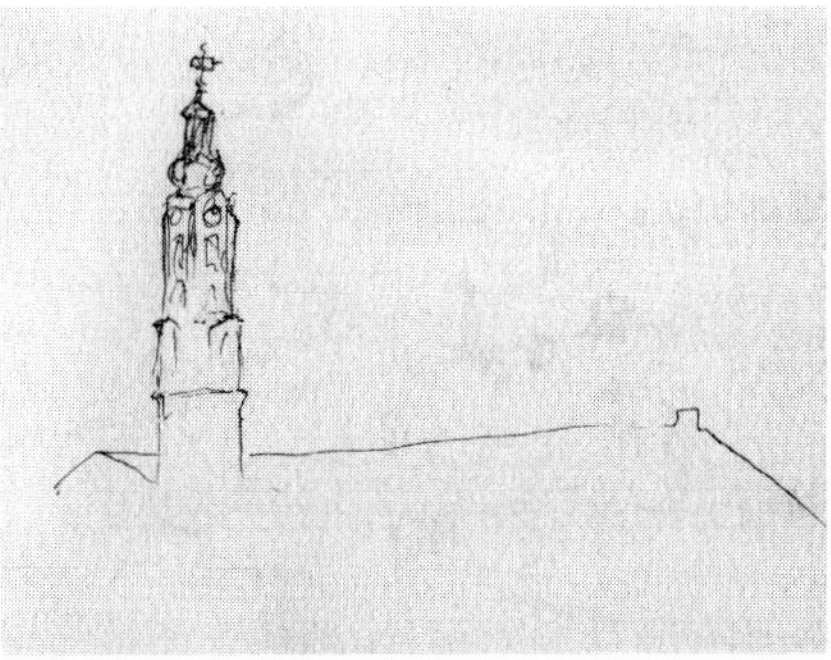

ゲーテハウス近くに噴水がある。冬場で水は止まっていたが夏場は水があふれ、木々の緑、いろどりの多様な花といい、ハーモニーを奏でる姿が思い浮かんでくる。広場は北側になだらかに傾斜し、南側に建つ巨大なゲーテハウスを逆光の中にとらえることになる。ゲーテハウスの部屋からは北側の公園を遠望できる。部屋と庭との関係は申し分なき配置ということ。

ゲーテハウスでまず驚いたのは一階から二階への階段のゆるやかさと巾の広さ。二部屋ぐらいが階段室となっている。それと部屋から眺める事ができる中庭、裏庭。かなり建築を知らなければこれだけの設計はできない。書斎は南側にあり、隣接する大きな書庫と控えの間、寝室、従僕の間が動線的によく考えられている。さらに螺旋階段を少し昇ると接客の間に簡単に行けるようになっている。

おびただしい数の収集品は驚きであり、収納を考えられた家具は、ゲーテが亡くなった後も文化として貢献したい意図が読みとれる。

絵画、彫刻、マジョリカ室の陶器、彫刻の間の胸像、控えの間の岩石見本棚、家具、調度類、見事。書斎の中の家具配置がユニーク。テーブルが多く配置され、気分によっていろいろ使い方を変えたことが想像される。また資料棚が適当な場所をしめ、自分の体の延長としてものが成立していたのだろう。

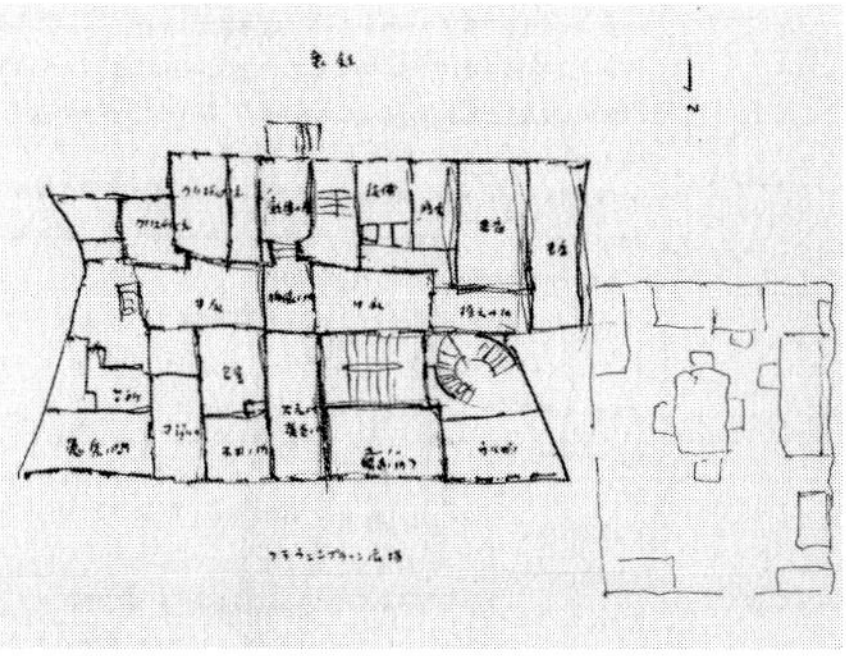

ユーノーの間、ウルビノの間は接客をしたり音楽会を開いたところであり、客とゲーテとの関係が集中できる雰囲気に際立たせる広がり、光の具合、絵、彫刻の配置、椅子、テーブル、ピアノの配置を見ていると、よりリアリティをもって迫りくるものがある。

動線が回遊式なのも健康的。人間は部屋の中にとじ込もって時間を費やすのではなく、ときにはうろうろとする。人間は動物から進化する以前の、動物の本性にたちかえることがしばしばあることを読んだプランがなされていると考えられる。これだけ広い部屋部屋を接しながら、ゲーテはなおあきたらず、自然を求めて大自然の中に出ていく場面が多く語られるが、人間本来そのようなものである。

そうすることによって生気を甦らせる役目をもつのだ。いつも自然体は何か、しかも自然体の中になお生産を高めるのは何かを示している住宅。一階に馬車を展示していた。その大きさ、品の良さ、これで馬に引かれて街へ、野山へ、なんと見事な風景をしていたことか。おそらく当時の日常生活の中にあって、街中の人たちにとって、ゲーテの生活の姿は刺激的であっただろう。今であればさしずめロールスロイスで乗り回している姿だ。否、それよりも高度で風格がある。

その後※シラーハウスを見に行った。ゲーテが尊敬するシラーの家は、ゲーテも語っているごとく小さく、材料も質素そのままである。それでも三階建てで一般の家にくらべ巨大だが、ゲーテの家はとびぬけているのでシラーハウスが小さく感じる。シラーハウスも前面の大通り、裏庭

※シラーハウス
シラーは、1802年から1805年まで暮らした。1799年、ワイマール宮廷劇場の顧問役としてワイマールを訪れ、1802年シラー・ハウスに転居。代表作「ヴィルヘルム・テル」が執筆された。

をはさんでよいプランをしている。部屋部屋を回遊できるように配置されているのはゲーテハウスと同じ。三階建の一番奥に書斎があり、東側からよい具合に光が入るようになっている。

この部屋で文学を生みだしたのだ。傍にはシラーが亡くなったときのままの状態で、ベッド、ベッドカバーが置かれている。静かだ、なんと静かなことか。ゲーテより気性の激しかったシラーの、この書斎とはかなりへだたりがある。

シラーは集中力をめざし、ゲーテは拡散をめざした。めざすものは同じだが、二人のプロセスが異なっていたことが書斎を見れば明らかとなる。余条件を限定していってまとめていくシラーと、条件を多角的にながめながら核心に迫るゲーテの違いがあったのではなかろうか。

シラーハウスの前はシラー通りとよばれ、通りというよりもモールの形をしている。菩提樹の大木がペーブメントから伸び、周辺の五階ないし六階の建物よりも巨大に見える。それに石畳、やや曲線を描きながらナショナルシアターの方になだらかに登っていく。ここを歩いていくとイマジネーションがふくらんでくる。人生とは、青年とは、建築とは、都市とは、芸術とは、心地よい広がり、明るさ、樹木、店構え。シラーがここを往来して劇場に仕事に出かけるときは、どんな気分であったのであろうか。

シラー通りを下がったところに市庁舎が建つマルクト広場がある。この広場も北になだらかに

傾斜している。人間の体が反応を示し、内部器官が生き生きとしてくる。血が動くというのはこのようなことを云うのか。なんど行ったり来たりしてもまた発見があるのだ。ゲーテが次のように語っている。「どこにこんな小さな町に、こんなにたくさんのすばらしい良さを見つけ出せる町があるというのだ。私もここに住んで五十年になるが、今でも町全部を見尽くしていないんだ。よく旅に出るが、しかしいつでも喜んでワイマールに戻り、ここでさらに見聞を広めたいと思っている。」

夜はナショナルシアターでウェーバーのオペラがあった。ストーリーは明確には理解できなかったが場面展開がドラマティックであり、演技者ひとりひとりの歌がみごとだった。それに楽団の洗練さはやはり歴史の厚みを思わせた。二時間三十分、時間を忘れさせる。外に出ると冷気が深まり、オペラと、歩いて帰るシラー通りの並木路が、印象深い一日をいやがうえにも高めてきた。

日曜日、オフシーズンとあってか店はなかなか開かない。一人として外を歩く人はいない。日曜だというのに、比較的人が集まるマルクト広場にも一人もいない。街として機能していないように感じる。まだ人々は休んでいるのだ。この休日をゆっくりと、太陽はエレファントホテルの方向から斜めに光をなげかけ、この広場を偉大なる影と光のドラマに形づけている。

マルクト広場からシラー通り、劇場広場、デモクラーテ広場、リスト音楽学校、バッハの住んでいた家、画家グラナッハの家、宮殿、すべてがまだ眠りの中にあるかのようだ。
ただイルム川の流れだけは静かな音をたてながら北の方へと流れている。人の気配はないが、朝日をあびた市庁舎のタワー、宮殿のねぎぼうずのタワー、教会の尖がった塔が目に入り、三角屋根の民家の家並みと共鳴しあっている。
ワイマールは内陸にあったためか、かなり冷え冷えと体にこたえる。宿に引き返し太陽がもう少し昇ってから街に出かけることにする。

午前11時、だいぶ明るさを増し人の声がきこえてくる。やっと街らしい風景だ。子供達は路面用のスケートで走りまわっている。とにかくでこぼこの石だたみの上をこのスケートで走るから、かなり難度のいる技が求められるはずだ。それなのにいとも平然と走っている。子供は何にでも単純なる行為に没入するものだ。大人になりだんだんそれがうすれてくる。
この街の子供たちはのびのびと飛びまわっている。イルム公園は川の流れも激しく、廃屋の後ろなどが、そのようなところが子供の遊び場にはもってこいだ。動きまわり、立止まり、接触し、組み合わせをする。そこに発見がある。時を忘れてしまう瞬間である。幼年時代の時の厚みと深みは大人では味わえない。どうしてこのへだたりがあらわれるのか。年令によって考えるためか、体力のおとろえなのだろうか。

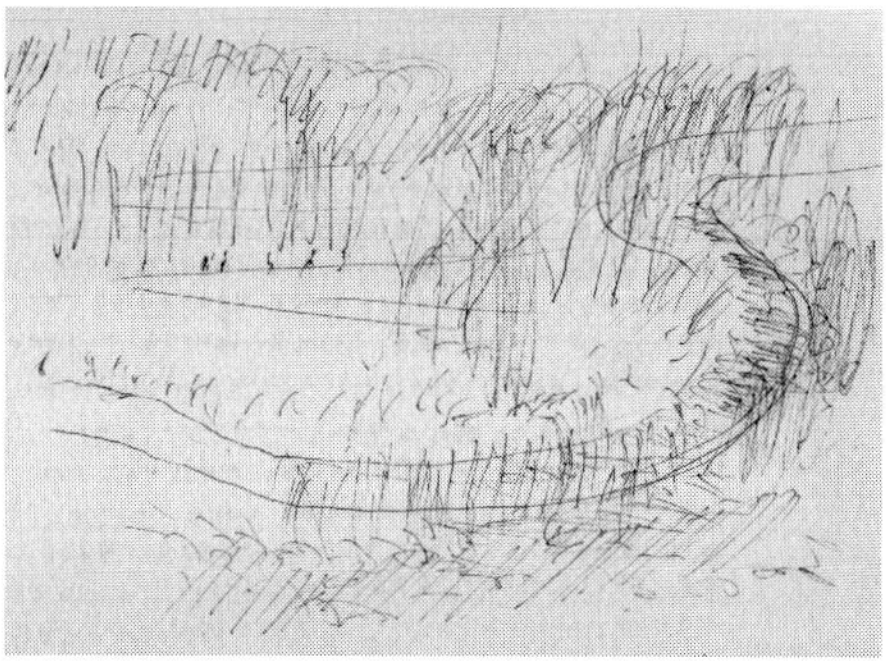

これは気力が一番の違いなのだろう。気力があればあと先考えることなく、めぐりくることに没頭できるはずだ。ここにきて子供の遊ぶ姿をよく見かけた。見ることによって自分の子供的精神の、過去と現在を見つめなおしているかのようだった。

イルム公園を散策しているといろいろな発見がある。ゲーテがあずま屋を建て、アウグスト大公のために設計したローマの館が公園の中にある。それぞれ方向の異なる二つの建物だが、この雄大なる公園の中にあって、これらの建物に生かされている。内部には入れなかったが、この二つの建物は内部と外部との関係で成立している。別荘とはそういうものだ。

公園を散歩する人はだんだん増えてきた。一人で、二人で、三人でとそれぞれのんびりと歩いている。白樺の林がいい背景となり、異国で見る私の目に全く別の休日風景を示すかのようである。ゲーテ、シラーの時代から同じ光景であったかのよう。二百年の時はとどまることなく経過したが、人の営みはそれほど変わってはいない。

イルム公園の魅力は、ワイマールの市街地と同じような形状のドラマをもっている。おおらかでありながら変化に富み、動きがあり、人間が歩くのにほどよいスケール感がそなわっているからだろう。

そこで見落とせないのが、歴史が残されていてそれが未だに生かされ使われているところにある。これは公園に関してだけでなくすべてにあてはまる。国家のレベルから都市のレベル、街区

のレベルから各個人の家にあっても、である。おおらかでありきめ細かくて生き生きとしていて歴史を内包している。歴史とは遺産で、それを受け継いでそこから次世代の者が飛躍すればいいではないか。そこで才能がみがかれ、育てられ、そして次に来たる時代を背負っていけばいい。

ワイマールの魅力は都市と公園とそれを囲む大自然があって完成されたものとなっている。この条件を生かすべく二百年前に文化が花開く政治経済のうしろだてがあったから。公園の今まで雪の下だったであろう芝生が、もう春の芽生えを思わせるように、じわじわと新芽の頭をもたげはじめていた。芝生を横切りながら遠望すると、雪をいただく名も知らぬ山並みがたたずんでいた。よくここまで来てしまったものだ。日本からはるか遠い場所、この地方都市で夕ぐれどきの空を見やりながら、自分は今から何が発見できるのかという思いにいたってしまう。

歴史と文化を秘めたワイマールで、今まで行ってきた多くの建築と、それにまつわる行為が何を意味しているのかと考える。決して無駄ではなかった。いろいろなスタディが、これから生かされるのかどうか、そのためにはどのようなシステムがとらえられるべきものなのかを思いめぐらす。

このゲーテが建てたあずまやの中から今にもゲーテの声が聞こえてくるのではないだろうかと、空想の奥深くいたっていく。人と異なることをやりたまえ、ひとつのことを究めなさい、いつの時代にもその時代にふさわしいことが必ずあるものだ、そして他にまどわされることなく、己

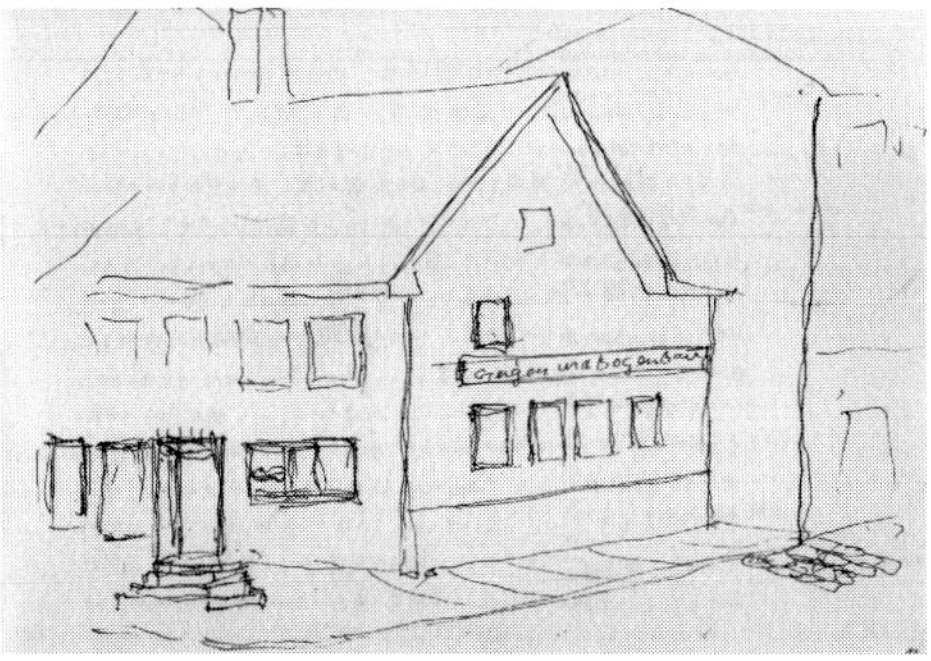

が身にふさわしいことにつき進んでいけばいいのだと。
知らぬまに時が過ぎ、帰りの列車5時17分ワイマール発を乗りおくれるところだった。

ワイマールはゲーテが語ったごとく、理解の困難なる演劇空間の都市だった。それを支えた一人にアルティザンがいる。街の角隅に、一軒のバイオリンを作る職人の家があった。中の様子が小路から見える。道具を棚に並べ、作り進めている音楽家たちのバイオリンを並べ、完成の出番を待っているかのようだ。

ゲーテハウス、シラーハウスよりはるかに小さく、質素ではあるが気品が漂っている。バイオリンコンチェルトが聞こえてくるのではと思わせる風格がある。小さな家だが窓廻り、入り口の扉廻りがしっかりとしていて、バイオリンの名器とそれはつながっている。どこか洗われたすがすがしさがにじみ出ている。いつの時代にも裏方となり文化を支えてきたアルティザン、現代はその人たちの生きられる場所さえもとりあげようとしている。アルティザンは肉体による文化の継承であり、確実なるものの伝達なのだ。

感動する街は一筋裏に入ると必ずアルティザンの工房がある。それがあって街区は生きてくる。いくら機械に頼っていても、最終にあるのは手であることを示している。バイオリンの音色は過去から未来につたえるメッセージなのだ。人間は、メッセージの糸をたぐりながら我が身の確認を行っている。

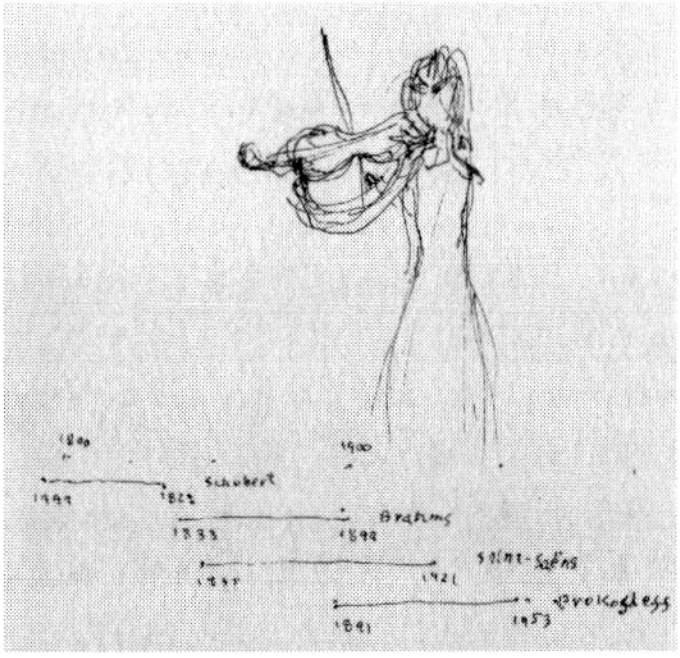

三月中旬というのにベルリンは雪となった。北の国ドイツは三月の雪はごく当たり前ということらしく、工事現場は雪に関係なく行われ、道行く人も雪をよける姿をとらず、ごくごく日常生活の中でなじんでしまっている。ここでは雪の日が特別でなく、むしろ雪の日にあわせたかのように底のぶ厚い靴をはき、ふかぶかとしたコートを着ているのだ。

冬向きの生活を毎年行うのがドイツ人の遺伝子に組み込まれているのだろう。南方系の影響が深い日本人とは異なる。体格も顔型も目の色もドイツ人は北方系。このような風土から生まれる理性をベースに体系づけられた理論が、日本としっくりいかないのは理解できるところである。

家の近くに古本屋が多く店を構え、時に立ち寄ってみるが、一冊一冊の本に対する考証がみごとにされておどろくことがよくある。今日もUrahiaという1800年代初期の本を見つけ、出版年代を聞くと厚手の解説本を引っぱりだしてきては、この本が何版のものであり、発行年代も正確に答えがかえってきた。

Urahiaは小さな本だが百五十年ほど前のもの。表紙と銅版画が表紙裏にあり、それが魅力的だった。何度見ても見あきることはない。一冊の古本がイマジネーションをふくらませる。充実した時間の流れ、本屋の主人のいかにもドイツ人気質で店を守っているプライド。ここからは何

※マリア・マルタ・アルゲリッチ（1941年―）
アルゼンチンのブエノスアイレス出身のピアニスト。現在、世界のクラシック音楽界で最も高い評価を受けているピアニストの一人。

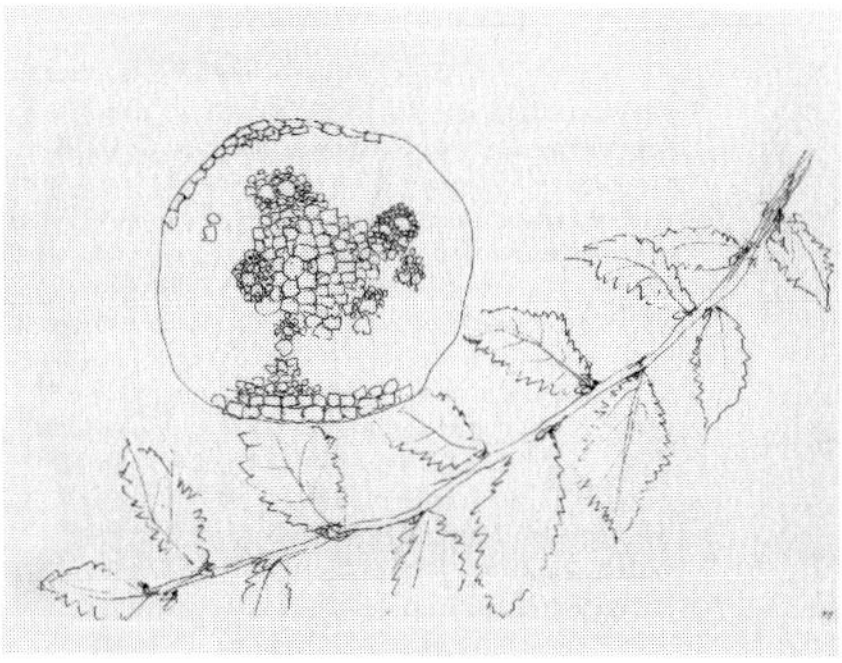

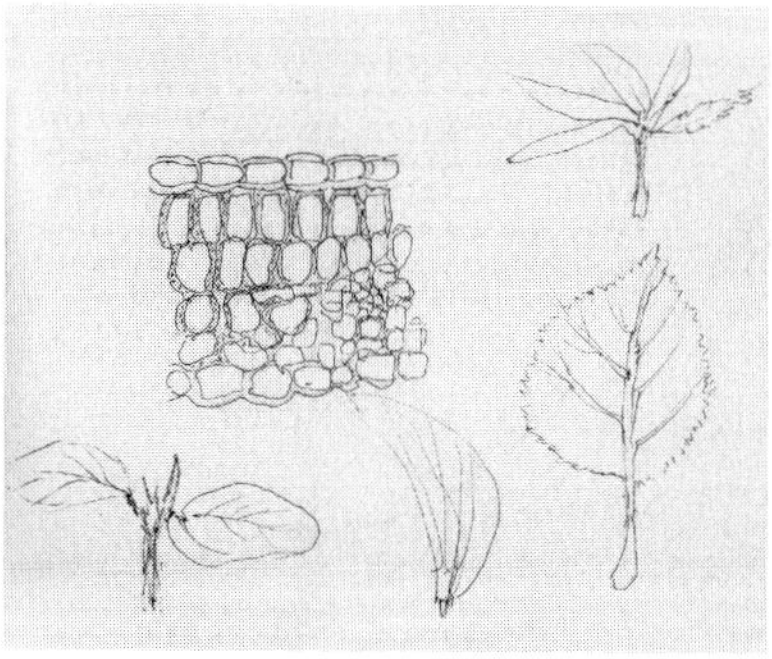

かが生まれる、ドイツ人そのものが生きづいている。それにしても深く尊いこのような本屋が十軒以上はこの近くにある。それぞれの主人はこの店と似て、いかにも本好きの主人に守られている。

夜はベルリン・フィルハーモニーに出かける。今日はマルタ・アルゲリッチ※のピアノ演奏が予定されているので多分人気の高い席待ちの列ができていることと思い、いつもより早めに出かけた。ところが切符はまだ残っているという。これは不思議だとインフォメーションで調べると、アルゲリッチは休演となり別のピアニストが加わり、バイオリンとチェロの三重奏が組まれていた。それでもほぼ満員の盛況。

演目はすべてショスタコービッチ、二十世紀を代表する一人の作曲家の曲で、延々と休憩をはさんで三時間の演奏。開始午後八時、終了十一時。誰一人途中から帰るものもいない。この三重奏の奏者を温かく見守っている。この耳なれぬ難解な曲へのチャレンジに対して敬意を示しているのだろうか。演奏者も聴衆、それを支える裏方のレベルの高さがひたひたと迫ってくる。

世界一流とはこういうものなのだ。たえず続けていくことによって、生産することによって魅力がそなわってくるもの。ここに至るまでの才能、それに努力、集中力にいろいろと印象づけられる。

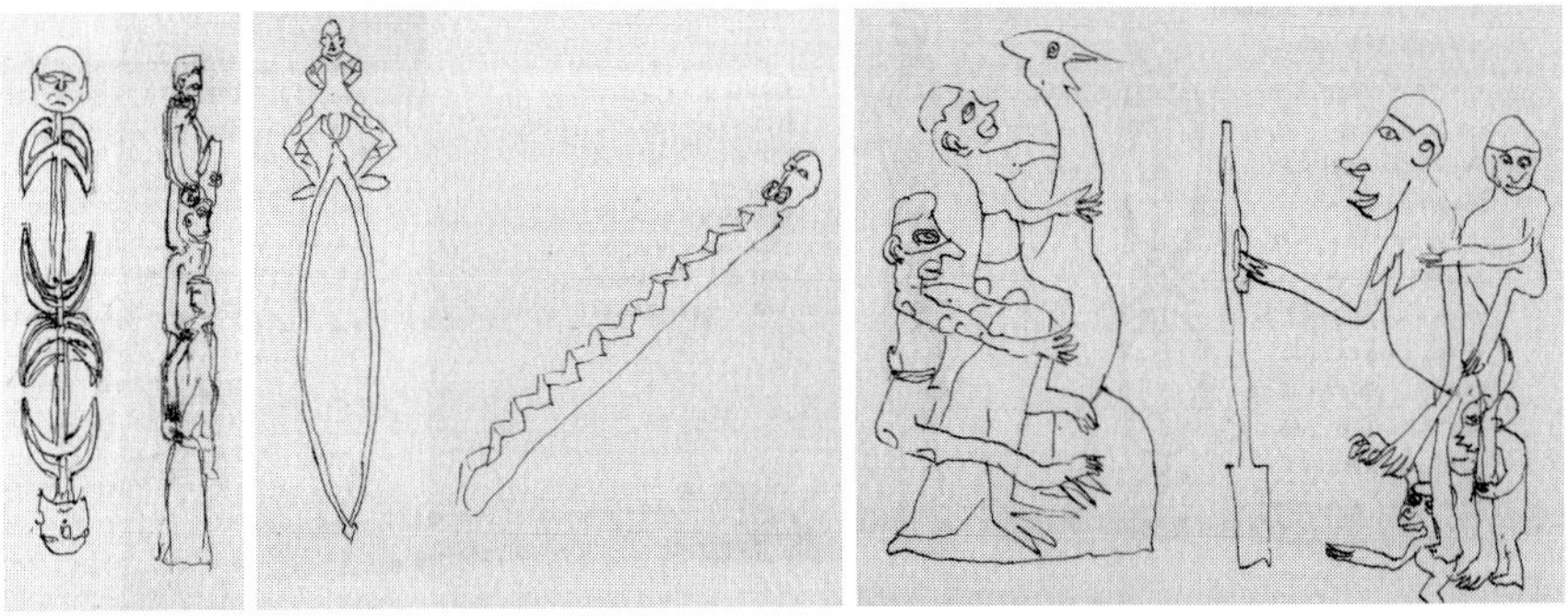

このベルリンフィルには毎回いろいろと教えられる。それは歴史をふまえた現代を、確かに見据えたことが背景にある。一流でなければその心を引きつけられるものではない。一流はじっとしていても大衆は自然に近づいてくる。何のＰＲもなくても自然にそれに会合したい情熱で、そこに足が向かっていく。この国には多くの潜されたものをもっている。それらの財産を使わせてもらっていると考えた方が正当のように思われる。

96・3・12

今までベルリン西南部に行くことがなく、その方向にダーレム美術館※と大植物園があることをガイドブックで知ることとなり、行ってみることにした。Ｕバーンのダーレム駅は茅葺のいい外観をしていて内部も木造、壁の部分はタイル貼りであり、ベルリンらしからぬ雰囲気。

アフリカ・イズ・ビューティフル

ダーレム美術館では大アフリカ展を行っていた。今までアフリカを知っていなかった。関心がなかったといった方が正解だが、とにかくアフリカの今が展示、ビデオで表現されている。ここではアフリカは楽園がそのまま残っているのだろうか、感動的なシーンがいくらでも登場してくる。日ごろの営み、祭り、仕事、芸術への取り組み、一日一日、一時一時が絵になる。自然と人間の営みが無理なく行われている。たしかにものはあまりなく不便。人間は便利とひきかえに失

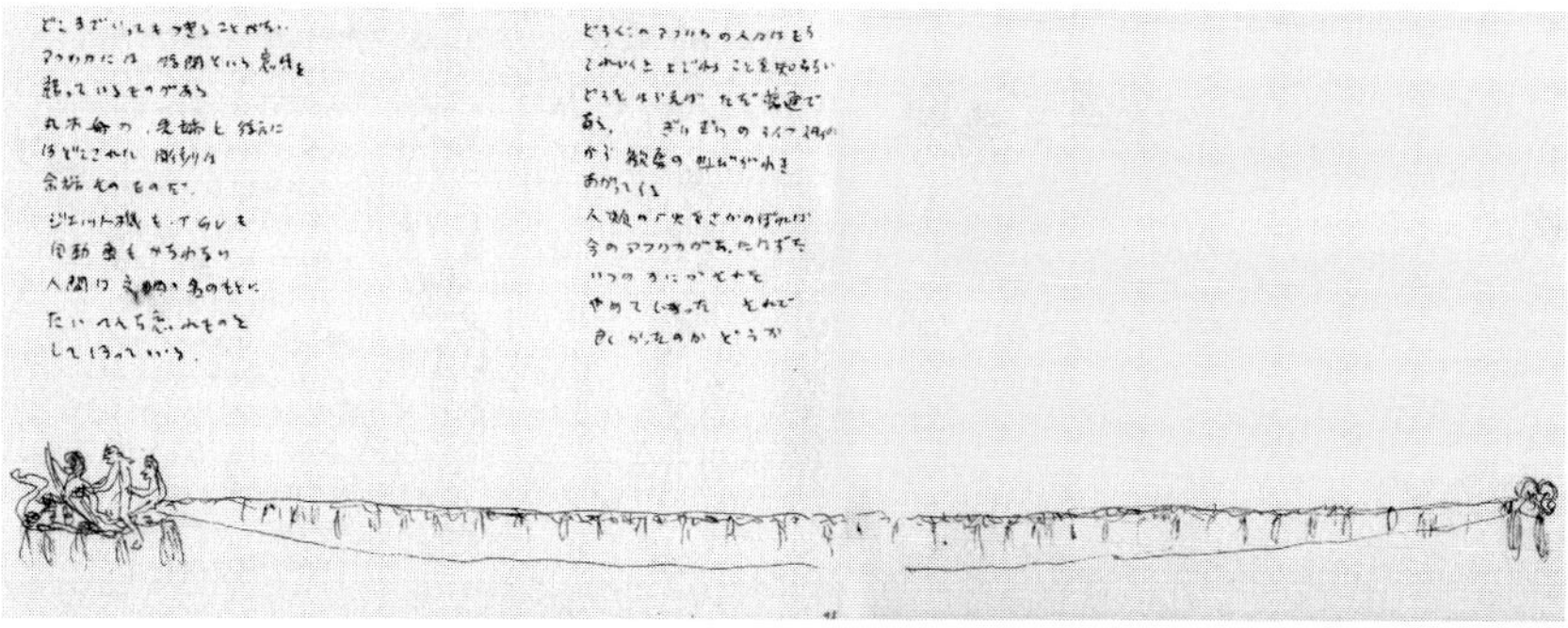

ったものも多い。非合理の極みがアフリカには存在している。アフリカの住民は便利をとり入れることはそれほど大変ではないだろう。しかしそれに進むことをあえて斥けている。

木彫はユニーク。人間の顔が、人体がよく題材となっている。ややプロポーションがずれていてユーモアがある。このユーモアこそ忙しい現代人が忘れやすいこと。体の上に体、顔の下に顔、意外性を平気で行っている。アフリカの人にはこの美意識が身にしみ込んでいるのだろう。階段にも梁にも顔がくっついている。これはどう見ても普通ではない、豊かである。生活の流れの中でこのことが認められている。

どこまでいってもつきる事がない。アフリカには時間という意味を語っているものがある。丸木舟の先端と後方にほどこされた彫刻は余裕そのものだ。ジェット機もＴＧＶも自動車もかなわない。人間は文明の名のもとにたいへんな忘れものをしてしまっている。

どろんこのアフリカの人々は、もうこれ以上よごれることを知らない。どろをはらえばただ普通である。ぎりぎりのライフスタイルから歓喜の叫びがわきあがってくる。人類の歴史をさかのぼれば今のアフリカがあったはずだ。いつのまにかそれをやめてしまった。それでよかったのかどうか。

ダーレムにあるボタニッシュガルテンは見事だ。巨大な温室と博物館、図書館を併営していて市民のために開かれている。ここでは植物の本質まで語っている。植物の表面づらだけでなく、その謎を追及している。

何事も同じ。とことん理解した後に生まれでてくるものが大切なのだ。一本の麦、一枚の葉、一弁の花に、見方をかえると生命の営みが正当化されてくるのだ。地球というこの自然を考えるとき、その場その場でたえず植物生命を保持するための活動がある。人間と同じ。それぞれ個性があり、その活動にふさわしい形をしている。

バレンボイム※指揮によるものと、自らもピアニストとなった演奏会が、シンケル設計のシャウスピールハウスであった。演目はベートーベン作曲Christus am Olberge（オリーブ山上のキリスト）とFantasie（ファンタジー）。演奏はシンフォニーオーケストラ、コーラスはドイツ国立オペラ合唱団。

バレンボイムはよく聞く名前だが、どのような出身の人かはあまりくわしく知らなかった。生まれはブラジルで、アメリカ、イギリス、イスラエル、ドイツといろいろなところを歩いてきている。もとはピアニストをめざしていたということで、ピアノもなかなか。特に今日のファンタジーは感動した。ピアニストと指揮、これだけの交響楽団とコーラスグループを相手にみごとに演奏をなした。聴衆はいつまでも拍手をおくり席を立とうとしない。

バレンボイムの立ち居振舞のみごとさが演奏内容をさらに高めている。いろいろ楽団をわたり

※ダーレム美術館
第二次大戦後、東西ベルリンに分けられた国立博物館のうち西ベルリンのダーレム地区にある。絵画・彫刻各館、版画・素描室のほかインド、イスラム、東洋美術、民族学（アフリカ、アジア、オセアニア、古代アメリカ）などの諸部門を有す。

※ダニエル・バレンボイム（1942年—）
アルゼンチン出身のユダヤ人ピアニスト・指揮者。現在の国籍はイスラエル。

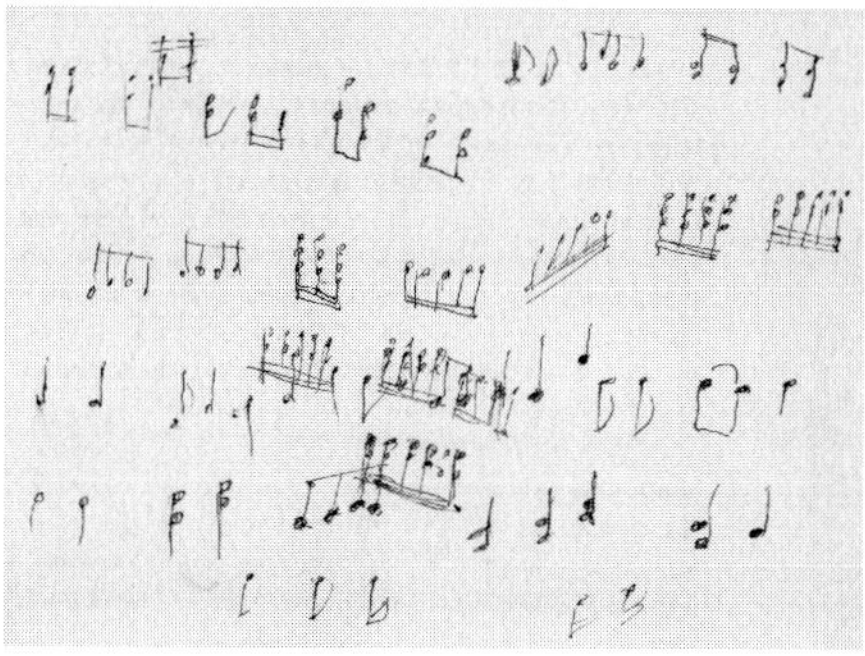

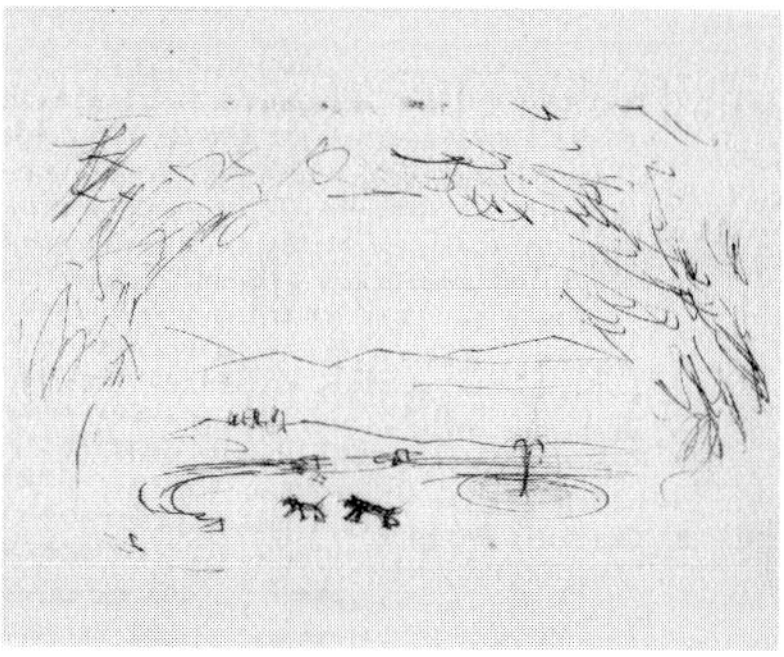

歩いてきたマナーが身についている。団をまたぎ仕事をすることはたいへんだが、それをのりこえてきたところにその美がただよってくる。おおらかに洗練された美がにじみでてくる。

クラッシックは人生に力を与えてくれる。世界共通のことばで人々をつないでいく。各団の演奏で新しいものを見せてくれる。

音楽、建築

音楽と建築の関係を考えてみる。この全く異なる分野にある両者に共通するものがあることがわかってくる。それを行っているのが人間であり、音楽が音符によるごとく、建築は設計図という共通の言語をもっている。図面をみればすべて読みとることができる。建築というコンサートホールの中で演奏される音楽だが、それを生みだすその時の人物がおおいにかかわる。指揮者なのか交響楽団なのか聴衆なのか、その一体なのか、そのかかわりかたで良くも悪くもなる。

建築家は自己がかかわった建築から立ち去り、完成とともに他にゆだねられる。完成まではこちらの手中にあるが、その後は育てられた特性のままに進化する。従って建築も一流でなければ長続きはしない。一流の中にそなわった神性が人々に語りかけるのだ。なかなかそのような状態で完成するのはたいへんだが、名演奏があるように名建築は必ず存在する。

そのようなことを思いながらシャウスピールハウスを後にした。つづけて降る小雪がいっそうその意味——音楽と建築のことを思った。そこには形とか空間はなくなってしまい、ただ気配

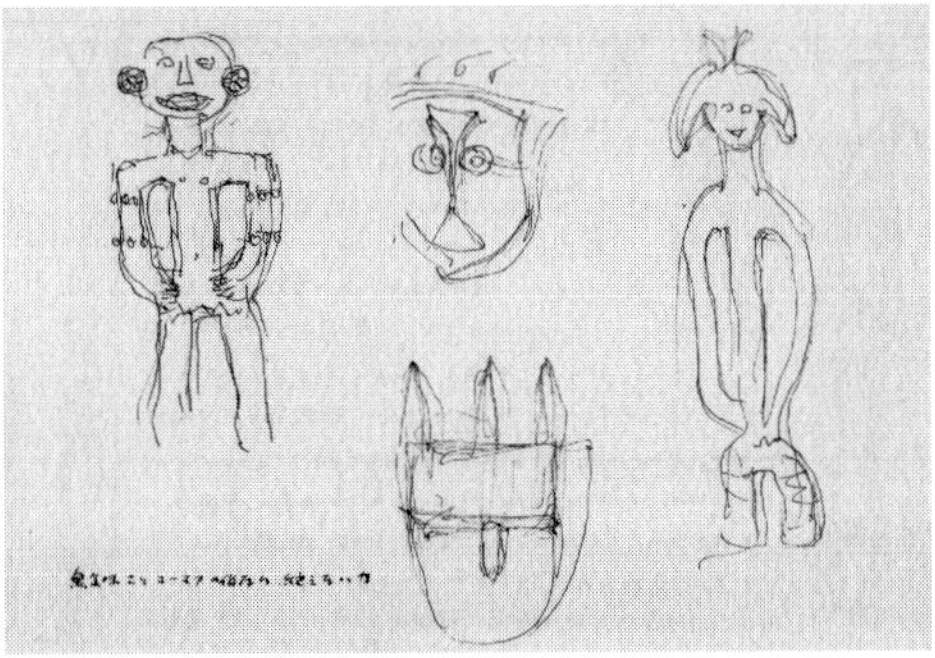

があるのみだった。

96・3・14

プーシキンの『スペードの女王』を読んだ。この短編の中に人類の理想と現実が語られている。これだけの文字で語ることが、この大テーマを。理性では認識できないことが多い現実生活を送る人間にとって、この小説は普遍的なものを語っている。だから現代にあって注目される作品となっているのだ。

トランプというゲームの中に予想と非予想の狭間をみる。トランプは人生におきかえられ、さらに人間行動にとってかかわることになる。日常の行為そのものにあてはめることができる。ゲーテが云っていたデモーニッシュなものということは、このような特殊性でありながら一般解でもあるのだ。

グロピウス・バウでアフリカ展が行われていた。ダーレム美術館の展示はアフリカ中央部にあるものに限定していたが、バウではアフリカ全体をとりあげていた。ここにも日常の中の非日常が語られた作品を多く見ることができた。人体のプロポーションを抽象化し、よりユーモアと存在感を示している。自由な精神の息吹きが感じられる。作品を人に見せるというよりも内面からの叫び、ものをつくりとどめておきたいという願望がそこには潜んでいるのだ。おどおどして

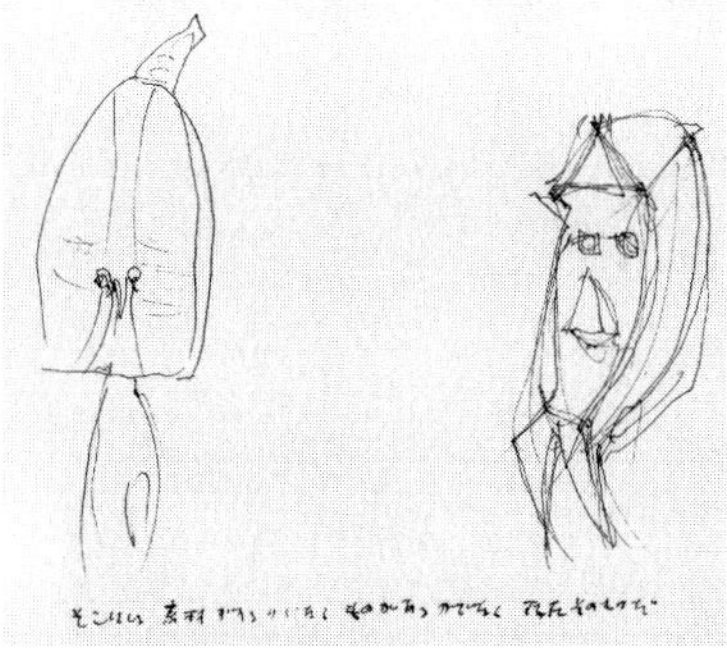

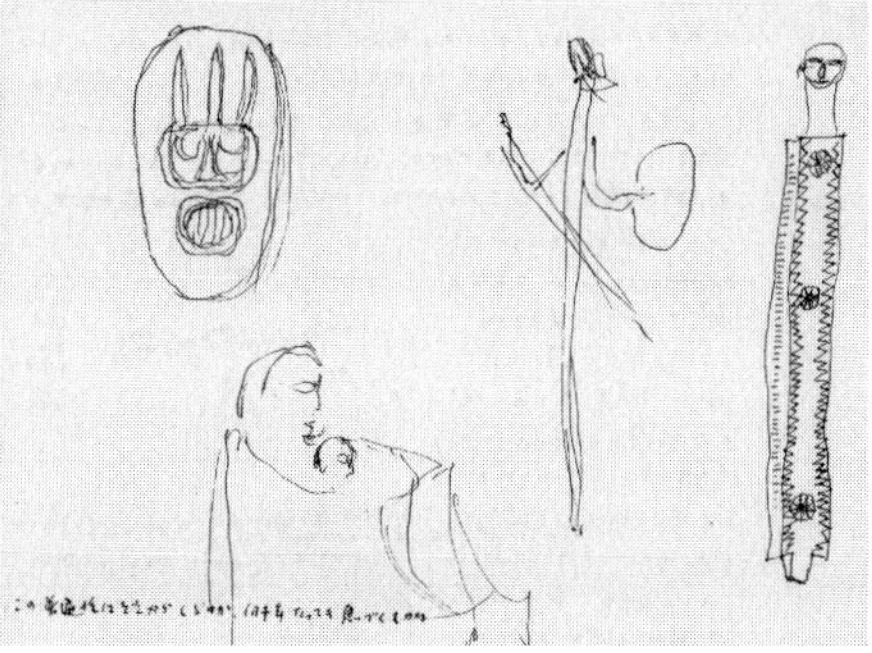

いたりあたたかく受け入れたり、夢を与えようとしたり、とにかく空間をつきぬけてくるものがある。

展示会場でこれだけ力を示されるということは、現地ではさらに強烈なものであろう。プロポーションをはずしたり不思議なる組合せを行ったりしていることは、プーシキンがめざした現実の中の非現実と関連している。人間はごく普通のものの転換によって、より深い感動をおぼえるのだ。トランプというごく普通のゲームであるはずが、掛け金を極度に上げることにより、突如非現実となるのだ。

アフリカの彫刻の、人体を細長くしたり目を小さくしたり手を長くしたり、丸とか三角をくりかえしていったりしていくうちに非現実になってしまう。

ごく普通のところに芸術はかくされているのだ。遠くをみるのではなく、特別なものに目をうばわれるのでなく、そこにあるものを強く観察しスタディをすればいいのだ。無心の境地にあって、ふっとあらわれるものなのだろう。

なにげないスケッチが、ただ手を動かすことによって生き生きとしていく。変わったところにあるのではなく、ここにあるのだ。ただ、そこで誰とかかわっているかは重要。自分一人ではどうにもならないのだ。周辺にいるだれかが刺激を与え、ヒントを与え、激しい反感のうちよりものは生まれてくる。これがよく忘れがちである。プーシキンの『スペードの女王』をドストエ

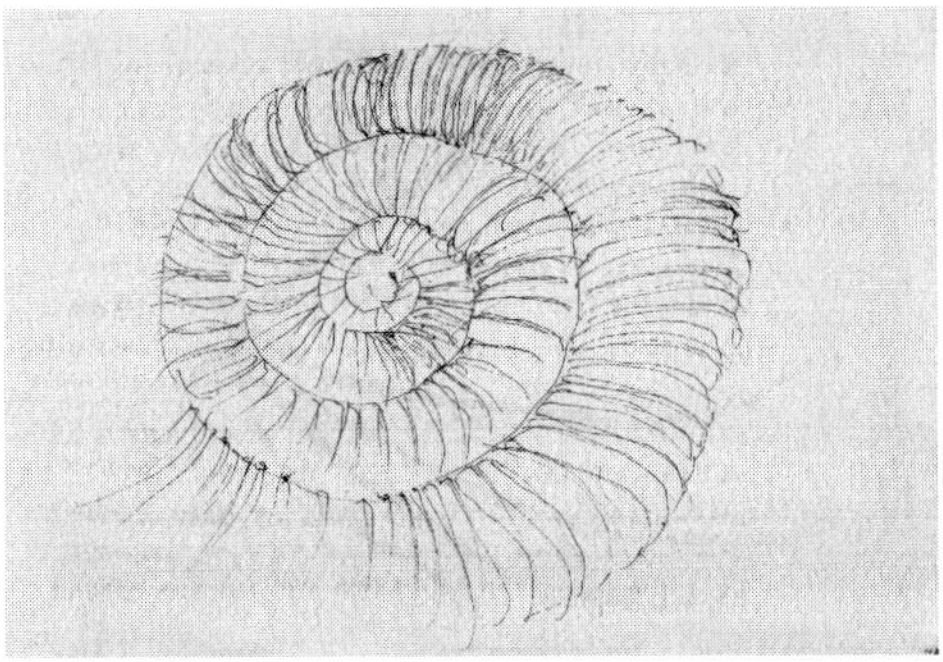

フスキーが絶賛したごとく、そばにいる人が誰であり、何を語るかである。

96・3・15

昨夜はフォルケ氏の家でパーティがあった。集まったメンバーは作曲家、舞踏家、雑誌編集者、画家、建築、コンピューターソフト設計者、多種多様。各人、自分の道をただ歩んでいく。他から動かされることなく我が道を行くという人々の集まり。

ここで重要なことは、時代に適合しているのかということ。今、何をやらなければならないのかということにつきる。我が道を行くことは、ややもすれば趣味の世界にただ陥りがち。その境界をわきまえないと問題である。

ただやりたい事をやるのでは社会から見すてられてしまう。社会の反応をキャッチしながら、来たるべきことを早めにとらえなければならない。社会との共感がなければ、ただ変わったことをやっていますねえ、で終わってしまう。前衛はかわったこととは異なり、未来にそうなるであろうと確かな手応えを秘めていることなのだ。

前衛は全員の賛同は得ることはできないが、ある限られた人の絶賛が伴ってなりたっている。そこにあるのは空気のようなものであり、実体は伴いにくいが存在感のあるもの。あまり語らなくても、そこにそれがあるということが前衛のもつ特性でもあるのだ。前衛は静かだ。何かにこだわりながら自然体をとり入れていくことなのだ。

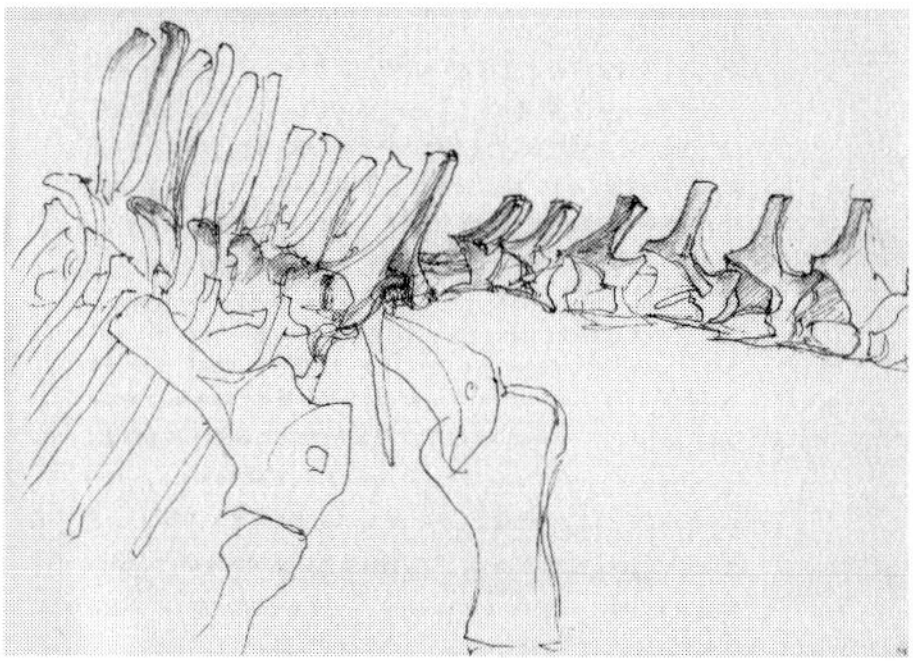

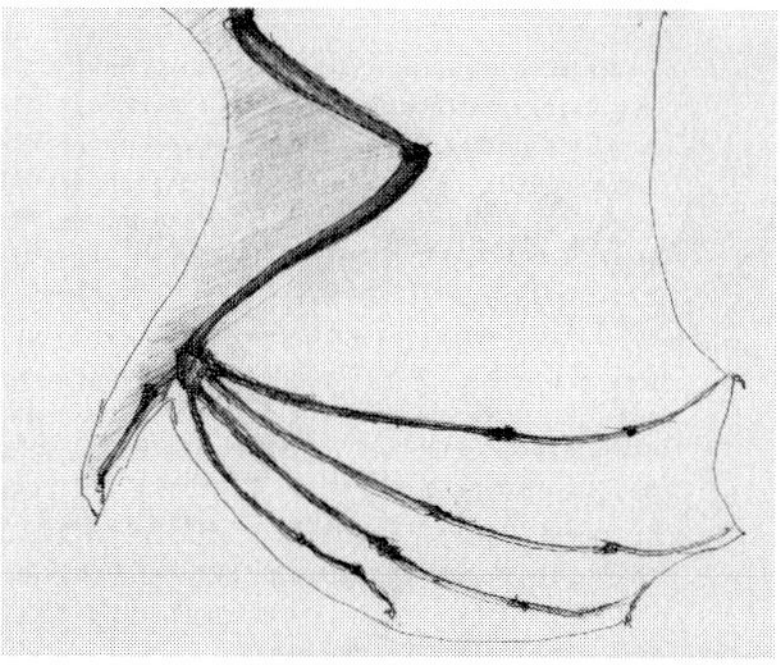

ここで何かが強い意味をもってくる。少なくとも物にあらず形にあらず、存在そのものが何かということを示している。何かはとらえどころがないようだが、冷静にながめていけば認識されてくる。光と影であったり、音——リズム、メロディーであったり、さわりのようなものであったりする。感覚にだんだんと伝わってくるもの。名作とはこのようなものだ。音楽でも建築、絵画でも対話にあっても、その何かがあるはずだ。それに気づくのはそれほど時間は必要ではない。一瞬の内にそれは体の中に流れ込んでくる。どこに自分の体を置いていても、その場からであったり過去に行ったことの場所であったり、まったく見知らぬところからのメッセージは伝えられてくる。

それには受け入れ側のアンテナをピーンと張っていなければだめだ。アンテナのコンディションが悪ければ、いくらいいメッセージも効果がない。ベルリンに住居をもつということは、ある意味では鋭敏なるアンテナを張るようなことをいう。多くのアンテナは必要ないが、地球が認識できることが大切なのだ。アンテナには地球からのメッセージが必ずやってきている。

アエデスギャラリーでリベスキンド設計のブレーメンのコンサートホールの模型と図書を見た。リベスキンドらしい八方に軸線ののびる形態。もうある自分の世界を完成している。音楽的なリズムとハーモニーが図面によくあらわれている。リベスキンドの体質そのものがそのようになってできているのだろう。
人それぞれ特性があると考えるが、リベスキンドは空間を時間へ、三次元を四次元にもたらしている。リベスキンドと同じような方向にあるのがフランク・ゲーリー※である。ゲーリーがモダンアートからやってきているのに対して、リベスキンドのはどちらかといえば音楽的でありドイツらしいところがある。

モダンアートも音楽も、ドイツ、アメリカに限らず世界的な傾向にある。それを二人は体現している。デモーニッシュなものが彼らに来たり移っている。ゆるぎない力、とめどない気流が交差し、人々はそのるつぼの中にとじ込められてしまう。大人も小人も男も女も区別なくその世界に自然入ってしまう、知らぬまに。人類共通の基がそこにそなわっている。

それにしてもこの展示場、それほどスペースがあるわけではないが、なぜ日本にはできないのか。いつも先端は何かを語るものが必要なのだ。

96・3・16

ここで日本の現代建築はどうあるべきかを考えた。ここであえて現代建築という言葉でいうのも適正ではないが、今はどうなのか、どうあるべきかに思い至る。日本は古代から立派な文化をもってきた特異な国。それを生かさなければすまされない。屋根の大きさ、ダイナミックな形状、大自然と対峙しながら呼吸しあう空間の流れ、もっと開放的でおおらかで繊細で夢を

※フランク・オーウェン・ゲーリー（1929年—）建築家。世間の注目を集めるきっかけになったのは、自宅の安価なリノベーションだった「ゲーリー自邸」。その後、脱構築主義建築の旗手とみなされるようになる。モデリングと構造解析を行う航空力学・機械設計向けソフトを建築に適用しつつ、複雑な形態を構造的に解決している。同時にファサードに用いられるチタンパネルの枚数など、施工に必要な部材の具体的な数値・量までもが割り出される。代表作にビルバオ・グッゲンハイム美術館など。

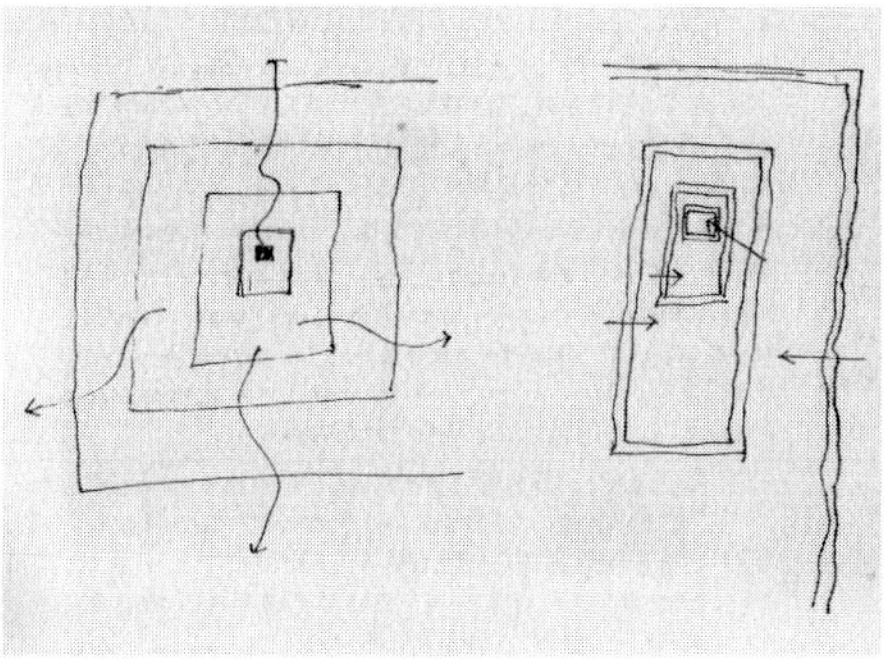

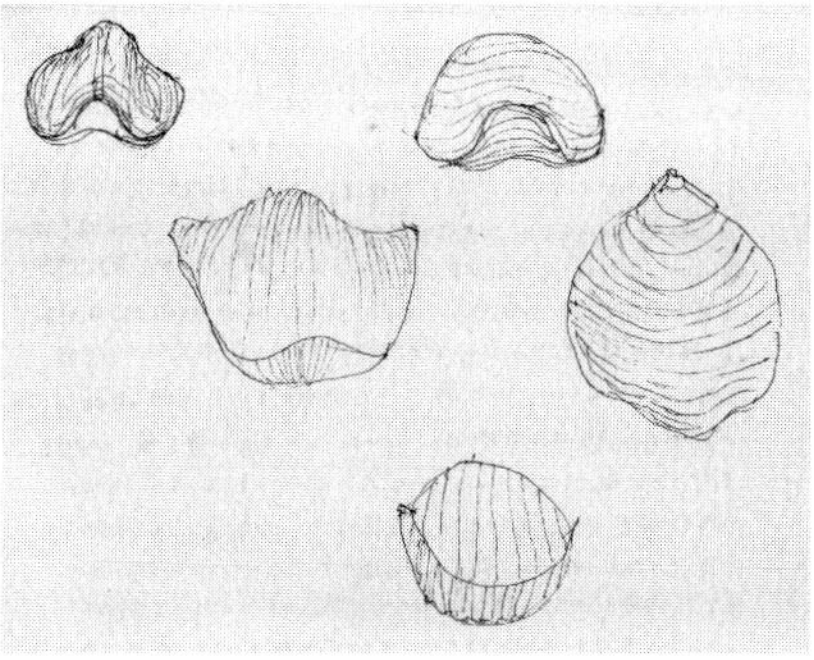

語りつづけていた日本文化はどこにいってしまったのか。

ここで日本の原点を確認しておく必要がある。ロゴスからくる西洋に対して日本はパトスだ。言葉からくる西洋に対して思いからくるのが日本。ステップ・バイ・ステップの西洋に対して脈絡なしで進んでいくのが日本なのが、ぎりぎりつきつめていけば、頭で考える西洋と体で考える日本ということにある。これはキリスト教の西洋に対して仏教の座禅の違いなのだ。

日本は、すわりつづけてその時ふっと浮かんでくるイマジネーションが空間となるときが建築となる。西洋は、言葉と図面をくみ立てながら完成をめざす。その違いを忘れがちだからなかなか相互理解できないところに至る。国際化社会にあってはこのそれぞれの良さを認めながら、それぞれのアイデンティティを出して行くことが重要。

日本はあまりに西洋文化に影響された—それも、根本をわきまえない表層的なものに終始してしまって—そのため、自己の立脚点を見失ってしまっている。その問いかけが必要となってくる。伊勢神宮の意味、法隆寺、東大寺の意味をしっかりつきとめなくして、建築を語る資格はない。その立場を確かに究めて、国際化というハイブリットをどのように解いていくか。

日本は言葉によって定義が必要となる。今までややもすれば抽象的であった考えを論理的につきつめていく必要がある。あらゆる物理的方法を使いながら、それを解いていく必要がある。それが面白くわかりやすいことは当然である。

ここベルリンに自分は身をおいて、日本をまだ充分に知っていないことを切に思う。たしかに何度も何度も古代建築の前に足を運んだが、ただ漠として眺めるだけではそれ以上ではない。頭と手と対話によっていなければならない。面白いものができそうだ。奈良からベルリンへとなるのか、その反対を意味することになるのか、そこから出発なのだ。

いろいろ発見がやってきそうな予感がある。その核心に至るためには手順が必要だろう。風土の比較、人口の比較、産業の比較、都市構造の比較、歴史の比較、ケルン大聖堂と東大寺など、いろいろなガイドラインが必要となる。部分を追及して全体を予想し、その逆を追及することによってその神髄がわかってくるのだろう。

その後にいくつかの差を予想してみると次のようになるだろう。領域に対する差は日本がどんどん広げていって宇宙まで至るのに対して、西洋は壁の中にとりこむ方法。限りなくせばめていって密度を高めるのだ。拡散と限定の差が出てくるのだ。

第二は天空と大地との差。日本が迫りくる山並み、多様なる植物が混在するのに対して、西洋は一般的にほぼ平坦であり、どこでも都市化となりうる条件をもっていると同時に、田畑に使用することもできる。

このような地形の違いでできる建築も自ら差が出てこよう。日本は変化に富む起伏ある大地

に対して、スカイラインを、そこにあろうべく受け入れるべくおくのがごく当たり前となる。西洋は家と家が連続し、そこから天空と大地をいかに支配するかの方に力点がおかれる。

第三は壁と柱梁との差。日本は柱梁だけあり、壁は補足的でむしろ壁をあまり設けず気配を感じさせることを重点においている。西洋は固い壁で囲われ、行為はその中でとざされている。日本が外の気配で心がやすまるのに対して、西洋は壁に深く入りこむことになって心がやすまるのだ。

第四は地面に対する——土地所有に対する差。日本は自分の土地を先祖から代々受けついできた歴史が比較的長かった。それもがんばればなんとか持ちこたえられる。地面に対して執着するのはそこから来ている。

西洋はこの百年、二百年の間に我が土地という考えは幾度かの戦争経験、国境の移動でなくしてしまっている。権利としてはその時その時による建築とその床面積なのであり、その代でいかに生活を充実するかにかかっている。

第五が自己認識の差。日本が所属するところ、会社とか団体とか親類とかを重視することに対し、西洋はあくまで自己があっての他者であり、そのため自己確立に重点がおかれている。

このように考察してきた。これはあくまで概念的な差異であり、この時代、国際化の中で逆転現象もある。ところでいかに考えるか。逆転こそ重要。そのためには自分の立脚点を定めておかなければ足元が危なかしくなってしまう。

Maria - Schutz-Kathedrale 1555-1560
Barma und Posnik

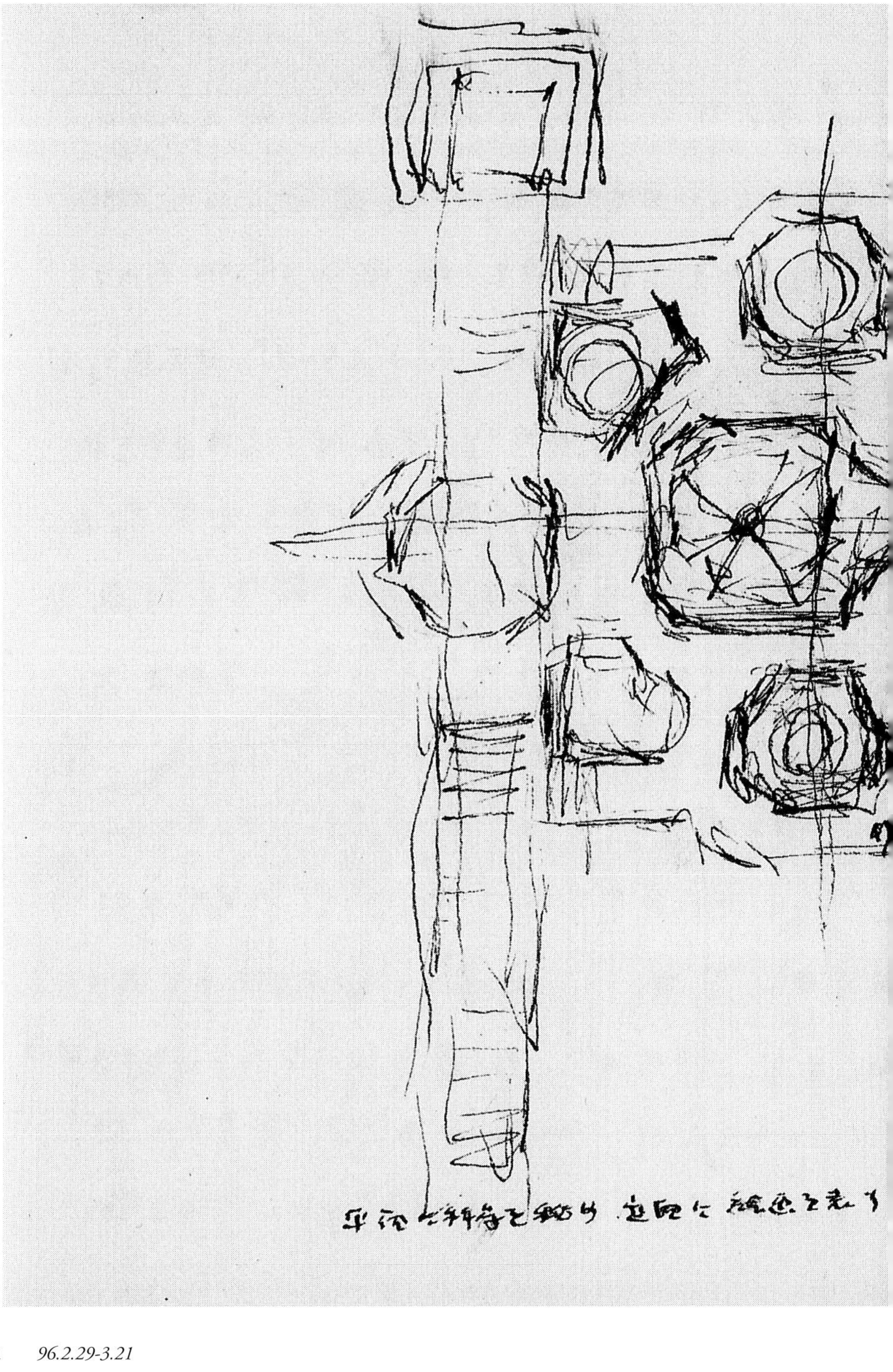

96.4.28-5.28

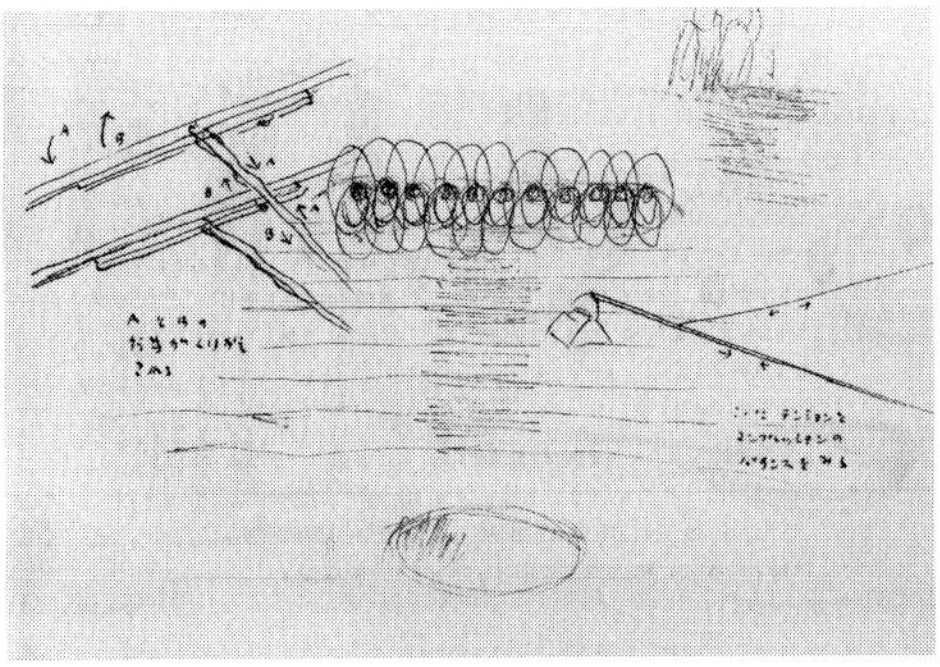

96・5・1

自然はすべて曲線である。直線は神が人間に与えた唯一の行為である。次に許可したのがジオメトリックである。ジオメトリックは神と人間の応答をよびおこす言葉となる。

近代建築の発明はコンプレッションとテンションの組合せにある。特にテンションにあっては、スティールコンストラクションが多用されることになった結果、構造形式を変革させることになった。しかしスティールコンストラクションではまだその差を完成するまでに至っていない。

シンケルの建築の美は光と影→装飾の完成度にある。人々は形とか色（これも光であるが）を通りこして陰影に感動するのだ。

この石組みの建築をどうのりこえるのかが近代には課せられている。この後を追いかけてはとても追いつかない。時代が変わったのだ。そのことを建築界はなかなか理解しないでいる。歴史を学ぶということは、その時代にどうしてこの建築ができたかということであり、それ以上のものは何もない。歴史建築の空間を現代にあてはめようとする。そこにはパロディしかない。今は今、何ができるかということにある。

今、目の前に存在する日常の中に発見する特異こそが美となり、人々を感動させるのだ。歴史を見間違えるとたいへんなロスであり、あまりくりかえすと取りかえしがきかなくなってしまう。自分の価値判断がくるってしまう。現代を呼吸し、行動し、感じ、そして手を下すこと、

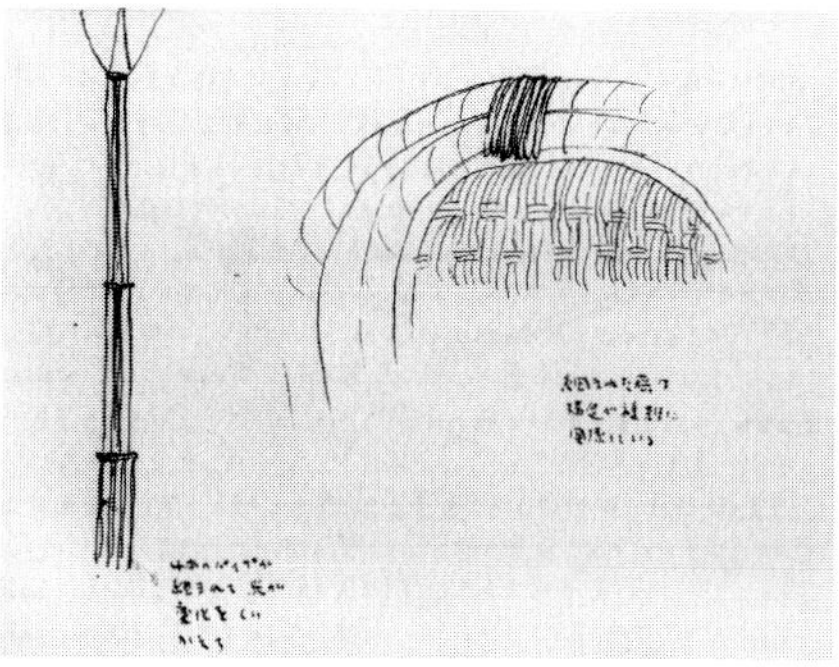

そこに出発がある。

潜まれた美

美はいたるところに存在していながらその本性をあらわさない。本性を見ぬけないといった方が正しい。見ぬく目をもつためには、人間の力以外の力が作用する。デモーニッシュなものが働きかけるのだ。そこがなかなかである。デモーニッシュは孤独なるうちにあらわれる。いつでもどこにあっても孤独であることはできる。そこにあっても無我でなければならない。デモーニッシュは長時間やってくるのでなく、何分の一秒というものだろう。

運河の扉の開閉にはドラマがある。あふれる水が渦をまき人工的に引きおこされたものだが、力学的なうねりがあり、人生をみている姿でもある。今まで平静で波風が全くなくなっていたのが、扉がわずかばかり開いただけで周辺の様相が激変する。そこに人々はいつまでも立ち止まり眺めている。

人生のドラマもこのようなものなのだろう。一瞬にしてすべてを支配する何ごとかがやってくる。水位の落差からおきるドラマがある。落差は意味のあるテーマである。

文化の違いにも落差があり、反応を伴い刺激を与え、生活を生き生きとさせる。どこも同じになってしまっては、単調なる意志の反応しかない。人間はドラマを求め、違いを期待する。

※エル・リシツキー（1890年―1941年）
ロシア出身のグラフィックデザイナー、ブックデザイナー、展示デザイナー、建築家、写真家。「プロウン」（新しいものの確立のプロジェクト）の提唱者。1923年にプロパガンダの為の「フォトモンタージュ研究所」をモスクワに設立。視覚言語としてのフォトモンタージュを効果的に利用するための方法を確立。結果、フォトモンタージュはロシアでは政治改革を遂げるための集団的革命表現運動として結実した。

※ナウム・ガボ（1890年―1977年）
ロシア・アヴァンギャルドの美術家、彫刻家。ロシア構成主義の命名者の一人とされることがあり、構成主義への初期からの参加者でもある。

そこに突如現れる心の動きが生命を支える。そこに青春が脈うってくる。青春とは文化の差を求めてやまない心境に他ならない。青春とはＤＮＡの活性。活動しないＤＮＡは知らぬ間に死に絶える。運河でまきおこる渦はＤＮＡとしての水の活力にほかならない。

突然見えかくれする神秘。芸術とは神秘に外ならない。神秘は普通ではない。それを見るためには、自分のシチュエーションを変えるしかない。そのとき神秘が語りかけてくる。ハムレットに語る霊と同じ。ハムレットのフィクションのなかに正当性がある。フィクションとリアリティとどこで境界があるのかは定かでない。逆の場合だってあるのだ。フィクションとノンフィクション、その定義は確かとはいい難い。そこに生命の謎がある、希望がある、人間はたえずそれを追い求めている。人類の歴史とはそんなものだ。

長い間痛んでいた喉がやっとよくなってきた。人間の体の一部がだめでも全体に影響する。全体と部分はうまくかみあっている。体に限らずすべてにあって同じことがある。部分をおろそかにできない。一つの細胞を形成するものであり、それがくるったらそのときわからなくても徐々に生命力をなくしてしまっている。四月二十九日から三日つづいた喉のいたみはそれを示している。もう帰るべきかどうかまで真剣に考えたりした。

 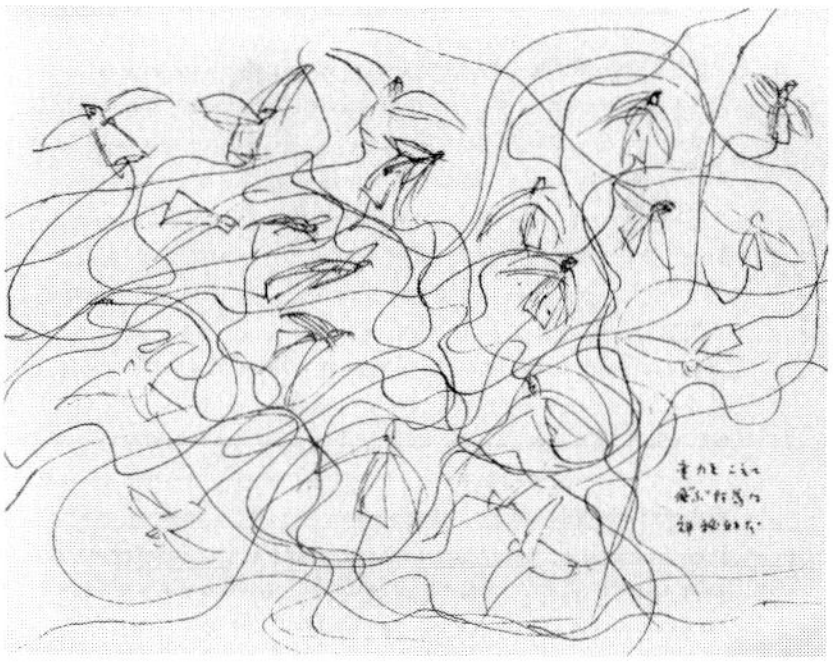

96・5・3

とぎすまされた静かなるところより真理はやってくるのだ。昨日見たミース設計による新国立美術館の作品は、一つで全世界へ語りかけるものがある。新国立美術館は、それをそれらにとり込むにふさわしい器である。沈黙の館の中で作品はのびやかに語りあう。※リシツキー、※ナウム・ガボ、オスカー・シュレンマー、ピカソ……、それに現代作家が語りあう。ことばは聞こえないが、ピーンと張りつめた空気が流れている。

このような状態を現すことはここをおいて他にはない。そのような場に独りたたずんでいると、強い霊感にうたれて無に投入されたような状態になってしまう。深い深い透明なる深海にあるみたいだ。創造の神がたちどころに登場して、お前はどこからやってきたのかと問う。東洋のはてからと答えると、ただだまって霊は見すごしている。許可した証しか、あまり見かけないのでしばしとまどっているようでもある。

しばらく内側の方に歩いていくと霊感の群れは静まりかえり、瞬間をぬけて—ここが意味ありげだが—距離をなくしてしまって彷徨をくりかえす。延々とした広がりがあるだけだ。それによくこたえている。この美術館はミース・ファン・デル・ローエの人生のすべてが凝縮された空間だ。とにかく静かだ、静かだ、静かだ、全く!

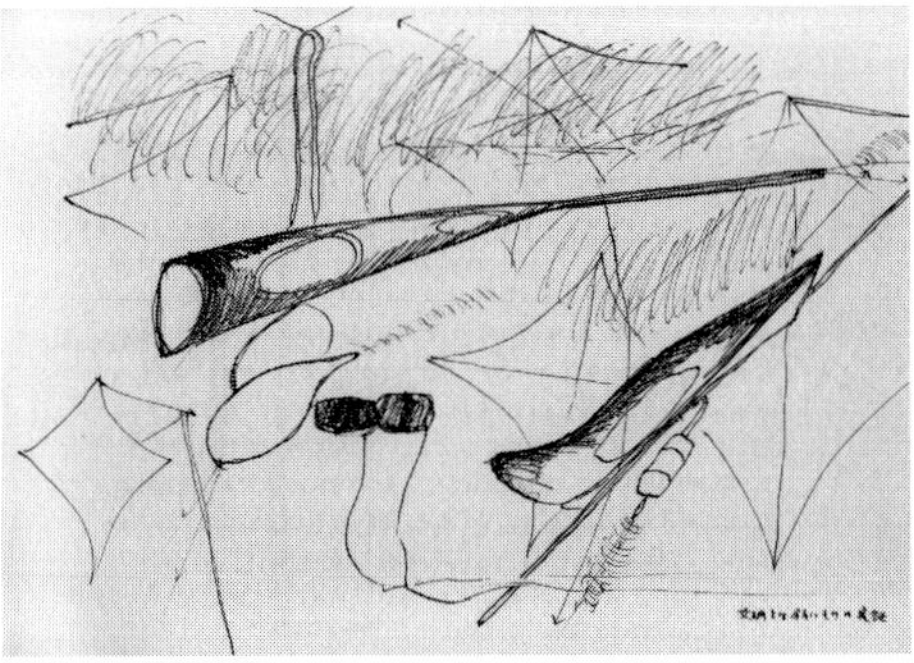

ミース・ファン・デル・ローエ

学生時代からミースにあこがれ、今、近代に疑問を持つようになった。近代を大きくゆり動かし、最も影響を及ぼしたのがミースであったはずだ。近代はミースを間違って理解をしてしまった。それが結果として非人間的で独裁者的なものになってしまった。

ミースが思ったことはこの静かなところから生まれてくる人間性であり、冷徹なまでの理性の働きからくる秩序、それが備わった後にやってくる深く豊かなるイマジネーションへの指導をミースは考えていたのだ。

この美術館に身をおいていると、今まで抱いていた近代への疑問が解けてくる。大胆であって繊細、冷徹であって温和、突きはなしているように見えてあたたかく迎え入れる包容力。ここにミースのすべてがあるようだ。外部内部に射す光の深み、基壇と地階の見事な反転、それにわずかばかり上部で細めた柱サイズ。とにかく毎日朝な夕な季節のうつろいそれぞれに反応をしめし、新しいものを語ろうとする。

なかなかそこまでわかるのが大変であったが、ついに認識できたときの喜びは計り知れないものがある。この鉄とガラスが語るドラマは今日もまた語る。歴史などどこも変わらないのだ。変わったように思われるならそれもまたしかたないが、またもとにかえってくればそれでいいのだというようである。

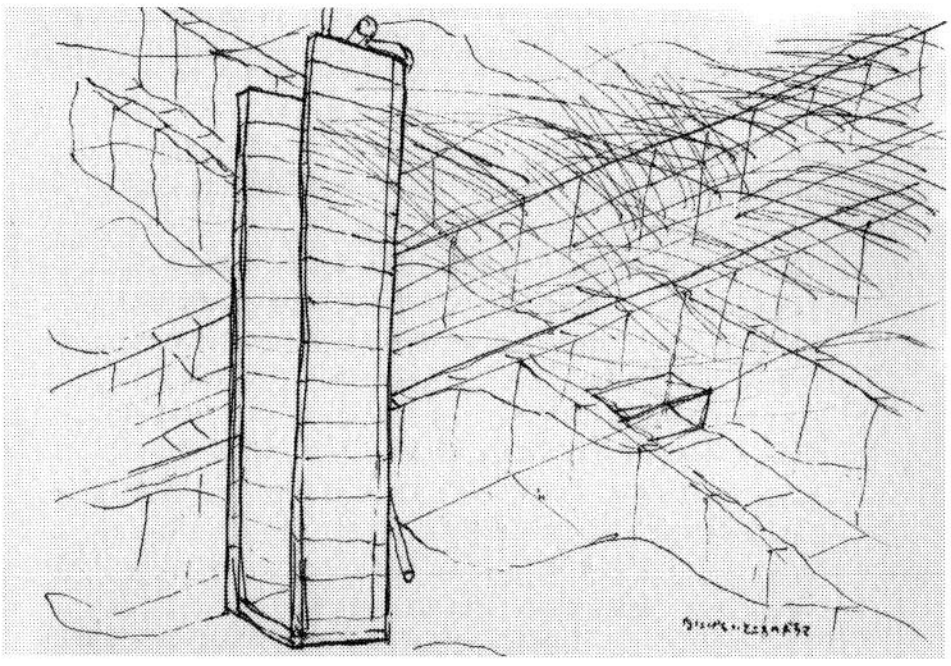

高温の中を通ってきた鉄とガラス。考えてみれば地球そのものの創世を考えてみると、高熱のフィルターをくぐりぬけてきているのだ。その点人類の誕生はおだやかそのものだ。高熱の中をくぐりぬけてきた物質は耐えしのび、本性がしっかりしたものを持っていることは確かだ。そこに意味を見いだすことが重要。鉄もガラスも、そんなことを一言も自慢に語ることはせずにいる。

人間の意志は素材の本質に語りかけ、その試練を認めてやることによって素材は甦ってくるのだ。まだ人間は十分にそれを認めてはいない。またまだ愛情をもってその本質を認めてやり、生かしてやらなければならない。近代が浪費の手段として、素材をやたらに使い、無駄なやり方で使ったりしている。これではいつかその反動がやってくる。

人間へのしかえしがやってくる。地球とはクローズドされた中での転世にほかならない。自然で有効なる転世でなければつづきはしない。

最近起きている社会の問題、自然の怒りはそれを語っている。なにも特別なことはいらないのだ。そのものがあるそのままに手をくだすことによって生命が宿ってくる。

ミースはすべての束縛から解放されて自由であった。予算も工期も相手の希望もすべてあっても、それをはるかに超える位置に存在していた。だから自由を獲得した。自由でなければ神の霊とは交信はできないのだ。

ミースの手を下すドローイングにあって、紙面のうえに浮上した存在。そこに線があるというところからこえている。無重力の世界で、ただあるのだ。そこにあのような建築が成立してくる。建築の周辺は何物もなく、建築も交通も社会の営みもないようなものだ。ミースの建築だけがぬけてただそこに建っている—存在するといったほうが正当性がある。

空気のようであったり、風のようであったり、光のようであったり、無化してしまう力が働くのだ。関係するもの、周辺のことがらを内包する力がそこには漂っているのだ。力強くあって抱きかかえようとする行為が、まさに作用するかのようなのだ。ミースの建築が存在するところには気が伝わってくる。この気の影響で人々は勇気をだしたり、夢を描いたりするのである。建築を見せよう、うまく発表しようなど全く伝わってこない。

古代遺跡とミースの建築は共通するものがある。今まで多くの遺跡を見てきたが、全く気づかなかった。自分の力量の不足であり、能力が十分でない。どうも今まで建築はトリックを必要とするのだと間違った考えばかりしてきた。周辺のことばかり気にして、きょろきょろただうろつくばかりであった。何ごとにもとらわれず超越したところから創造の神はやってくるのだ。これではせっかく来るべき神もまた帰っていってしまうしかない。

※マリノ・マリーニ（1901年—1980年）
イタリア出身の彫刻家・画家・版画家。油絵や版画も制作しているが、特に馬に乗り、腕を広げた男性（騎手）をかたどった彫刻で知られている。

96・5・4

ベルリンでは珍しいぐらいの大雨。この特異なる自然によって今まで見ることが出来なかった

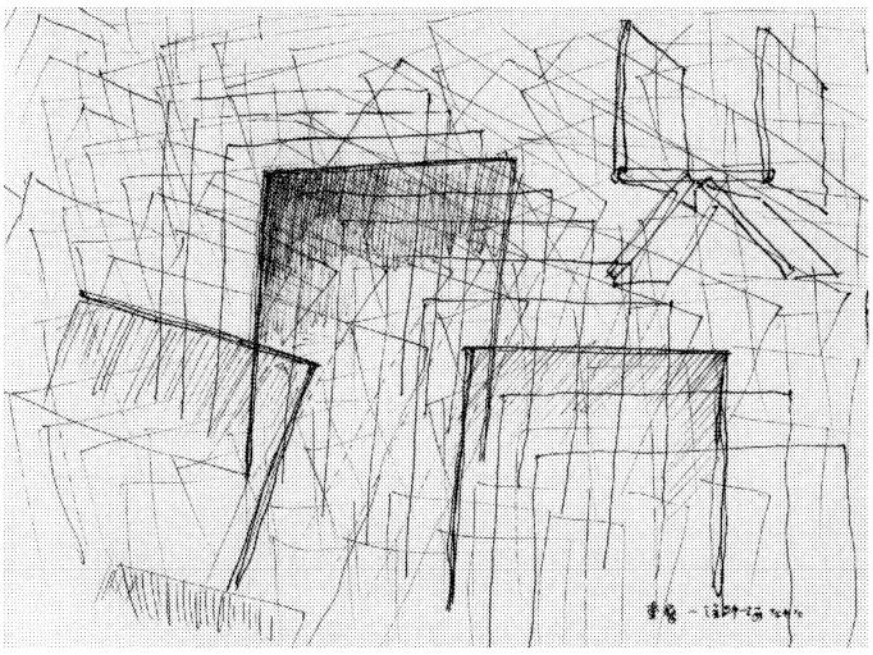

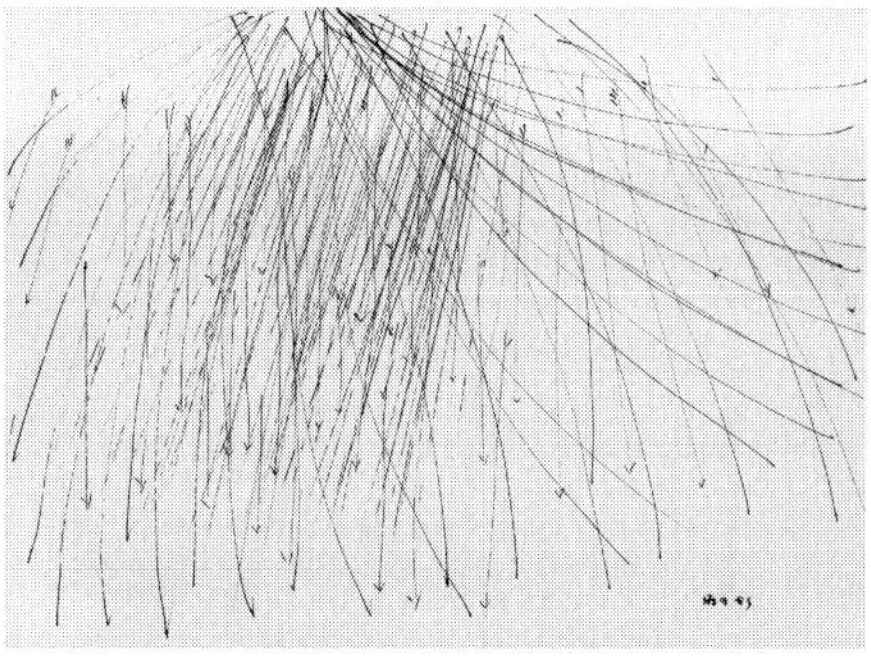

表情をあらわしてくる。不思議だ。めったに訪れないことによって木々は目を覚ますかのようだ。緑の色が普通でない。大合唱を聞く思いにかられてしまう。長い歴史の中で何度もくりかえされたことが、今日の二度とないこの表情を見せてくる。

少し肌寒いが人々は公園へとくりだしてくる。自転車、ローラースケーター、家族づれが多い。都市とのつきあいが直截で気分がなごんでくる。シュプレー川の支流が都市のいたるところにあり、水と樹木がなじんでいて、ぶらぶら歩くにはもってこいである。歩道が幅広いのが助けられる。車がいくら近くを通りすぎても、しばし思いをめぐらすのに適している。

創造ということ

自然と人工について考える。自然は今の自然と今まで、これから、それぞれ異なってくる。人間がつくったフェンスにしても石積みの壁、レンガの壁、※マリノ・マリーニの馬に乗る少年の像にしても、時間の移ろいで別の表情を示す。人間の創造の行為がその手を離れたとたんに、自然の一部にくみ込まれてしまってくる。

自然と人工はどこで区別できるのだろうか。人間が思索し、何度もくりかえし、あるときは簡単に、あるときはたいへんなるスタディの後できあがったものは、知性がかなりの領域をしめている。ここには自然から引き離された人間にしてなしうる姿がそこに現れることは確かである。

この自然と別の極に形とか物語、音楽を置くことによって歴史の姿が浮かびあがってくる。それを行うことをできる人は特別な許可をされた人間ということになる。この許可は誰がくだすのだろうか。許可をもらうに値する人間とはどんなものなのか。無のアトモスフィアなのか。なにかどこかを突き抜けたところから、そこに自然とそなわってくるそのもの、それとしてあるべきものと言えるものなのだ。

世のしきたりも約束事も経済も時間も、ましてスタイルさえも既成の概念などなくなったところに存在するのだ。人間技ではない。そこにあらわれてくること。求めようとしてやってくるのではなく、追いかけてつかまえるものでもなく、形而上学的なものでもなく、とにかくそこにあるべきそのもの。

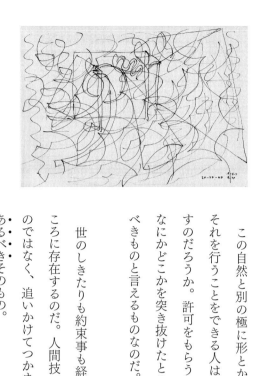

ノートルダム寺院、法隆寺、二月堂、アンコールワット、タージ・マハル、アジャンター、桂離宮、待庵……。思い出すだけでも数多くある。近代でさがせばそれに近いものがあるだろう。このようなあるまとまった建築とか、ある集合体にあるということはわかりやすい定義ではあるが、その方法が適正とはいい難い。ものの見方、考え方はその時代時代で変えてもいい。

本質は同じだが、しからば今、どのように考えればいいだろうか。あまり注目されなかったやり方、ものの見方、これはいつの時代にもそうだったのだが、それが重要。概念的にとらえ

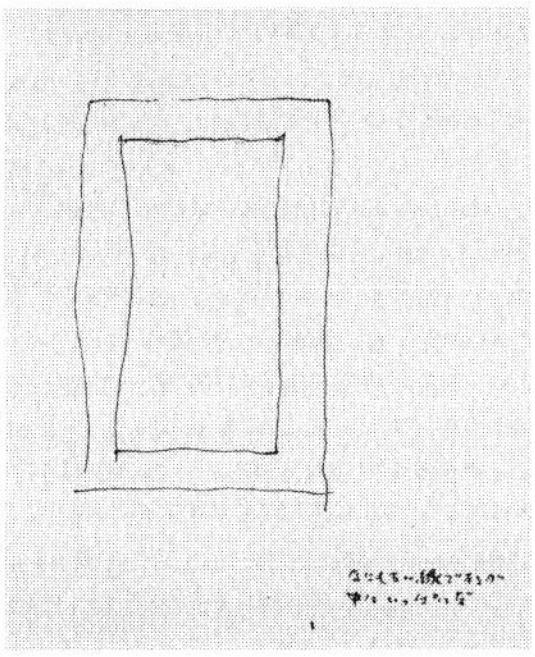

ると、それは組合せならべ方、あることはとりのぞきあるものをとりあげる、あるいは別のものを取り入れる。それも思いつきではなく、深い人生経験の中からうかびあがってくるようなもの。人生修養の結果といえるが、この内容がどうであったかがまた問われ、なかなか核心を語ることはたやすくはないのだ。

あるいは空気のようであったり、風のようであったり水蒸気のようであったりするからたやすいことではない。しかし間違いなくそれがありうるということだけは確かだ。人間の心を動かし、身震いするほどそこにたたずませる状態にしてしまうことがあることから実証される。その時は無心なるところに至らしめる。言葉、習慣、歴史と無関係にやってくる。

創造とはどういう意味をもつのだろうか。場所によって時代によって、何よりも種々の関係によってそれは成立する。それぞれを読みちがえると創造には至らないだろうし、いくら才能にめぐまれてもそのチャンスをのがしてしまうことになる。

特に重要な事は関係にある。関係は霊感と深くかかわり、ある力を何十倍にも何万倍にも高めてくれるもの。そこにあるのはただごとではすまされない、決してあつく燃えるものでもなくむしろ冷ややかなところ、平凡な、なにげないところから創造されることがやってくる。あとでふりかえってみて、あのときはそうだったのかということがわかってくるのだろうか。

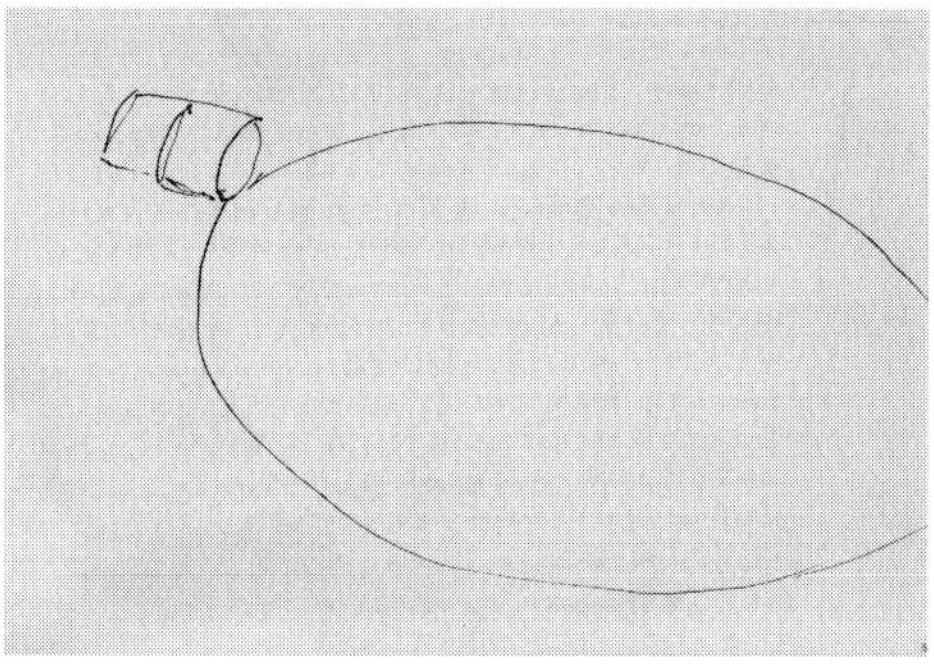

ここでいくら理由をといだたしたところではじまらない。もろもろの条件がある一点にあわさったときにやってくるものなのだ。

このある一点は見過ごしがち。これを見ぬくことも創造の行為の一部であり、いつやってくるのか、どこになのか、どのようなスタイルか、全く定義などできない。しかし必ずやってくる。

歴史を考えると実証されるそれが唯一無二であるからやっかいこの上ない。創造とはそういうものなのだ。高められれば高められるほど同じようなものにはなりえない。

人間は往々にしてある形式にあてはめようとする。他に説明をするため説明によって安心をさせるためだが、創造には説明も安心もない。できない。できないところが創造というもの。

今まで自分としてどこかの言葉の引用を期待してきたが、どうもそうではなさそうである。その時一瞬にやってきて去っていく気のようなものが創造ということ。一秒か何万分の一秒なのか、時間で語れないところにある。存在そのものがもつことにある。調べたり、分析したり、統合したり、いろいろな行為、結果を思う行為、以前にあること、どこにでもあってどこにもない。定義を否定するところにある。

96・5・5

明るすぎてもおちつかない。かといって暗すぎると陰気になってしまう。そのかねあいがむずかしい。明暗に限らず何ごとにもあてはまるようである。人間と対象の波長、バイオリズムが

関係しているように考えられる。
しかし、ある現象―あえてデザインと呼ばずに―に感動するとはどういうことかといえば、明暗はもとより質感、ディテールにわたるまでトータルに関係づけながら判断が下されることになる。
そこで感動をよびおこすに至るとはどういうことかと考えるに、ただその現象単独でも重要なる役目をはたす必要があるが、それより内に秘めたる歴史性、物語性、特に最近では情報性が深くかかわってくる。
作者が誰であるかというときに、作者の今までの業績、人生観も含めて作品をとらえることが多くなっていることにある。作者はただ一人地球の上で創作を行うのではなく、時代という大きなファクターに動かされたり踏みとどまっていたりしながら、作者のアイデンティティをよびさましてくることになる。

この場合、時代に動かされることなく踏みとどまることが意義をもつことになる。動かされるウェイトが高ければ流行の枠の中でただうろうろするだけであり、自己が見失われてしまう。見失わないということは、自由なる精神がそのようにさせる。自由であることは、よほど自己確立がなされていないと足元定まらず、ただうろうろとするだけの自由になってしまう。
従って自由なる精神に感動的なものを創造する資格をもたされるのであり、その逆は成立し

※ジェームズ・スターリング（1926年—1992年）
ル・コルビュジエなどのモダニズム建築の研究に基づいていたが、その形状や色彩はより華やかであり、ポストモダニズムの建築家として分類されることもある。レンガ、石、タイル、スタッコの建材を円形や曲線状の建物の表層に幾何学的に配する手法や、パステル調などのカラフルな配色。代表作にレスター大学工学部ビル、ケンブリッジ大学歴史学部など。

※磯崎新（1931年—）
ポストモダン建築を牽引した。閉塞的な日本のアカデミズムを脱却し、世界的な次元で建築を構想する姿勢は、日本の現代建築を世界的なレベルに押し上げた。代表作に、大分県立大分図書館、北九州市立中央図書館、つくばセンタービル、岡之山美術館、ロサンゼルス現代美術館、京都コンサートホール、静岡県コンベンションアーツセンター、なら100年会館、ブルックリン美術館など。

がたいことになりがちだ。そこに自由⇅創造の困難さが見えてくる。自由とはあるとき何も手を下せない状態にもなる。

この時が重要なる意味をもつ。ただ何もせず時を経ることも必要とは考えられるが、意志の力が弱りきり、構造的—思考回路の—欠陥をきたすおそれがある。このようなときは自然との応答—正確には自然へのゆだね—が一番に解決の糸口をつかみやすい。

自然の中に真理の方法論が凝縮されているからだ。こうみてくると自然は人間にとっての大先生、指導者ということになる。

そう考えて自然に対していると、いろいろなるインスピレーションを伝えてくれる。自然は自然の言語であるから人間の言葉にあてはまらない。人間に言葉がなければ自然語に近づきやすかっただろうが、そうでないことが自然から遠ざかってしまっている。困ったものだ。

この問題をどう解いていくか、そこが重要となる。人間が死に近づくと末期の眼となる。世の中の見えなかったことが見えてくる。この末期の眼が、日常に死が近づいてもいない人間に知らしめることがあるのだろうか。芸術家の創造はこのような状態—末期の眼—をそなえるところにいたらしめている。

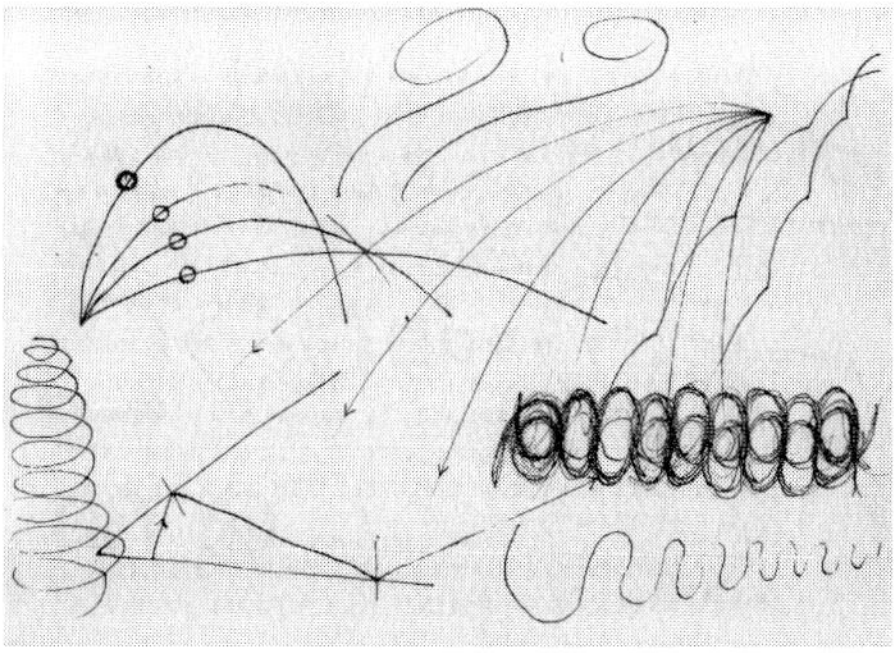

96・5・7

建築をどうすべきか考えている。このたいへんなる資源、エネルギー、コスト、それに特に重要なる人知を糧に建築はつくられる。それも名建築といえば数知れたもの。そこになければいい方が多くある。日本の近代建築はほとんどそうであり、ベルリンにあっても似たりよったりである。ベルリンの方は都市の骨格、インフラがしっかりしているのでまだ見られるが、日本はもう末期的状態といえる。

現代にあって建築を解く鍵に、面的開発はなかなか困難―都市行政のスピードとこれだけ自由主義社会であるので―であるが、点的にやることはできる。

例をあげるとシンケルのアルテス・ムゼウムとミースの新国立美術館だ。※スターリングの集合住宅、オフィスと、※磯崎新のオフィス建築にあてはまる。作家と作家が反応しあってものごとはつくられる。時間をこえ場所をこえ―場所は近い方がより強い磁力をもつものだが、この磁力について考えてみたい。

こと建築にかぎらず音楽、絵画、彫刻、文学などあらゆる芸術にあっては、その分野の中にとどき、ことなくその領域をこえて磁力の反応がもたらされる。磁力は作品を通じて作家の魂がアフィニティ―親和力のようなものをもたらす。

あまり近づくと磁力により反発するか一体となってしまう。これでは自己の位置、性格を忘れてしまうことになる。磁力の有効性は適正なる距離をおくことにある。そのときうまくヒットするのであり、作家はぐいぐいと身振るいを伴うがごときところに至る。

形態のデーモン

昨日二つの作品を見た。一つは工事中であるがほぼその全体が望めるようになったカラトラバ[※]設計の橋―旧帝国議事堂―2000年には正式にドイツ議事堂になる近くにある。遠くからはごく普通であるが近づくとやはり違う。夢のかけはしといえる。東西の壁であったところが橋となっていくのだ。

ベルリンは運河が多く、橋が多いが―歴史的に様式的に優れているが―もう一つ魅力に欠ける。夢がないのだ。人間の心深くたどりつく磁力がない。かえって重くるしくイマジネーションを閉鎖しかねない。

カラトラバには形態のデーモンがそなわっている。わき目をふらずに走りきたるデーモンなのだ。カラトラバはスペインの出身。スペインの土着性は全く見せてはいない。インターナショナルな素質がかえって時代に適合している。構造的美しさはどこからくるのか。スペインのガウディの建築に通じるといえばそれもいえる。ガウディも構造的であったが、完成するとスペインそのものが表れてきた。ガウディは身体であり、カラトラバは骨格そのもの。そこにカラトラバの意味がありそうだ。

※サンティアゴ・カラトラーバ・ヴァルス（1951年―）
スペイン出身の構造家、建築家、画家、彫刻家。独特で創造的で非常に影響力の強い建築スタイルは、無数のむき出しの骨格が調和の取れた相互作用を生み出すような強烈なヴィジュアルと、それを裏付ける厳格な理論に基づいた構造技術とを組み合わせた。作品は橋や人工地盤など土木の分野にまで広がっており、鉄道駅、橋を多数設計。アテネオリンピックのスタジアムを手がけた。

※ゴットフリート・ベーム（1920年―）
ドイツの建築家。代表作にベンスベルク市庁舎、ネヴィゲス巡礼教会、ピーク&クロッペンブルグ・ビル、ザールブリュッケン宮殿改修、フォルクヴァング・スクール講堂、マンハイムの大学図書館、菁寮聖十字架天主堂・カトリック教会（台湾）など。

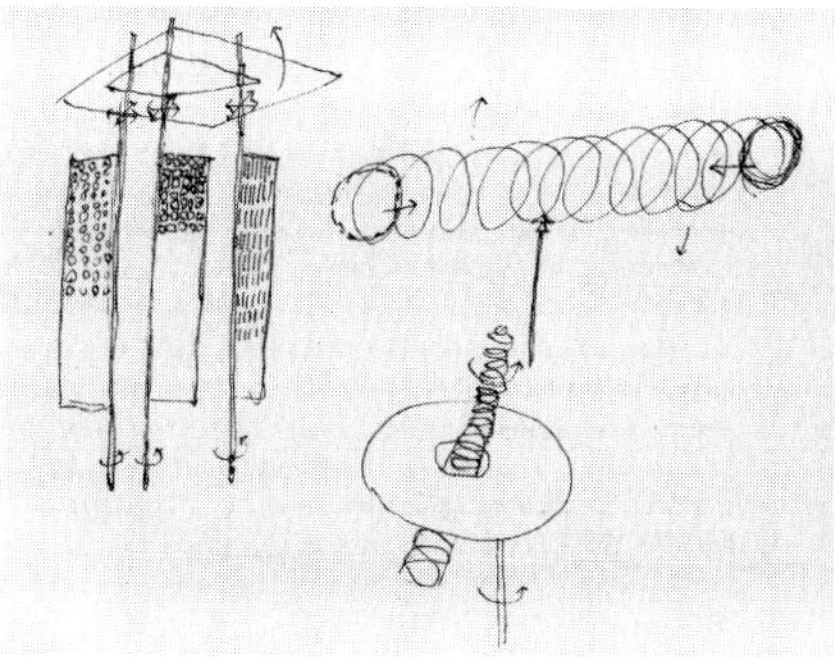

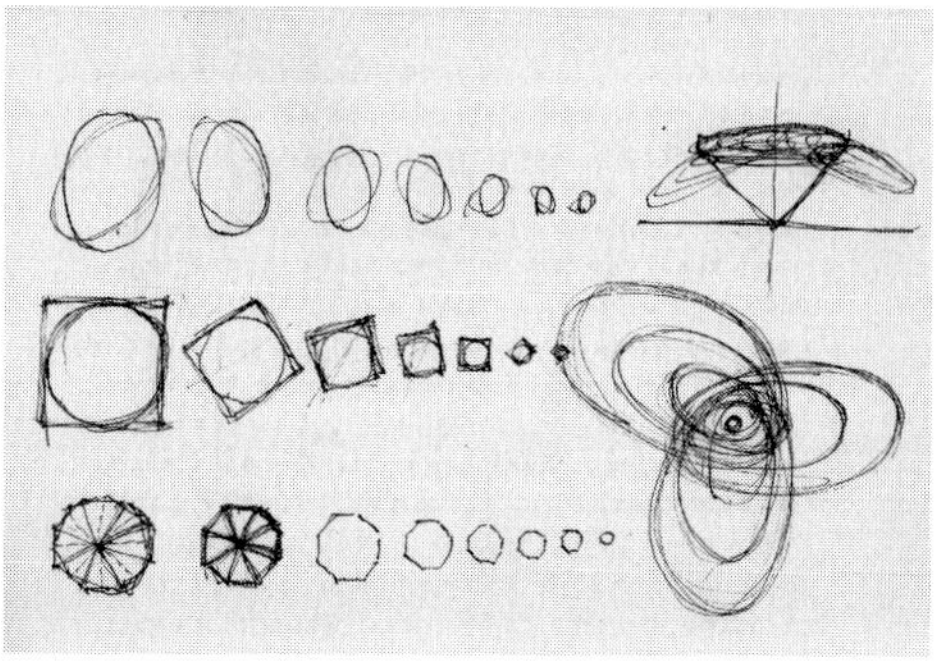

日本建築を骨組みだけにすると美しい。もう一度そこに立ち返ることにより次がみえてくる。木組も鉄組も、また今日的でなければならない。今日の力学はコンピューターの発明とともに新たな分野へ開拓されてきている。イメージの方が―建築家の方といったほうがあたっている―おくれているのだ。

近代は形態が先にあり技術が後からやってきたが、現代は同時か技術のほうが先行している。いろいろな技術があり必要がないことまで騒ぎたてる。それがマイナスに働いて建築への完成を遅らせてしまっている。

もう一つの作品は、ゴットフリート・ベーム展※。この打ち放しの建築家のことは高橋靗一先生※から熱く語られ、高橋先生はベームの分身を語るぐらいであるから相当たるものだが、さらに十年以上前のデザイン研修旅行で、ケルンにあるベーム建築をかなり見ていたので、ベームに対する理解はずいぶん持っていたつもりだ。

展覧会場はアエデスギャラリー、東ベルリンの修復建物の一角にある。ドローイング、模型の最近作で占められていた。曲面が多用されるかと思えば、三十年代そのままのバウハウススタイルがあり、ベームのすぐれた造形はどこにも見あたらない。ベームの魅力はどこに消えてしまったのか。あの市庁舎、子供の家、教会で見せた、これぞコンクリートだという空間も造形もなくなってしまっている。

※高橋靗一　（1924年―2016年）
大阪芸術大学名誉教授、第一工房代表。
代表作に佐賀県立博物館、大阪芸術大学、東京都立大学南大沢キャンパス、全労済情報センター、パークドーム熊本、群馬県立館林美術館、あいち海上の森センター、白河市立図書館など。

そういえば図面にそれが現れている。やたらに大きい図面と思ったら、ただ図面を引きのばしただけ。それにドローイングもどこか力がぬけている。建築家の意志力、自信がなくなってしまっている。

建築もドローイングも模型も同じなのだ。一つがよくて他がだめなのはありえない。すべて同じところに同じようにあらわれるのだ。これを見たら高橋先生はどう思われるか、気がかりな問題をかかえて足取り重く帰路につく。今日はカラトラバの良さとベームの悪さと、時代のうつろいを思いながらの一日だった。

さてダイアリーをくってみると、私が会社を退社して250日がすぎた。今まで研究所開設とかあいさつなどで多くの時間を費やしてしまった。しかし何ができたというのか。いろいろ考えさせられる。

これではすぐ一年はすぎ二年、三年、そのうちに二千年はやってくる。六十才までに何ができるか。六十才から何ができるかを今まで―四十代頃から考えてきたが、退社後250日をふりかえるとまだ何も見えていないことが思い出される。

250日もあれば、正確な目標をもてば、コンセプトをもてば、相当のことが出来ていたはずだ。スタッフも優秀なるものをかかえ、これでは何をしているかおぼつかない。今、いろいろ悩

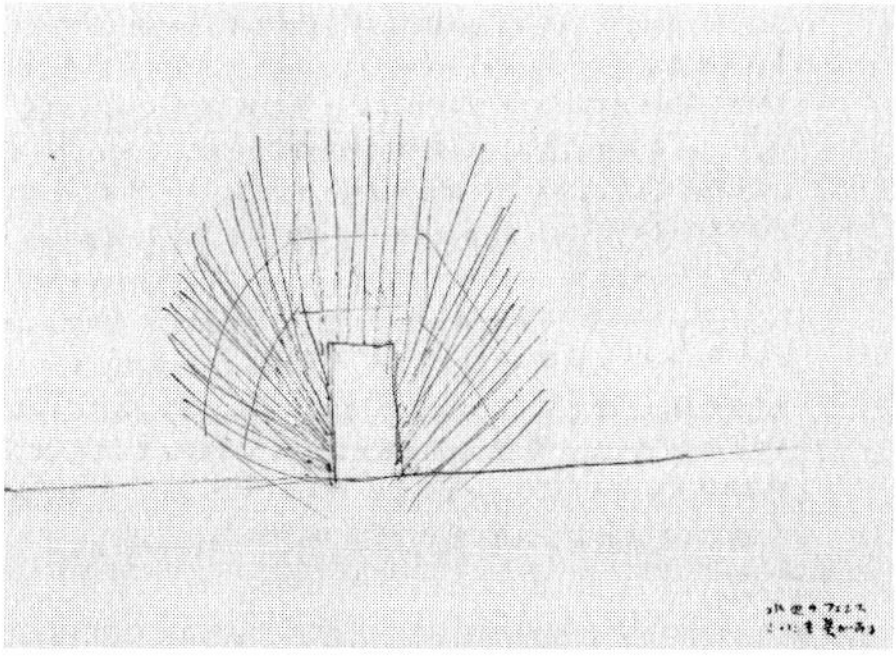

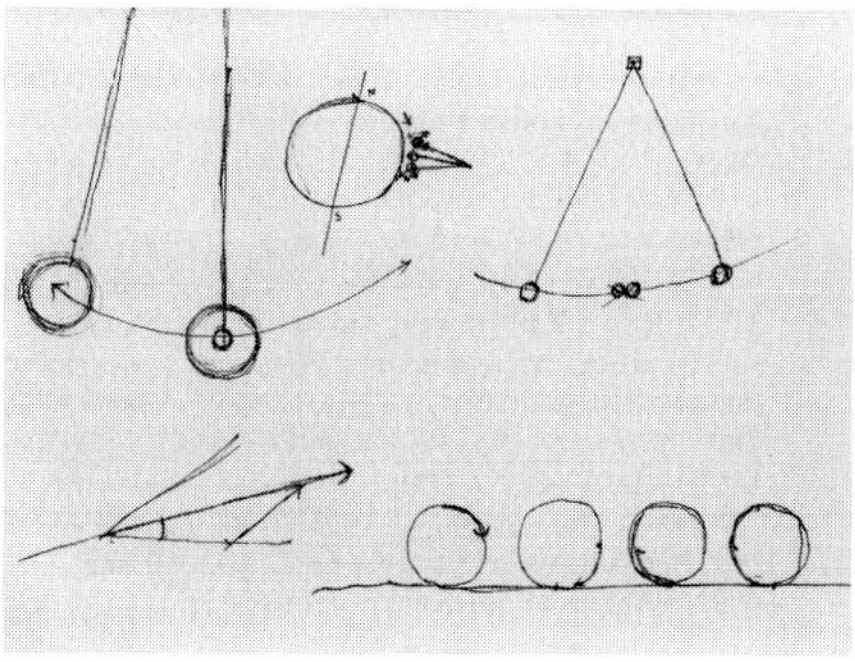

むときではない。明確なるコンセプトを示さなければものごとはすすまない。人々はついてこない。社会も今は注目しているが、そのうち忘却のかなたとなってしまう。

今考えている日本とは、都市とは、建築とは、構造とは、アートとの関係性とは、素材とは、それをもう一ランクつきすすまないと先が見えてこない。このベルリンはいろいろイマジネーションを高めるにはふさわしいところである。そこに集中力をもたせていかなければここにいる意味もない。場所を借り家賃をはらう意味がない。ただ変わり者の域を出ないことと同じ。周辺は音楽あり、絵あり、都市がある。条件はそろっている。どうするかだ。無心なること、そこにやってくるものがある。突然やってくる。音もなく静かに、ひたすらに。

カフェ・アインシュタインに夕方行ってみた。今、その店中央の後側にカガミのある席に座っている。周辺はドイツ語がゆきかい、顔々はアングロサクソン系のややけわしい顔。ここは完全なる外国なのだ。カフェとケーキにクリームをかけてもらって、それをのんびりと口にもっていきながら物思いにふける。ことばをあまり理解しないので、ことばはある意味では音楽だ。

リズムがあり強弱があり、聞いていてそれほどいやな思いには至らない。不思議なものである。生活のリズムにこの異邦人は組み入れられたかのごとくになってきている。

ここに来ている人達、年令は若者、中年、子供づれもいる。チューリップの花などを持ってきているグループもいたり、それぞれ、あるいはばらばらのスタイルである。

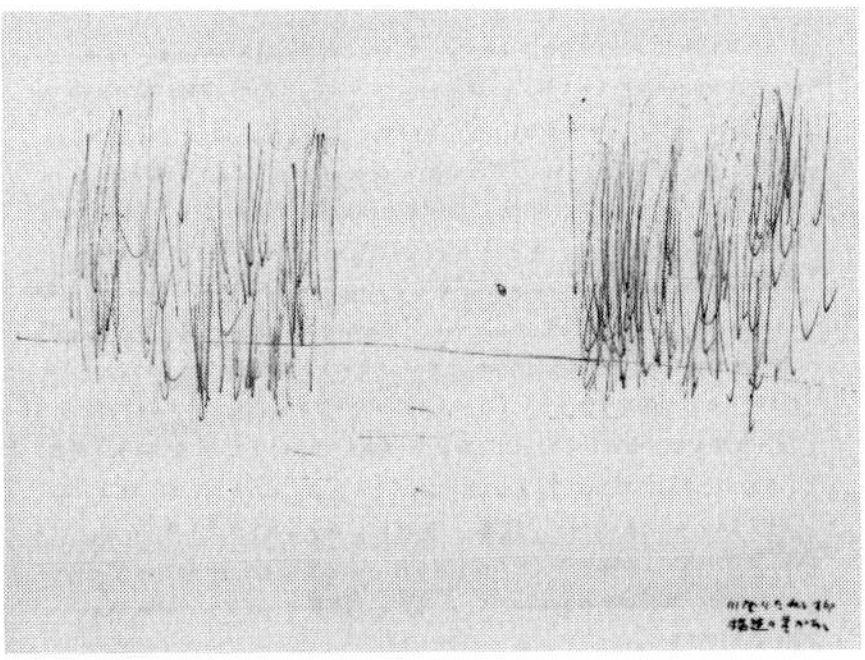

ウェイターはきりりとして、身のこなし服装が堂に入っている。別世界の雰囲気を十分に演出している。歴史の厚み—サービスということに対して—を感じてしまう。ウェイターの動きは店の雰囲気に大いに作用することが実証される。

内装、家具はローズ系統で統一され、高い天井と家具、テーブル配置が長年の経過からくる動かしがたい自由性をもたせている。人々はのびのびと時間を費やし、我が店カフェ・アインシュタインを満喫している。このようなところからものがつくりだされるのだろう。一流ではあるがそれだけではなく、生活の基盤を示しているかのよう。

あるいはこういう言い方ができるだろう。自分のリビングとして、ゲストルームとして、あるいは書斎としてとらえている。時は静かに流れ、外部が少雨であることがよけいしっとりとしたものを伝えてくる。独自の世界、他に支配しない世界、他者をとり込む世界がここにはある。体の中の分子を活気づける広がり、周辺の人のしつらえ、創造とはこのようなところにあるのか。

ここで自己の内面に深く問いかけるにはふさわしい。支配されているように見えながら無視されている。このバランス感覚が意味をもっている。自己を主張し自己をなくしてしまう。ここで歴史に思いいたし、ほんの五十年前はほとんど壊滅的な場所であることを静かに考えたりして、時間のもつおそろしさとやさしさを思いめぐらしてしまう。ただ無為に時が過ぎぬけないことを思いいたす。

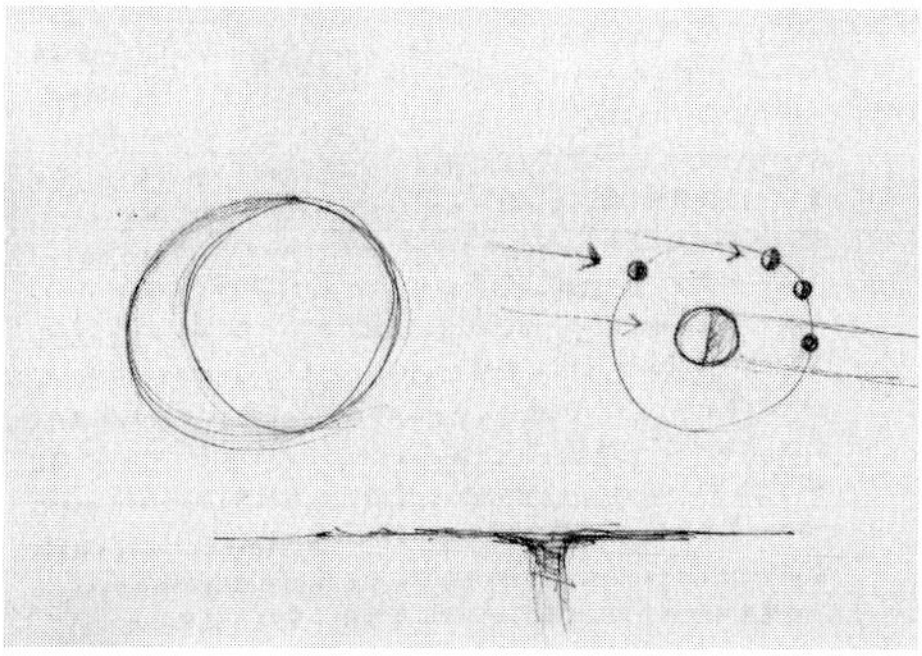

96・5・9

デザインへの渇望というものは波のように寄せたり返ったりするもの。それでも何かをやめなければその方向には進まないもの。人間の精神構造はそれほど有様なものへの受け入れはできていないようだ。

何かを行い、何かをやめることという状況はたえずある。その道に自分が適しているかどうかはやってみなければわからないときているから、人生を―やや大げさではあるが本当のところ―それにかけて行動してしまうことになる。先など読めるものではない。人生いつのときにも手さぐり。

今回ベルリンに着いたときは風邪をこじらせ、喉を痛め、もうだめかとあれほど思ったくらい。それに今はこんなに元気、これはどうしたものか。健康であることがものを考えたり、デザインしたりすることに不可欠であることは確か。とにかく行動ができなければ、身が動き、頭が動かなければどうにもなりはしない。

それに多くの本を読むことだ。読書のあとは時がたてば忘れるもの。この忘れるということは、その本にある骨格みたいなもの。読書で意味をもつのはそこにあるのではなく、その裏側にある深層的なものなのだろう。大きな物語、喜び、悲しみは心に深く入りこみ、知らぬまに人間に影響をしてくる。じわじわと時間をかけて。

人間はいつか死ぬ。人生は死へ向かっての行動のようなもの。そこでこの行動がいかにあるかが大切。既成概念にとらわれることなく、手と足をたしていくことにある。

今まで会社の枠、社会の習慣にとらわれてやってきた。それもそうせざるを得ないこともあったが、いわば修行時代のようなもの。それをどう生かしていくのか。自分のために、この自分ということがエゴイスティックに聞こえるのだが、エゴ—自己の確立なくしては、社会とか家族のためにといってもなかなか正当性を欠く。

確かに奉仕という行為は有難く思われるが、自己の確立があってその存在が高められるのだ。奉仕の意味がメンタリティを伴うものであることを思い違いし、ただ物を与えたり手伝うことだとして通用しているのは問題だ。

自己確立は人生で一生かけて行っていかなければすぐに後退してしまう。自己とはたえずゆれ動くものであり、外から動かされるか、外を動かしていくかによって内容が異なってくる。この場合後者にあるのがふさわしいことは明らかだが、そのためには感度のいいアンテナと行動にあるのだ。

それに好奇心が内在しなければならない。そこに発見があり、次なる道がみえてくる。ものごとの裏側に偉大なことがかくされている。一般の人は表側にばかり行きたがるがそこに本質は

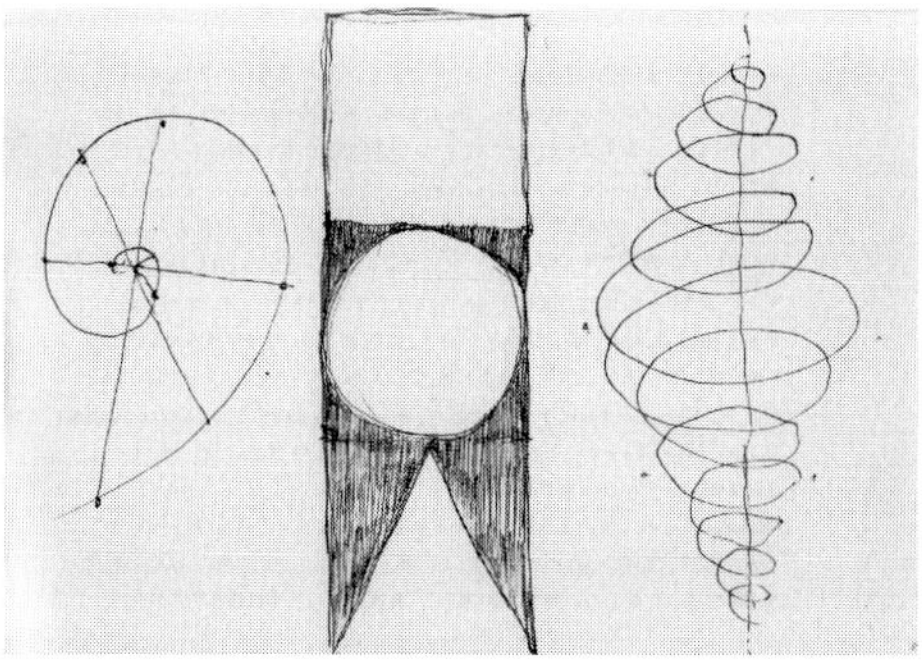

見えてこない。あったとしてもすでに死にたえているのがほとんど。なぜ表にばかり行きたがるのか。それは安心、共同幻想にほかならない。裏側は今まで気づかなかったことが見えてくる。

ものごとの内に潜むもの

厳冬のブランデンブルグ門、しかも深夜など特に美しい。歴史の苦闘の跡を語ってくる。おだやかな日中などはただ観光としての門にすぎない。そこに過去からのメッセージなど伝わってこない。

早朝のワイマールのゲーテハウス前の広場はひとっこひとりいなくて、ただ霧がうっすらと立ちこめていて、広場のポプラと噴水とゲーテハウスが主役となって目前にあらわれ、ゲーテが書斎の中でファウストの原稿を執筆をしているのだろうかという幻想にかりたてられる。

裏側というのは幻想と関係づけられる。幻想が文学にあっても建築にあっても絵画にあっても基本としてそなわっている。

人間は大なり小なり幻想を追い求めて生きている。幻想を語ると、夢物語のように考えられ、斥けてしまうが、これほど重要なことがなぜとりあげられないかといえば、実証できないところにある。実証などどうでもよいのだ。それよりも何か大発見があったり創造が行われるのは、ここに基点をおいていることを考えるといかに重要か、実証は結果なのだ。

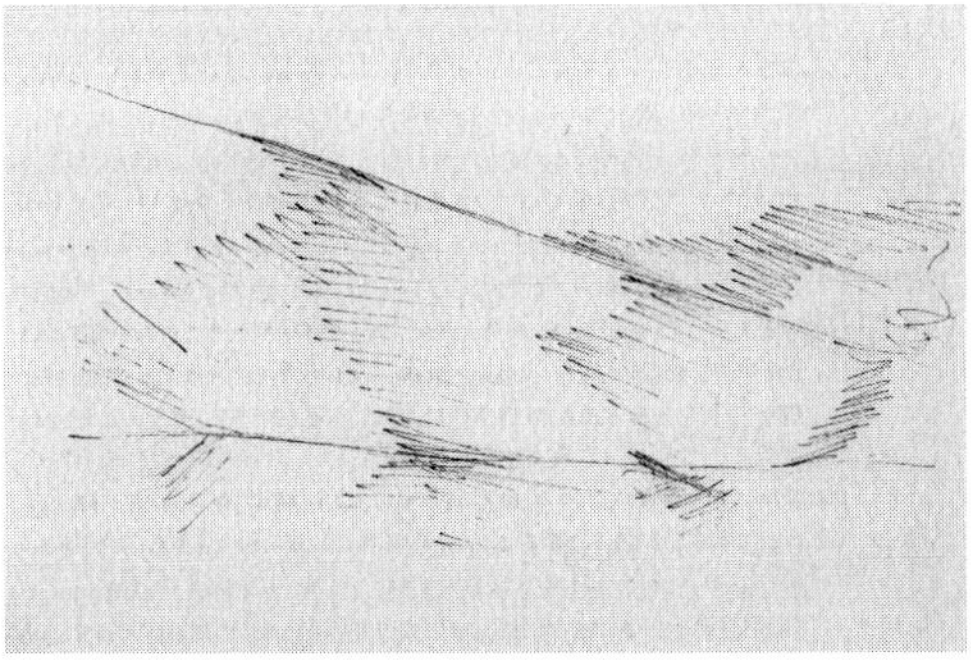

シンケルの建築の美をいくら論じても、コルビュジェ建築のモダニズムをいくら語っても、その創造の基となる霊感にふれることは困難である。それはヒントにはなるが本来の姿はわからない。それは表の表情であって裏を語ることにはなっていない。

ものごとの内に潜むもの、この潜むところが人間に語りかけるのだ。影響をともなってくるのだ。感動をよびおこすことになるのだ。しかし一般にはなかなかそれが読めない。一般には感度がにぶってしまっているから。日常生活を平和に単純にくりかえすところにはなかなか理解するには至らない。誰かが—感度のいい人間—騒ぎだしてこれはすばらしい、と。それで一般は動いてくる。一般はバックアップをしてくれる。

それはまた重要だが、一般の感度をどこまで先鋭化するかがここでテーマとなる。それが文化尺度というものだろう。これが時代により場所により変わってくる。

この世紀末への道にあって人間は何をよりどころとするのか。建築でも美術でも……あらゆるジャンルではすでにない。それを統合するもの、ただ寄せ集めではなく各分野を打ち破るところにある。その為には教育制度を、国土を、政治を、地球を、別の視点でとらえなければならない。

今世紀もあと四年、１５００日となってしまった。世紀末を解く鍵は何か。ただ資源を大切に、戦争をなくそう、世界はひとつだ、などいってもなかなか具体性がない。文化の先端でその範を示していかなければ緒口はつかめない。

無意味なところから絶大なる意味を見つけだし、逆転のイメージから重要なるイメージがわいてくる。なにげないところに横たわるものに、空気のようなところに、風のようなところに、ごみのようなものの中に真理は存在する。

そこに意志が作用しなければ、ただ見過ごしてしまうばかりだ。どれだけ多くの真理を落としこぼしてしまってきたか。人類の歴史がなかなか収束しないのはそのためだ。すぐ古くさくなり、見るに耐えなくなり、最も注目されていた王冠もドレスも、時代が過ぎると歴史の中に埋められてしまう。過去の遺物として忘れ去られる。

別の見方をすると、今も生き生きと存在するものとしてパルテノン、パンテオン、コロッセオ、システィーナ、ケルン大聖堂、そこにあるべくしてあるのだ。そこにあるべくしてが本質を語っている。なかなか言いきれるものではない。

街路樹のリンデンバウムは冬は枝だけ天空にのびていたが、今は葉でうめつくされ、その下を人間が通りすぎる。どちらも限りある生命をもちながら時間の関係を保っている。あるべくはここにある。有史以来、人類誕生から同じだ。

発想の転換、この平凡なることばの内容をつきつめてみることが意義をもつ。都市を上空よりみる。飛行機のレベル、人工衛星のレベル、ヘリコプターのレベル。

また下から見る。地下より、地中深いところから見てみる。仮想の図式でもいい。そこに価

値が新たに立ち現われてくる。大震災のときにいかに地上しか見ていなかったかが問われたが、もう忘れかけている。地下へ、限りなく地下へ、それに地球レベルを感じるために地上へ、上空へ、そして限りなく部分へ、細部へ、DNAへと視点をうつしていくことが必要。

そこから浮かびあがる永遠なるもの、生命力が必要なのだ。視点の開放、これは本とか写真とかで与えられる外部作用ではなく、自己内部からくる視点に他ならない。そこをしっかりスタートポイントにしなければ危なげない行動となってしまう。

視点は心に働きかけ、心はものに反応し、一般解を提示する。この解は自己との間で唯一無二のもの。視点の開放が大変な労力を伴うものでもなく、また費用がかかるものでものなく、制度を覆すものでもなく——結果として変更をしてしまうことになるが——ある集中力によってなされる。その集中力の内容が何なのか、そこに集約される。思考と行動がそのバランスがいる。

96・5・10

デザインするということは理解するということ。その街を理解しなければそこに建築することをやってはならない。一般にインターナショナルといい、どこでも通用すると誤解しているようである。インターナショナルとはどの場所にあってもそこにふさわしいものができるということであって、どんなところにもあてはまるのとおおいに異なる。

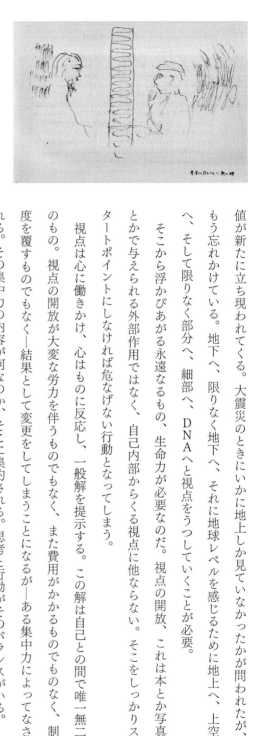

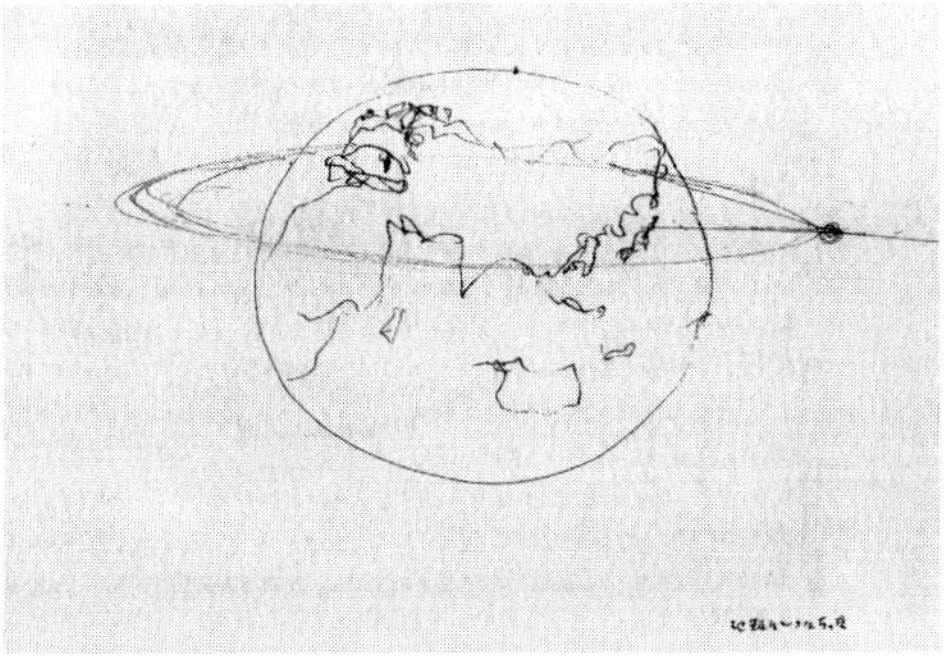

場のスタイル

ここに至れば暴走もはなはだしい。一般に語られるのはスタイルばかりにとらわれてインターナショナルスタイルと語ってしまう。この場所のスタイルとは、どこの場にあってもそこにあうスタイルの変更ができるということ。二十世紀はあまりに表面の形ばかり追い求めて、真理が忘れ去られてしまっている。どうしたことか。これでは樹木の葉とか小枝ばかり論じて、樹とか根とかを考えていない。困ったものだ。

大建築をつくるのと一本の柱をつくるのとどちらが大切かあやしいもの。真理をそなえた一本の柱の方がはるかに人々を感動させることが多い。一本のパルテノン上の柱を見ると明らかとなろう。二千年の時空を越えて超然と立っているではないか。

再び事の真理をつかまなければならない。場所は歴史を持ち続けてきたし、朝もあれば夕もある、雨もあれば風もある。そこで人間とのかかわりで喜びと悲しみが横たわっていることを思い至らないでは、とても理解にはならない。

この街を十分理解したとはいい難い。毎日毎日新しいことに遭遇する。これもものの見方で普通とみればそうみえるが、角度をかえると別の側面がのぞまれる。今まで見落としていたところにたいへんなるものが顔を出してくる。それまで忍耐強く待つしかない。意外性、突然性、

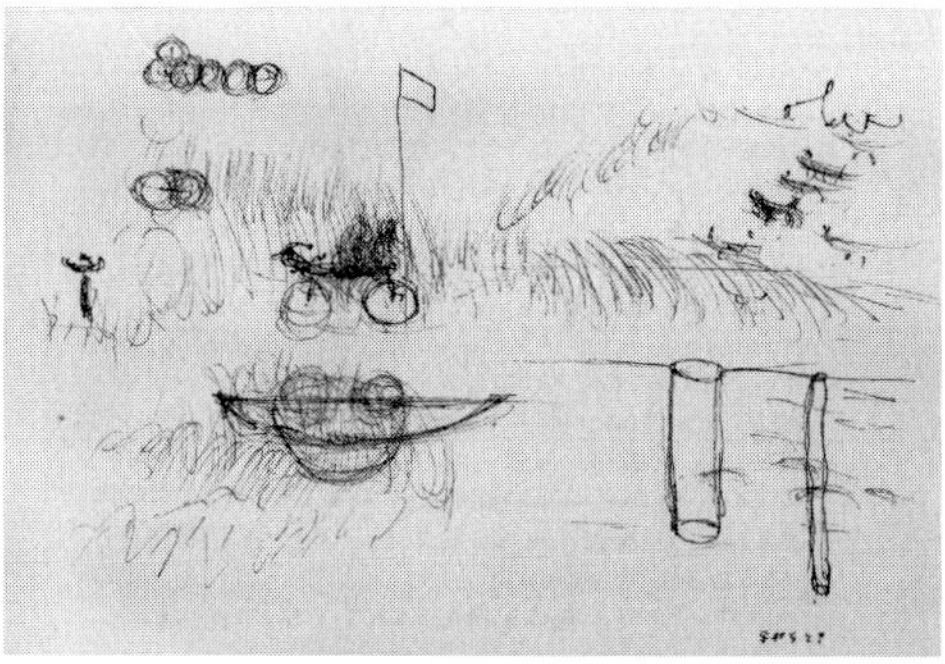

偶然性、それらが織りなして姿をあらわしてくるのが創造というもの。なかなかそこに至らないので一般にはしびれを切らしてあきらめてしまう。

ものごとの真理というものはとことんつきつめたところにしかない。このわかりきったことが通用しないのがこの世の中の習慣。これほどマンネリでやりきれないものはありえない。

人間はマンネリの垢にまみれていることすらも忘れて日々与えられたにせものの現象で流されてしまっている。少し立場をかえ、ものの見方をかえれば見えてくるのを見のがしてしまっている。一般とはそういうものなのだといえばそれまでだが、それでは進歩―移動、感動の方が言い方としては正しいが―にあるとは言えない。

ベルリン市民は過去の過ちを直視する姿勢がある。あいまいにしない。歴史を正当に見ることは生と死を強く考えること。そこに未来を考えたり未来のために行動をする資格ができる。

建築も都市も結婚も社会も哲学も、ここに立脚しないで何が行われても足もとがおぼつかない。足もとがしっかりと大地にきっちりと立たなくて何を思っても、ただうろうろと流されるばかり。死を直視して生への喜びが増してくる。歴史の中には深い真理がかくされている。現実の世相の中にも同じ。世相の本性を理解するには、歴史の理解なくしては到達できない。歴史の延長線上に世相がある。突然なんの脈絡もなく現実がやってくるものではない。

現代人はハイフォン、○○－○○の人種となってきている。今やドイツ人も日本人もはっきりとは定義できない。それぞれの影響下の中で生きている。ドイツ人は日本のことを知っているし、日本の製品を使っている。また日本人はドイツ哲学の影響をうけているし、ドイツ車に乗っている。相互の遺伝子が反応して成り立っている。ドイツ人がより日本的であったり、日本人がよりドイツ的となってくるのは現代におけるハイフォン人類が生まれる根拠でもある。地球人といわれるゆえんであるのは、二十一世紀のゆるがない定義となることは確か。

自分のことを考えると生まれたときからハイフォンとなる元が根強くある。朝鮮で生まれたこと、長崎、岡山、明石、西宮、宝塚と移り住み、今ドイツにいる。生活をその地でおくることはより強いハイフォンとなる。これはいいとかだめとかいう以前に、そちらに向かわざるえないということ。

96・5・11

人間は透けた空間に感動をおぼえる。実体と虚空がおりなす世界がそこにあるから。それも単純でありながら複雑な要素がからみあってみえてくるから。始めはその複雑を見せていないところがあるほど空間の深みを増してくる。さらに自然の移ろいとの共感でそれが高められる。

ネガとポジが逆転しボイドとマッスが反転する。人生を見る思いがあるから。いいときがいつもあるとは限らない。ある時逆転し、反転し、別の今まで考えも及ばないところが登場するから。

自己の意識ではどうにもならないところがある。脈絡も何もあったものではない。むしろ陰なる部分、社会ではマイナスと見るところのあり方が大切。そこは内部包芽の時。また反対がやってくる。マイナスのとき深く深くとらえることが、大きく芽がでてくるのだ。

ベルリンの長い冬、これほど厳しい冬は近年珍しいといわれる。それで今五月、花は咲き木々の緑はみごとではないか。今まで押えられたものが強力であるほど一気に芽ぶいてくる。それもより美しく。

自然は透けた空間を証明している。透けたということは、ここでは透けてくることを予測させるということにある。ここが意外と重要。空間の実体―ものといっていい―が間でなく、自然にある透けることを感じなければならない。

ドイツの彫刻家コルヴィッツ※の作品と、このことを重ねあわせて考えた。ここにくるまで名前すら知らなかったコルヴィッツだが、ドイツとコルヴィッツは一体化されている。作品の中にドイツの歴史を封入してしまっている。表には語ろうとしない。長い間考えているあいだに鮮明に眼前にあらわれる。民族の悩みを引き受けている。悲しみの表情の中に希望と期待と人生とがにじみでてくる。十九世紀後半の活躍による作品だが二十世紀にもあてはまる。

女流作家コルヴィッツをかりたてたものは、現実を直視した精神の強じんさに他ならない。

※ケーテ・シュミット・コルヴィッツ（１８６７年―１９４５年）
ドイツの版画家、彫刻家。周囲にいた貧しい人々の生活や労働を描いたほか、母、女性としての苦闘を作品に残した。健康保険医のカール・コルヴィッツと結婚しベルリンの貧民街に移った。生涯描き続けた自画像に取り組む一方、スラムに住む周りの住民たちや夫の患者たちに強い印象を受け、貧困や苦しみを描いた。その後ドイツ農民戦争を題材にした「農民戦争」で評価され、彫刻も手がけるようになった。第一次世界大戦後、息子の戦死を基にした木版画による連作「戦争」や労働者を題材にした「プロレタリアート」を発表する一方、彫刻「両親」の制作を続けた。ナチ党台頭後、反ナチス的な作家とされ、最後の版画連作「死」および、母と死んだ息子を題材にした彫刻「ピエタ」を制作するものの活動を禁じられた。最末期の作品には子供たちを腕の下に抱えて守り、睨みつける母親を描いた「種を粉に挽いてはならない」という版画作品がある。１９４５年４月第二次世界大戦終結のわずか前、世を去った。

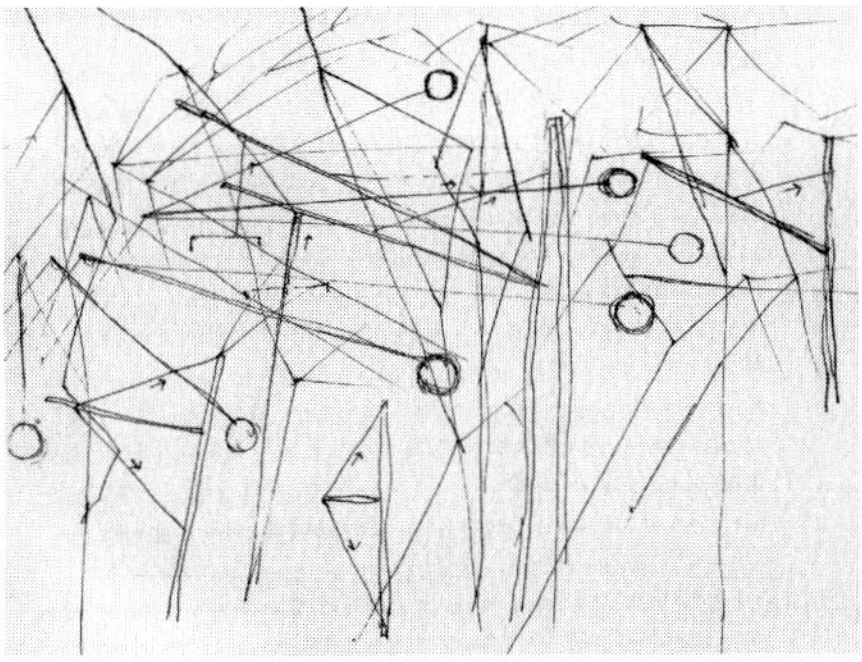

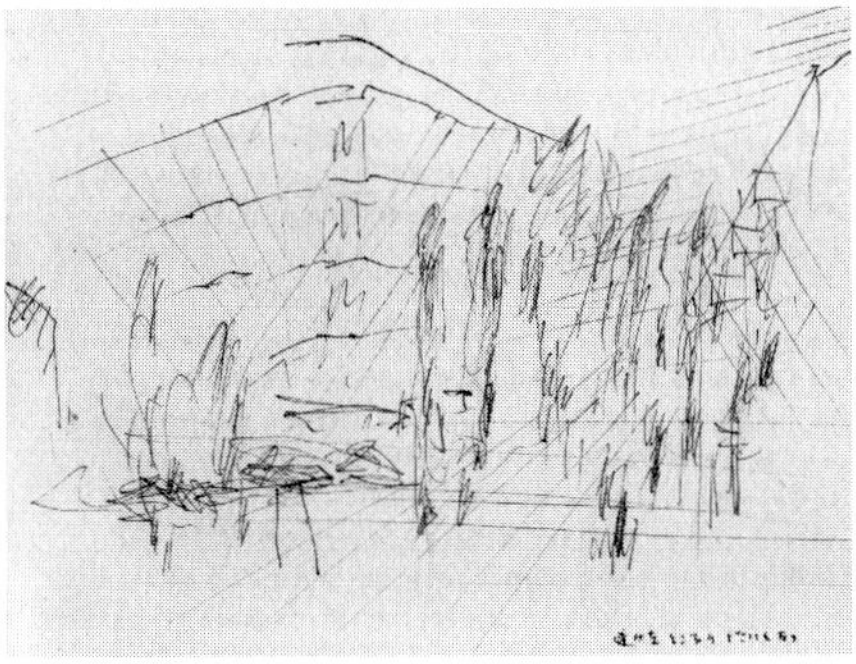

主人に当たる人は生涯貧民街の無給医師をつとめたと聞かされ、相通じるものがわかってくる。作品は十九世紀のピエタそのもの。キリストが子になりマリアが母となっている。どこにでもいつでもあるこの喜びと悲しみを示している。

この世紀末、コルヴィッツの延長線が見えてくる。別の形をかりてそれはノンセクシュアルなものへの願望であり、静ひつなるものへの傾斜がなされる。人々の表情をみていればそれが理解できる。

透けた空間もその方向にあらねば、これは意志力しかそれを満たすことはできない。歩きながら考える。この歩くという動きの中に、その動きがたとえ激しくあろうとも一瞬の静寂がやってくる。そこがその時こそ透けたものがやってくるのだ。突然なる来訪がそれを伝えにやってくる。じわじわとじっくりではない、今は。それに何万分の一秒のときに感応することが重要。この上ないことなのだ。

人間はもともと歩く動物。道具を考え楽をするために座ったり横になったりしている。だんだん感覚は麻痺してしまい、多くのものを失ってしまった。見る力、嗅覚力、触覚力、それに聴覚力。感覚力は古代人にははるかに及ばない。感度鈍感人間になってしまった。これをよびさますのは歩くことだ。古代の感度明瞭な人間に近づくために。

それにしてもかなりもうにぶってしまっている。人間は本来人づくりであるべきなのだ。便利なものをいろいろとつくって感心している。現代は現代の道具で生活するしかないが、このことを―古代との違い―を気づいているかどうかがわかれめとなってしまう。歩け歩け、どこまでも。足の数は古代から同じであるので、歩きながら考える。

生と死

今日はそのことを証明するためにずいぶん歩いた。ベルリンのはずれザクセンハウゼン、ここは第二次大戦の時、ユダヤ人が二十万人も殺されたところ。収容所は二等辺三角形の中に放射線状に建物が配置されていた。監視がゆきとどくため、管理がやりやすいためである。

収容所の考え方は別のとらえ方では現代の管理社会と同じ。どのようにしてトップが末端まで管理するか、ポストがそれで決まり机の配置が決まる。人間と機械、収容所、その違いはどこになるのか、あまりない。これではやりきれない。資本主義社会―管理を有効にする。この構図を変えていかないと将来はあやしいものだ。

社会主義社会が解体し、次に資本主義社会。人類はどこにいったらいいのか。あまりとことんやるのではなくいいかげん少しゆるめの方がながらえる。イタリーのいいかげんはある面では真理をついているのではないか。

ザ[※]クセンハウゼン収容所への路はSバーン1の終点からなお歩いて二十分、さらに場内で二時

※ザクセンハウゼン強制収容所
ナチス・ドイツが首都ベルリンの北部に設置した強制収容所。収容所の敷地は一辺が600mの二等辺三角形型、総面積190ha。収容所の周囲は高電圧の鉄条網と柵、2.7mの高さの壁で囲まれ、鉄条網と壁の間は2mほどで看守の巡視路になっていた。さらにサーチライトと機関銃が備わった監視塔も設置されていた。西側には強制収容所総監本部があり、ヨーロッパ中のナチ強制収容所の監督がそこで行われ、各収容所で囚人から奪った金品が集められる保管庫でもあった。収容された囚人の数は1937年には2千3百人だったが、開戦時には1万人を超え、さらに大戦末期には4万7千人を超えていた。初期には共産党員や社民党員など政治犯やジプシーなどが収容されていたが、水晶の夜事件以後はユダヤ人も送られてくるようになった。開戦後には各地の占領地で逮捕された者が続々と送り込まれて収容者数が急増し、最終的にこの収容所へ送り込まれた人々の総計は約二十か国二十万人を超えるという。

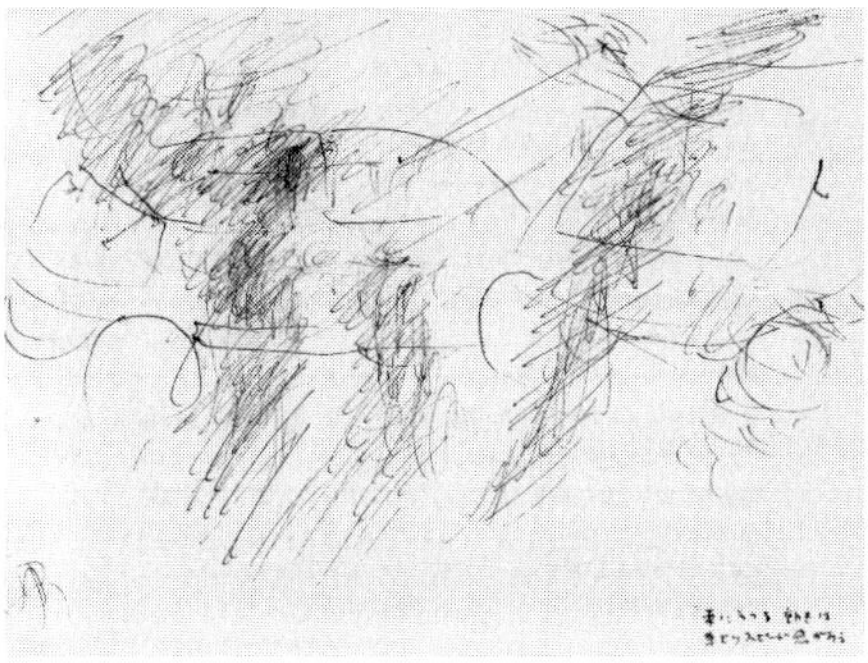

間。いい散歩であったが、生と死を考える散歩でもあり、社会のあり方、政治のあり方、ひいては戦争の無残、何も語ることばがなくなってしまう。

人類の歴史でくりかえされる戦争。この根底には今まで有利にとか楽をするためとかが働いている。もともと人間は有利でも気楽でも、あるがままのことが大切。たまたま楽をしたり苦しかったりではないのか、そう思わないと日々の生活もやっていけない。もっと楽観的なる人生が必要なのではないか。その中身は豊かであることが求められるが、豊かとは情熱であり、精神的充実であり、金や物ではないのだ。戦争の原因はイデオロギーとよくいわれるが、それは表向きのいいかたであり、つきつめると、領土をなくしたとか食べるものが不自由とか即物的なものにいたる。心が豊かであれば戦争などおこらない。少しがまんすればおこらない。

96・5・14

いろいろなことがわかってきた。今まで日本で考えていたのとだいぶ異なる。発想段階から全く異なるようだ。専門分野の仕事を究める支援協力態度が違っている。それに異分野との協力が見事になされている。これは長い歴史からできあがったもの。

プロフェッショナルとして自分は、この部分のここが専門であることがはっきりしている。逆にそれをはずれてしまうとなかなか反応がかえってこない。日本はなんでもできて中身が十分でないのに対し、ヨーロッパは限られたことはすぐれているが、少しでもラインをそらすとやって

いけなくなるようだ。

建築にあっても特殊技術の開発力はヨーロッパはすぐれているが、応用となるとどちらかといえば日本がすぐれているようだ。その為、ヨーロッパは専門的に深耕されているが、組合せ、それも不連続性を供したものにあっては苦手のようだ。

日本から学びたいとヨーロッパ人がいうのはこのところにある。しかし国際化となり、ヨーロッパの中の日本人のあり方としては、そのようなところ、不連続への視点をとらえるところに役目がはたされているようだ。

これからどのような状況にあっても、ヨーロッパの方がリーダーシップをとる条件をそろえていると考えられる。日本にのこされた道は、海外に対するすぐれたプレゼンテーションがなされない限り、世界の中でとりのこされる可能性がある。プレゼンテーションとはメディアの統合であり、TV、インターネット、図書、パンフレット、モデル、展示会、講演会などを重視する必要がある。しかもスマートで、明快で、ダイナミックでなければならない。そのためには急にはできないことなので、日ごろからそのための備えをしておく必要がある。

専門分野への交流についてもう少し記しておくと、建築についてもそれだけでは成立することはなく、空中へ上空へ宇宙へ又地下へ、素材として力学として統合として、いかなる方法を選ぶ

かにかかっている。それぞれの専門家とのネットワークを日ごろから保っておくことが求められる。宇宙工学、航空工学、新素材工学、人体学、心理学……、だんだん深くそして広がっていく。

技術一つとりあげても五年前、三年前とはかなり異なるイメージを抱いて人々は理解し反応を示す。専門の人達といかにつきあうか、専門もただ専門馬鹿ではなく、自然、イメージの波長がおしよせてくるものでなければ生き生きとしてこない。ここがむずかしい。テレパシーのようなものがあってつづけられるし向上する。そのような人に会ったり、時期到来となればどんどんつき進んでいけばいいのだ。ただ次へ、次へと。

一流というものは奥が深い、並ではない。長い歴史の構造がその中に深くかかわっている。だから一瞬にしてそれが示されるのだ。それが人間の営みの波長。一流はむだな波長が出ない。厳選された正当なる波形をもつことにある。それにはコストがかかる。今までに拡大した資本がはかりしれないから、そのようになるのは当然の原理。目に見えるストックと見えないストックをトータルにしたところにある。

ヨーロッパはそれが巨大であることがわかっている。それだけすばらしいものがありながら、この世のすさみはなんなのだろうか。すさんでいる。豊かであるはずが豊かな気持ちにとらえていないのだ。

人間は長い時間のうちにならされ、落ちぶれ、気分がゆるんでくる。老化現象をおこしてしまう。運命といえば運命であるが、たえず改革をくりかえして若々しさを保てる。日本からヨーロッパにきて感じることは、この立派な先輩たちのストックを、あまり理解していないヨーロッパ人が多いことにある。日本人としては、このようなストックを使わしてもらって有難く感じているのだ。これはいつも思うことなのである。

それを日本という場所においてみると心もとない。ストックは不十分だしコストは高いし、外国の人のためにはあまり歓迎されないことが浮上してくる。これらをどうクリアしていくか。二十一世紀での日本の立場を考えるといろいろ手をうつことがわかってくる。

ヨーロッパから日本を思い、日本からヨーロッパを判断する。すべてクロスオーバーのところから問題は明らかになる。試行をくりかえしてよくなる。試行なのだ、必要なることは。これをきらっていてはよくならない。試行は見えないコストがかかる。この見えないということが忘れられている。試行、実験、問題があるところに進んでいくこと。その態度が求められる。

※ヨーゼフ・ボイス（1921年—1986年）
ドイツの現代美術家・彫刻家・教育者・音楽家・社会活動家。初期のフルクサスに関わり、パフォーマンスアートの数々を演じたほか、彫刻、インスタレーション、ドローイングなどの作品も数多く残している。「社会彫刻」という概念を編み出し、彫刻や芸術の概念を教育や社会変革にまで拡張した。二十世紀後半以降のさまざまな芸術に重要な影響を残している。

空間に棲む気

建築によって何ができるのだろう。本当に人間の精神を高めることができるのだろうか。建築空間だけではなかなか困難だが、そこで営まれる人の行為との関係で生きてくるのだろう。住宅のインテリアは、多分にそこに住む人の思考で空間が変わってしまう。空間に棲む気のよ

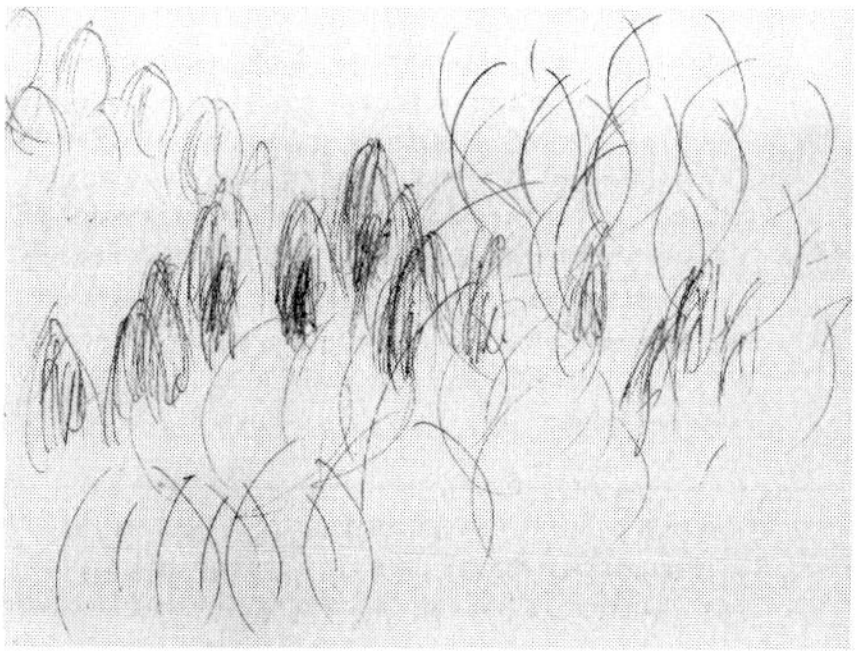

うなるものが、深く語りかけてくる。
しからば建築だけではなかなか自立できないことになってしまう。そこに建築の不自立の性格が明らかになってくる。定期的なるイベント、人と人の会合、人とものとの会合などによってそこは生まれかわるのだろう。ヨーゼフ・ボイス※はおそらくその辺りを見すえて行動する空間芸術家だったのだ。行動があってその人―作家―は生かされるし、それに参画する人達もそれで促されて、再生してくる。
この再生のコンセプトはエネルギーがかかり、うまくいく場合だけではないので、十分な準備とそのための修練が重要性を増す。

ボイスの行動は自らが一人の行動で、人をメディアを都市を歴史までをも取り込んでしまったのだ。イベントでありながら一過性であることが、かえって集中力、密度を持つ。あらゆる関係項をとり込んでしまう。作家自身もどうなっていくのか定かではない。

そこで突然に、偶然に発生してくる現象が意味を付加し転換されてしまう。この変様が意味をもつ。人のかかわりでの変様。どのような分野にあっても教育でも、スポーツでも、保守的展示にあってもそれを求めてくる。人々の行動が変わり、人々の参画度が変わり、主と従、ものとそこに従うものが境をなくし、相互参入をしてしまう。

そこにあって二十一世紀の息吹きを伝えるようになる。そこにあらわれる時代性、メッセージ

性が革命的であり大衆が動かすもの。どこにでもどのようにでもゆれ動くのが今であり、そこで作者がなすことは深く大きいということになる。

自分のおかれている立場を生かさなければならない。今まで建設会社にいたこと、大学の非常勤講師を務めていること、ベルリン—大阪に住んでいること、スタッフの特異性、大阪の特異性、人的ネットワーク、これを生かさなければ、今までやってきたことが生かされなくなってはロスがあまりに多い。

出版、展覧会、モダンアート、そして大阪的混迷を逆に使っていかなければオリジナリティをなくしてしまう。世界の人々にメッセージをとどけるにはこの大阪的なものを正確につかまなければならない。大阪とは何なのか、ベルリンとの差は何なのか、それを問いつづけなければどうにもならない。大阪の歴史性とベルリンの歴史性。いいところとだめなところがあって都市は生き生きしてくる。

空気の温度分布の変動によって風が一方から他方に流れるごとく人間も動く。その動きが意味をもち、悪いところが悪いというのではなく、悪いのもちゃんとした理由がある。いずれそれを逆転する時がかならずくることを考えると、その時の立場はまさにあるべくしてそうあるということになる。

これを忘れがちであり、悪いところのわずかばかりの良さをとらえなければ、その時をとら

えた実証性欠如になってしまう。それを思うとどのような状況も救いがあり、希望がともなってくる。

諸悪の根源もある意味で人間を救う。善と悪の内に秘める反対性。その判断はその時の価値判断によるものであり、長くつづくもの、中ぐらいのもの、すぐだめになるもの、いろいろだ。

そう考えると、今思われている正当性が意外にあやういことになってしまう。都市の中にあるネガティブなるものが都市の生命を支えている。それが不完全なる人間社会をやっともちこたえさせる。ずれ、遊び、ゆるみのようなもの。このゆるみがあることは、極度の異常値―例えば戦争のように―は示さない。人間性のひずみを少しずつ悪くも良くもする。

そこが人間の弱さであり悲しみでもある。こんなところに、人間という大人のようでありながら永久に子供の世界が存在する。この幼稚性があって人間の営みはつづけられていく。

人間の生命とは何だろうかということを考える。ベルリンでは戦争時における非人間的行為を、今でも事実としてそれが確実にあった事件として、市民に訴えかけている。なんの罪のない市民、主としてユダヤ人が人体実験をされている。人間が牛とか豚とかにわとりと同じ扱いをされている。このような目にあいながら一生を終わるものと、病に苦しみながら終わるのと、一瞬のときに終わってしまうのと様々である。

死後の世界——ここがあるとして、どのような一生の終わりかたであっても同じであるのかもしれない。
人間の生命とは、つきつめて考えると植物と同じように限りあるもの。こうとらえてくると人間それぞれの人生の処しかたがあるのだろうが、生命が己が意識の外にあるものとすれば、その外にあるものとは偉大なる力で作用を及ぼすことになる。外なる大いなる力と内なる人間の小なる力との交感は意識の外で行われている。
そこに至る——それを意識することはたいへんであるが、ありうる。幾度となくくりかえされる戦争の悲劇、そこで犠牲となる市民たち、これは何を語るのか。神はいかに思うのか。この異常性、過剰性をどう思うのか。

昨日、岡部さんとの話で太陽が緑色になり、地球がだんだん暗くなっていく小説のことを語っていたが、地球の終わりはあるのか。どのようにしてやってくるのか。その時人間はどのように終末を迎えるのだろうか。それまでに亡くなった人間はどこをさまよっていくのか。

太陽と地球、そしてその上で生命をやっと保つ人間。どのようにかかわっていったらいいのか。それまでそれとも永久に。

それまでベートーベンの名曲はいかに存在するのか。パルテノンはパンテオンはシスティーナ

※エーリヒ・メンデルゾーン（1887年—1953年）
ドイツ出身のユダヤ系建築家。1933年にドイツ国内におけるナチスの台頭後イギリス・ロンドンへ移り、以降はパレスチナ、1941年にはさらにアメリカ・サンフランシスコへ移った。

※ウラジーミル・エヴグラフォーヴィチ・タトリン（1885年—1953年）
ロシア帝国出身の画家、彫刻家、建築家、デザイナー、舞台美術家。カジミール・マレーヴィチらとともに、1920年代ソビエト連邦のロシア構成主義の代表的な作家の一人にあげられる。晩年は鳥の飛び方の研究を行い、飛行技術の発展に役立てようとしていた。

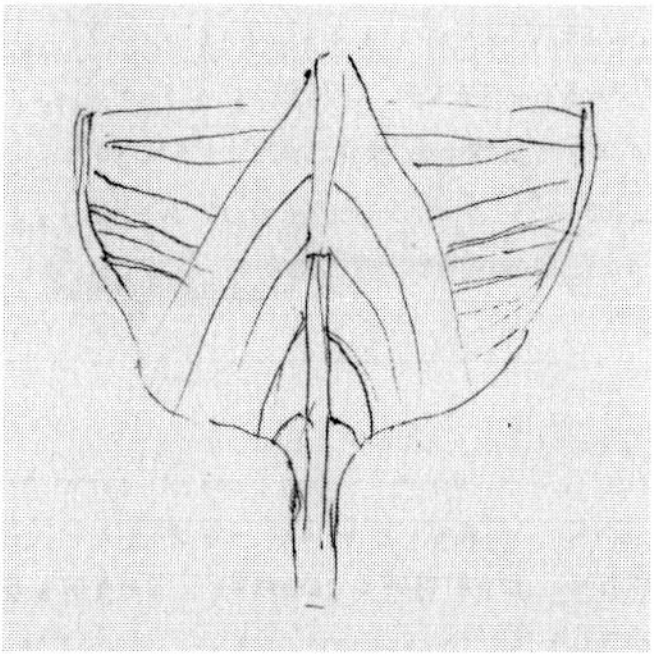

礼拝堂は。芸術の生命と人間の生命、その足元にある地球、限られた資源の地球、地球表面を皮膜のように覆う空気、森林、水、それで生命を維持する人間、何とも不思議なバランスで成り立っている。別の力、テクノロジーとか自然の力で、いとも簡単にこんなものはくずれてしまう。重要なる提言が不足している。

地球と人間は一心同体なのだ。もう少し大いなる視野でこのことを見ていないとたいへんなことになる。エコロジーと盛んに言われているが、ただ新しいので語っているにすぎない。地球の神秘は謎ではあるが、実際的でもある。気温、湿気、風、波、線、生物……、実際的なところに明らかになってきている。

しかしどうしても不明解なるところが残ってしまう。永遠にそうなのだ。人間の知の限界なのだ。それでも歴史はつづく、終わりなく。人間の能力の限界があるので、つづく。その限界を与えた誰かが存在するのだ。大いなる力をもった誰か、そこに芸術を支配する力をそなえているものがある。

その力を受けるときは解脱がなされる。されるといった方がいいのか。解脱は世の中の動きとは無関係のようなもの。それはなかなかたいへんだ。そうでなく自然体ともいえるのだろうか。そこにはるかに至っていない者が語れるものではない。もし解脱があったとしても、ことばの域には納まらないのであろう。

とにかくこの世は謎があふれている。毎日毎日、一瞬なるときにあっても、自分が今ここベルリンにいることすら理由は明確でない。たしかに意志の力は働いたが、ここにいるいないの選択はただ意志だけではない。そこに至らしめる大いなる力なのだ。そのような個々のことが時間でトータルにされ、それが生命となっている。

いずれにしても短き人生。シンケルも、メンデルゾーンも[※]、リシツキーも、タトリンもこの世[※]にはいない。いないがその影響は強大だ。偉大な力とはこのような建築家と、それを支えた名前を知られていない人々によるものであるとなると、生命とは連続性をもち、偉大なる力をたえず持ちつづける。人間は努力が必要だが、努力のあとはその力にまかすしかない。力を追いかける場合と向こうからやってくる場合がある。

芸術は偉大なる力そのもの。だから永遠の生命力をたたえている。人間はなくなっても人間の手でつくられた生命体は生きつづける。そこに理解をこえるたいへんなところがある。

ここのところが問題。気がつかない、なかなか。作品はたえずテレパシーを送りつづけているのに人間――人間とは鈍感なのだ――は見すごしてしまう。これほど重要なるメッセージをきかず、世俗のことにふりまわされている。消滅する生命とそうでない生きつづけるものとの差はそこにある。あまりに大きい差なのだ。

96・5・15

バウハウスミュージアムに一日いた。１９１９―１９３２、わずか十三年間の間に多くの実験を行っている。校長をしたワルター・グロピウスはたいした先生。世界から優秀なる先生を集めて個性的にそれぞれの先生に活躍の場を与え、良い作品をのこしている。

バウハウスの誘い

この創造のエネルギーを集めたのはやはり校長の統括力であり、経済的に裏付けを行いながらなお活発なる発表が行われている。これは驚き以外のなにものでもない。しかもワイマール、デッサウ、ベルリンであれば、ヨーロッパの中でそれほど便利とはいえないドイツの中でも東に寄った場所である。この、総合芸術運動でありながら社会から遊離していなかったことが、バウハウス活動の根本に流れているから。

絵、グラフィック、彫刻、建築、映像、演劇、陶芸、金属、ガラス工芸、タペストリー、広範囲の活動を行ったそのエネルギーと、それを支援した社会的背景がそれをできるものとして共同組織としたところになる。世界の歴史の中でぽっかりと空いたところに埋められ、求心性をもった活動がなされた。

今日見た中で特に感心したのは、力学的にバランスしていること。ただ自由にやったのではな

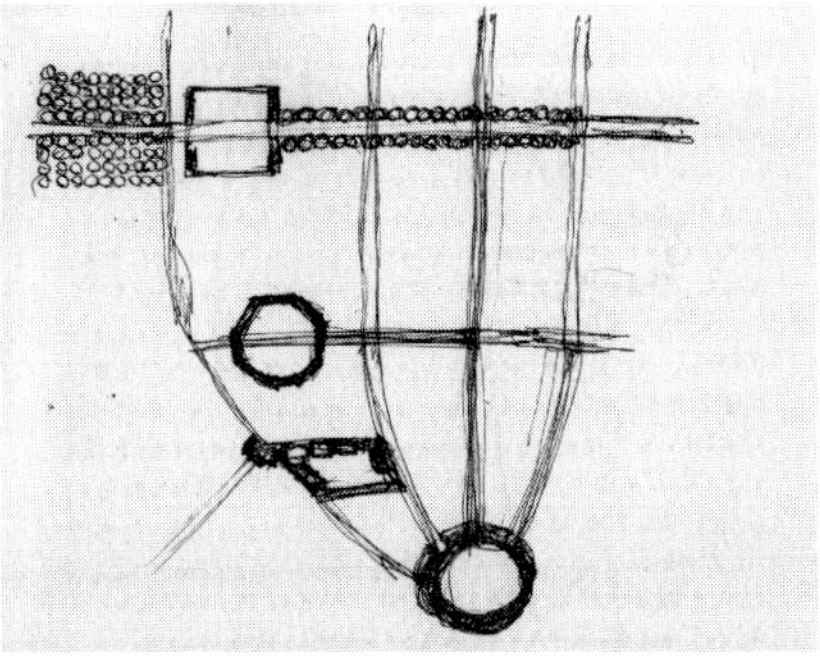

く、その前提となる論理があってその後は自由というところにある。ベースがしっかりしている。それに身体感覚である。人間の体の範囲で何ができるのか。等身大のスタディが限りなくつづく。そこに感動があり美学がある。足の動き、手の動き、円弧、三角、正方形、カーブ、この活動はカンディンスキーの絵によって完成される。

バウハウスの運動の結実があるということがわかり、人間がカンディンスキーに何故心引かれるのかということと、この奥深い活動との裏付けにより理解することとなった。運動の理論がそのベースにあり、運動は宇宙の真理でもある。宇宙と交信したバウハウス活動、ここから多くの作家がでたのは理解できる。

今日見た中で今まで何度も見ていたが、今日強く感じた作家、モホリ・ナジの作品。絵、写真、立体、相互に影響させながら強いメッセージを伝える。自然の中の秩序なのだ。そこにナジの実力とイマジネーションの深さがある。

手段を問わずにやりやすいのでまとめあげる。これはなかなかできない。写真がまた特別なことをやっている。光と影のドラマがある。光と影で人々はいろいろな思いを抱かせる。この微妙なる心理に根ざすことをうまくつかんでいる。写真と幾何学—秩序ある形態—により、ぐいぐいとせまってくる。普通でないアングル、普通でない組み合せ、日常生活の中で食事中にも秩序を見つけだすことができることを証明している。

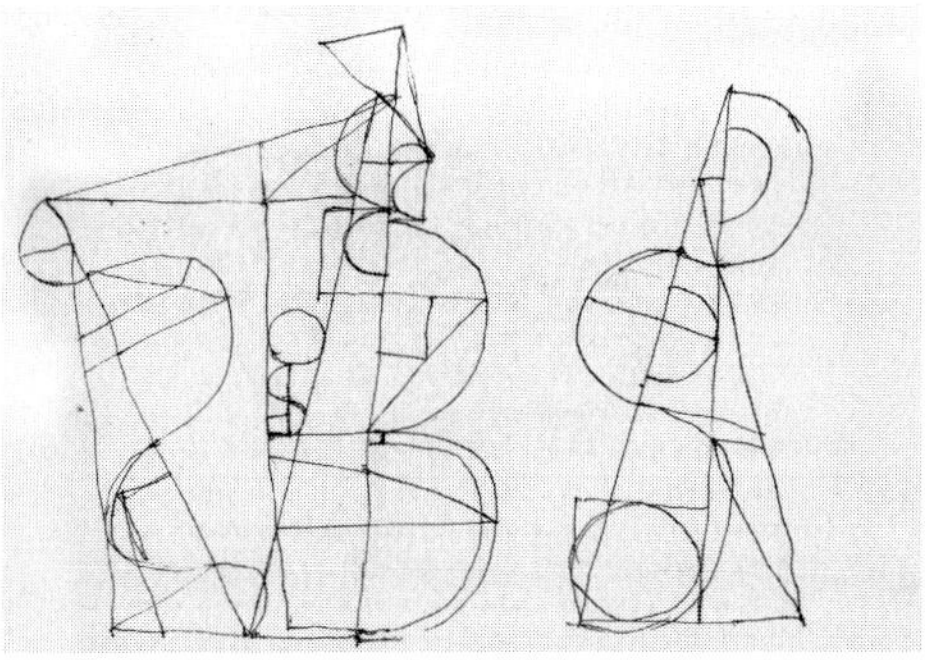

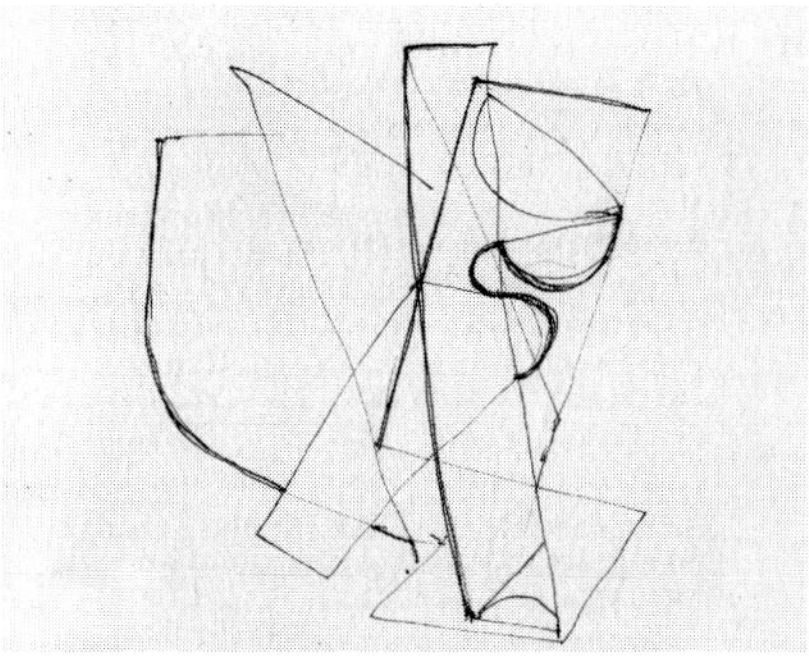

ナジの哲学はブラックホールのごとく深い沼の中にある。人々はそのホールを見ることによってすい込まれてしまう。芸術とはすべてこのような魔性をもっている。人を無意識にそこにおとし入れてしまう。時を忘れ、生命を燃焼させていく。

限りなく、この生命の燃焼が社会には必要なのだ。日常にひそむドラマ、人とのかかわり、人と人、人と物、物と物、人と自然、自然と物、自然と自然、無限の組合わせ、その中にきらりと光るものがある。そこにドラマがあり無意識へのいざないがある。

誘いが現代はあまりに少なくなった。ものの見方をかえるといくらでもあるというのに。バウハウスとは人々への誘いであったのだ。人々を誘いそのためにレベルの高いものを創造して人々にこたえた。両者のいい関係がそれを力強いものにした。生活のリズムであった。総合であったので個性的感性、生活をカバーできた。その時代に合った方法だった。今、これと同じことをやってもだめだ。しかしヒントにはなる。そこに美がある。美はいつの時代も変わらない。

ここで見のがせないことは写真の重要性ということ。写真は言葉に変わり一枚の写真が多くのことを語る。それと内面を豊かにふくらませる。自分の写真は身近なるところにあり、それが自分でも考えられたり、表情によって自分を新しい人間像としてとらえてくる。

光と影のコントラストは、微妙なるうつろいで別の印象を与えるのでおそろしい。人間のその

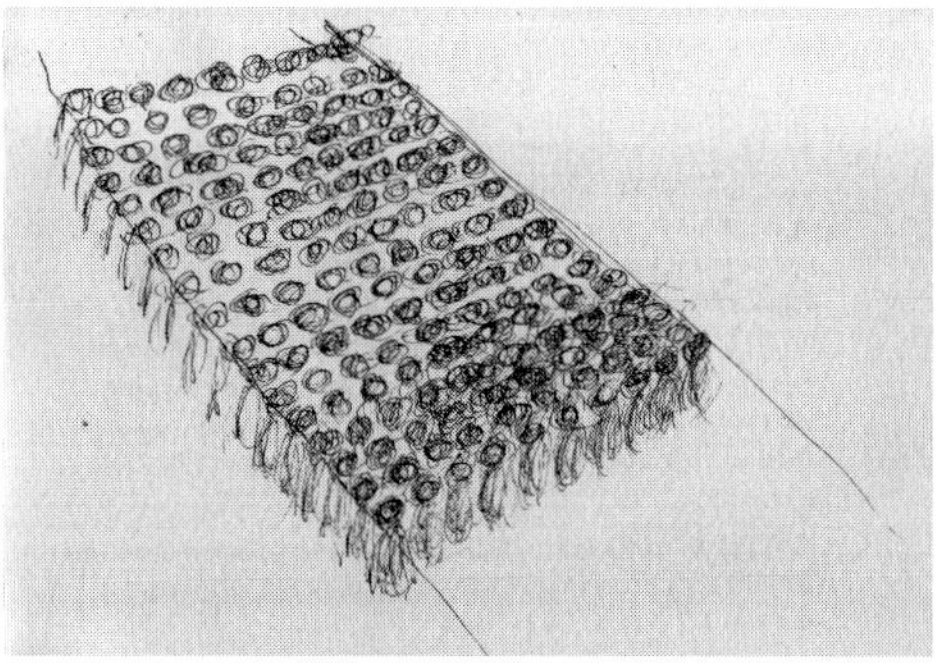

人にとっての外部からダイレクトに―理由をどうこういう間もなくストレートに―伝達する。
バウハウスは写真をかなり重視したところが特色。あらゆる作品はそれ自体を離れて写真として定着させられてしまう。書物にしても、ポスターの案内にしても、テレビにあっても、もうすでに手を離れて写真として自立をしていく。

作品があって写真がある主従関係は、ある時逆転することにもなる。メディア社会、情報化社会にあっては、写真がいかに重要かということが証明されてくる。時代は変わり、今コンピューターの時代となりそれをさけては通れない。人間が発明したものを消去することはもはやできない。ナチス時代に書物の影響力のため書物を焼却したようなことはもうできない。
写真→コンピューター、これは自然の進む方向。柔らかい理解を必要とするその時代の鍵をにぎるのであるから。かといってそれで振りまわされないことをたえずおさえておかないと、足元がガタガタと崩壊してしまう。

96・5・16

バウハウスが成立した時代背景を考える。1920年代に活動したバウハウス運動はこの時代があって成立した。戦争に突入するのではという不安感が、よりいっそうあるものの運動にかりたてる。そのあるものとは人間性の復活にほかならない。この運動によって戦争をさけていけ

るのではと考えたのではないだろうか。ヒトラーの動きが激しくなるのに反抗して、その逆の活動―平和活動でもある―人間、人体を見すえることにあった。

身をみるということは精神をみることにあり、さらに異分野への熱い視点が高まることにある。バウハウスは対ヒトラー独裁に対する思想に他ならない。ただ平和でなにもないときには起こりえない。

バウハウスに限らず人類の歴史における芸術そのものがそのような宿命をもっている。エジプト、ギリシャ、ローマ、バルセロナなどいずれの都市にあっても、ルネサンスというのは不安感が根底にあり、それを払拭するために活動が高まってくる。そこを感じなければならない。そう考えると仕事を行うにはどこがふさわしいかがわかってくる。人間の裏側にある情念がそれをかりたてる。人間は弱いのだ、もともと。

何かが原因で精神は高められる。気流の密度のようなものであり、そこにいるとなかなかはっきりとしないが、外にでてみると明らかになってくる。バウハウスの時代を思うと、活動をした芸術家達の心情がよみとれる。今考えてそれが十分によみとったとはいえないが、概念としての理解はできる。

今、日本を思うといずれ近い将来動乱が想定される。今までの類にないもの。内部改革によ

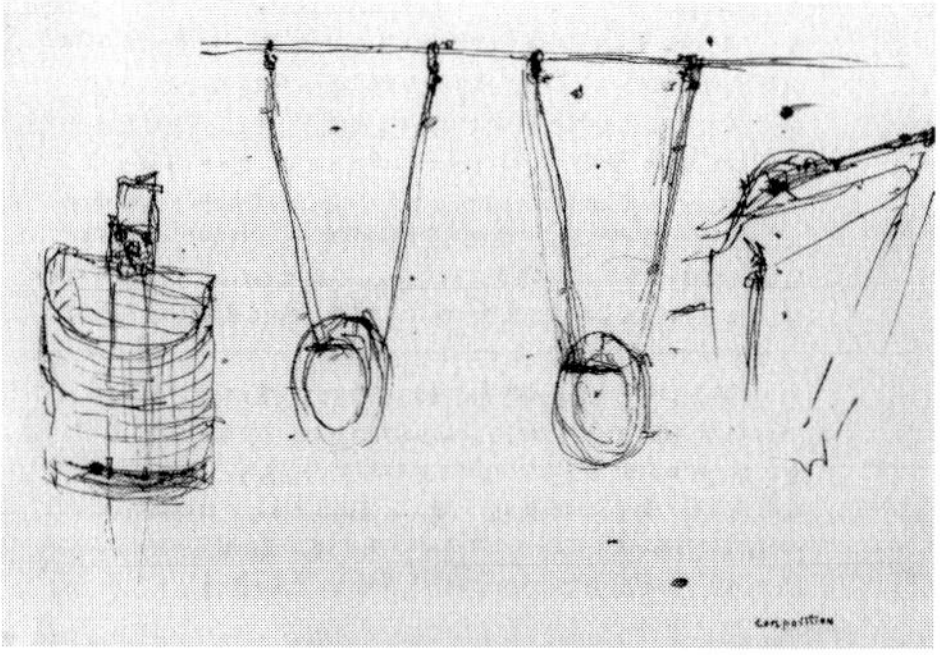

る動乱といえる。長い間—江戸時代から—日本人の心に住みついた安定感からくるもろさ。自己を失ってしまった民族に訪れる内面改革の意向。何度も革命の中をくぐりぬけてきた民族との違い。日本が責任を今までつづけてあいまいにしてきた底に積み重ねられてきたおりを浄化するための行動なのだ。

時代の混乱をどういう形で予兆させることができるだろうか。どこからともなく訪れるイマジネーションの過信への応答である。それはじわじわとやってきて、後は一気にやってくる。ベートーベンの運命交響曲そのもの。それをキャッチするわずかばかりの人がいる。

持続する美

日本にはある種のものさしが必要だ。コンピューターはそれを手伝ってくれる。あいまいなる日本人の思考をあるところまでに解釈してくれることになる。ある規範があって動いていく。ある方向に流れやすい民族はある規範、それも自由性のあるいいかげんさのあるものが望ましい。そこに活力を求め活力の源泉から、あるいは予兆としての混乱をゆるめることができるのではと考えたりする。

地球の中で日本というこの不思議なる国、あるときは楽園とまでいわれた国、日本。それが都市の風景をあれほど雑なものにしてしまったのは何か。バラバラの建物、カンバン、電柱……。公共性の欠如、何が悪いのかいいあてにくい。すべてが責任なのだ。少なからず都市というもの

は総合的なものの結果なのだ。

あるモノサシ、基準、水準、それが求められる。思考の結集、同時に行動の結集、モノサシは決まってくる。自由なる発想から生まれてくる、無関係のなかから生まれてくる。

ただそこには、ある美への追求はいる。美なるものがなければ人々はよりつかない。美は表面だけでなくにじみでるもの。ある表情、あるスタイル、それは一日では学びとれるものではない。反応—他との—によってなりたつ。動き一つにもあらわれる。一流は一流のものがあり二流には二流のものがある。それが動き。

美について思う。美の回廊のようなもの。美は空間性をたえずそなえている。美は日常そのものの蓄積。日々の生活、努力、思い、目標。従って毎日の生活をおろそかにできない。ある瞬間にやってくることごとの中に、美の使者が参画している。

この瞬間をどう読むかがその人の気質である。斥けていてはなかなかやってこない。だんだん遠ざかっていく。レンブラント、ルーベンス、ミケランジェロの絵は美であるがそれだけではない。食べ物にも衣服にもインテリアにもある。どう見るか、どのようにつきあっていくかである。

所有にこしたことはないが、ある限界がやってくる。それよりもその対象との物語がいる。物語によって美は扉を開き、美の方が自分に向かってやってくる。限られた生命、時間、すべては

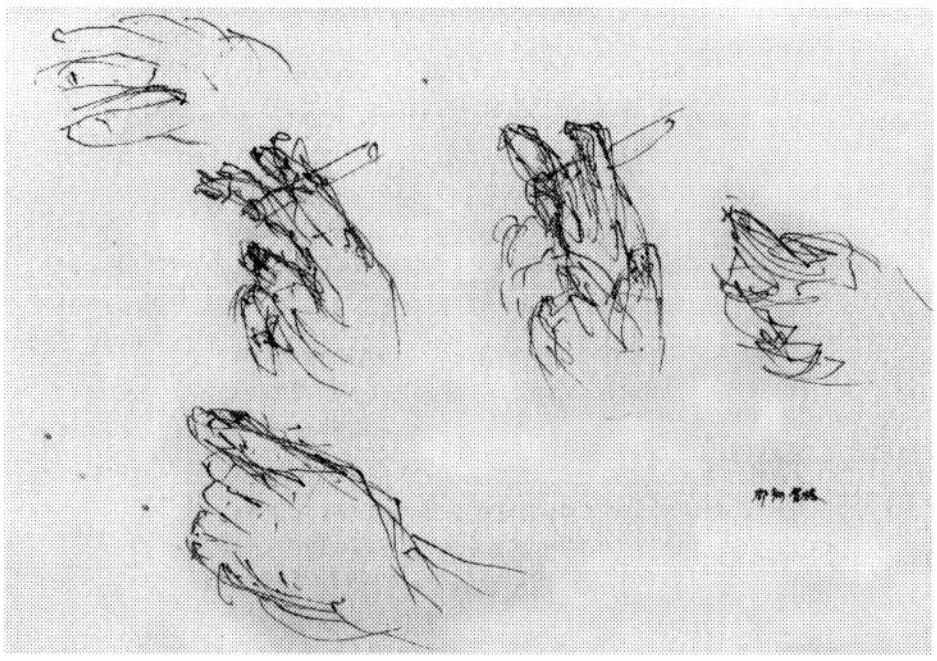

できない。むしろ重要なのは、広さとか量ではなく深さなのだ。深度がなければただ表面づらをさまようだけだ。

再び人生にとって美とは何かを考えている。美しいものを見ると心動かされる。人間はすべて同じではないか。

ここで次のような設定をしてみる。あのアウシュビッツに送られた人達の生と死の境目ではどうであったか。この世で見おさめる風景、人物、建物、草花、空はどのように見えるのか。ものの価値とか天気がいいとか花が咲いているとか、一般の良い条件とは関係のないところで時空をこえて—時間も空間の境目がない状態—にある。

芸術の創造は美を訪問客として迎え入れるとすれば、まさにこの時空をこえたところにある。文学にあっても絵画にあっても、音楽も建築もまさにそこにある。一瞬に交わるところ、この世でなかなかやってこない何万分の一の確率、そこに一瞬光が射す。

捜し求めて求めて歩いた結果そこに至る。いろいろなところに歩きまわった結果でなく、自己の内部がどうなっているかということ。内部と外部が同化したときに、美として結実する。

美とは対象としてある—絵そのもののような—のではなく、両者の反応のところに定まる。従って美術館でとかコンサートホールでではなく、それも美の行為の一部ではあるが、対象との

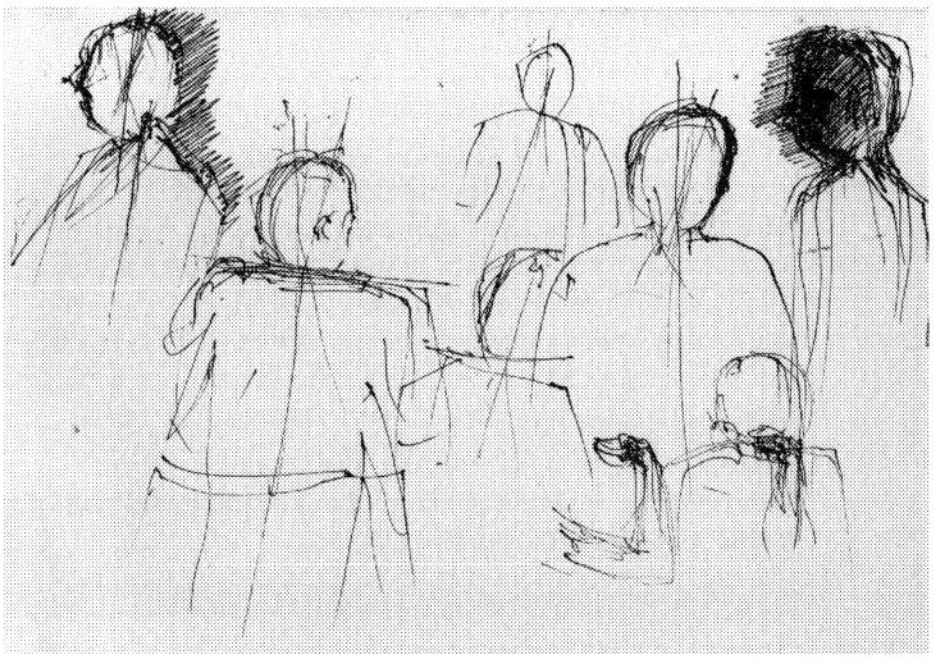

会合の前後にあって美に至らしめる。美とは営みの一つのあり方。当然、美を営みとするには、いれものがなくては美が侵入しようにもはたせるものではない。

美は時を選ばず、まして場所を選ぶことなく、その機会が与えられればいつでもやってくる。美をいつでも呼び込める人は幸福である。生活の中心は美もその重要なる一部をになっている。

人間と美とのめぐりあわせはいつごろからなのだろうか。七千万年前に人類が誕生して、美はいかに変遷をきたしたのだろうか。夕日を見れば今と同じように美しく思ったのだろうか。美の基準はわずかずつ変わったのだろうが、本質に対するとらえ方は同じ。現在予備知識としての美が存在する。この状況についても変わっていない。知識の内容は変遷があるが、それをとりあげてもたいしたことではない。

重要なることは美のバックグラウンドがあること。バックグラウンドをおろそかにすると美は本来の顔をみせない。美は時空をこえてくるが、バックグラウンド、そこから流出する波長が強弱いろいろとなる。バックグラウンドを読みとおしておかないとだめなのだ。

日本の伝統文化としての茶はそのあたりを読みきっている。これに変わる今は何なのか。これに変わるものは形をかえ品をかえ、自由に成立している人間のたのしみなのだ。生活のリズムのようなもの。

この場合骨格がしっかりしていなければならない。ただ思いつきで行きあたりばったりではだめである。骨格が美を呼びさますには、骨格がしっかりしなければせっかく登場しようとしても足もとがぐらつくし、去ったあとも味気なく終わってしまう。

そこなのだ。大切なことは構造フレームがしっかりしていること。変更がなされてもいいぐらいしっかりしていること。一過性の美などありえない。永遠に持続するもの、影響を及ぼしながら語りつがれるもの、それが美なのだ。

ラファエロの絵を見るとまさにそれなのだ。レベルが一点に保たれている。つまらない作品はない。普通とか平凡とか言われるものがあっても、それを見る方法がいけない。

ラファエロの手になる一本の線、筆の色は美を伝えている。テーマとか構造とかが人間が後で勝手に語っているだけで、そんなもの語るにたらずだ。ラファエロのタッチはそれですべて美を発信している。人間がそれを気づかないだけ。ゴーギャンにしてもジャコメッティにしても同じ。美の神に近くにいる選ばれたる人達。

美とは選ばれたる人にそなわったものなので、そなわるものかそうでないものなのかは後でふりかえってみるしかない。自分でどうすることもできない。努力でも相性でもチャンスでもない。時代の申し子とはうまくいったものだ。時代が選ぶのだ。必要があればだ。だからそれほど

多くはいらないのだ。多ければ混乱するだけだ。

美とは配列がうまいとか選択がうまいとかいうのではなく、それも一部ではあるが、発見を促すところがある。ラファエロの絵は、ルネッサンスの人々も現代人にも発見を促しているのだ。発見とはその場、その時、異なるのだ。だから美しい。

美はちんぷを最もきらう。新しくなければ、たえず生気がかようごとく行動にも考え方にも習慣にあっても、ものの見方にも考え方のスタイルにも、時として変わっていなければ、人間の生命が動き変わるごとく変えていかなければ、そうしなければ美はなかなか姿を見せない。

昨日の自分と今日の自分は異なるように、美もどんどん変わっていく。それが一点に交わるときが至福のときなのだ。交点は計画的でもなければ──計画することは必要だが結果を予定通り決めてはいけない──全く突然、予想外というものでもない。交点のための準備は必要。そこはこの世の中での感動の瞬間、待ちに待った瞬間。あらゆる与条件が一体化されたときにやってくる。そんなものなのだ。

自分で思う方向に準備するしかない。だめでもがっかりすることはない。これが歴史。美が主客であるから。主客の意向でどうなるかはわからないのだ。

それでも見抜けない感じない美がこの世にあふれている。人間という動物の一種の感度のにぶさにある。それをなやんでもいたしかたがない。とにかく無限にあるのだと思えば気が楽ではないか。

ここベルリンで、ここドイツ人には気づかない美はさまよっている。それを見つけるために私は来たのだ。これを日本にもってかえるとか自分のものにするとか、狭い了見ではだめだ。ここにあふれる美が見えるように感じるようにするために自分はここにいる。見つからないし感じることがないかもしれない。しかし美を求めての行動であることには変りない。自分ができなければ、なぜできなかったかを考えてまた別の人物がやればいいのだ。

美は一杯の赤ワインのごとく人間のテイストとワインとのめぐりあわせ。無限のワイン——美と仮定すると——と自己との会合、それは唯一無二、この場この時。どこにでもあることが今日は特別になってくる。特別なところに置いてしまったのだ。

このように美の読み方はいろいろある。いろいろであるからドラマがあり、希望がある。美は猛烈なる速さで動いている。その速さについていってとらえるしかない。同じスピードに保たなければ美の陰を見ているにすぎない。このスピードがおそろしい。美とは高速度回転する宇宙の一現象。だから一般にはぼんやりしていては見えない。

書斎
書庫

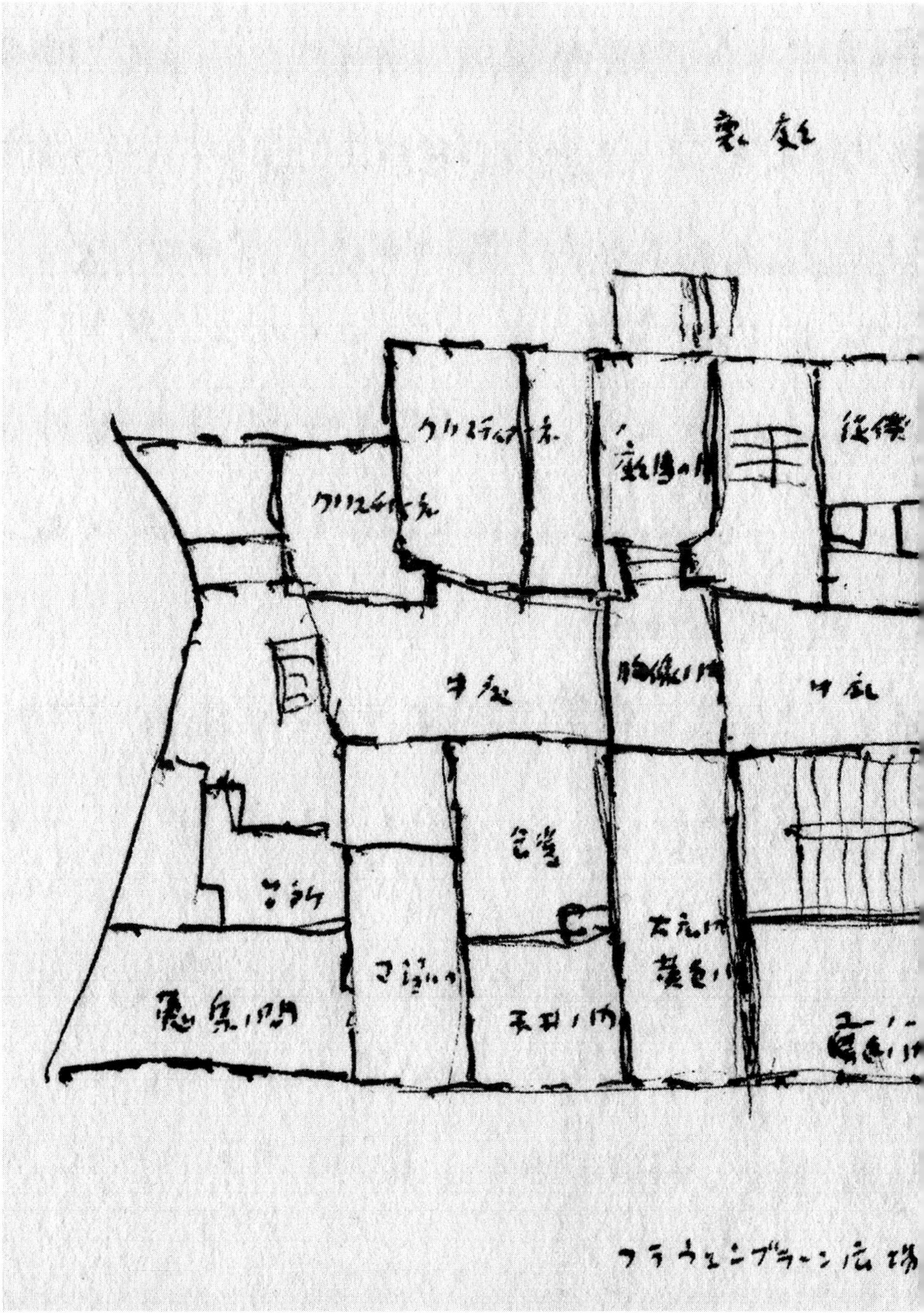
胸像の間
中庭
中庭
フラウエンプラーン広場

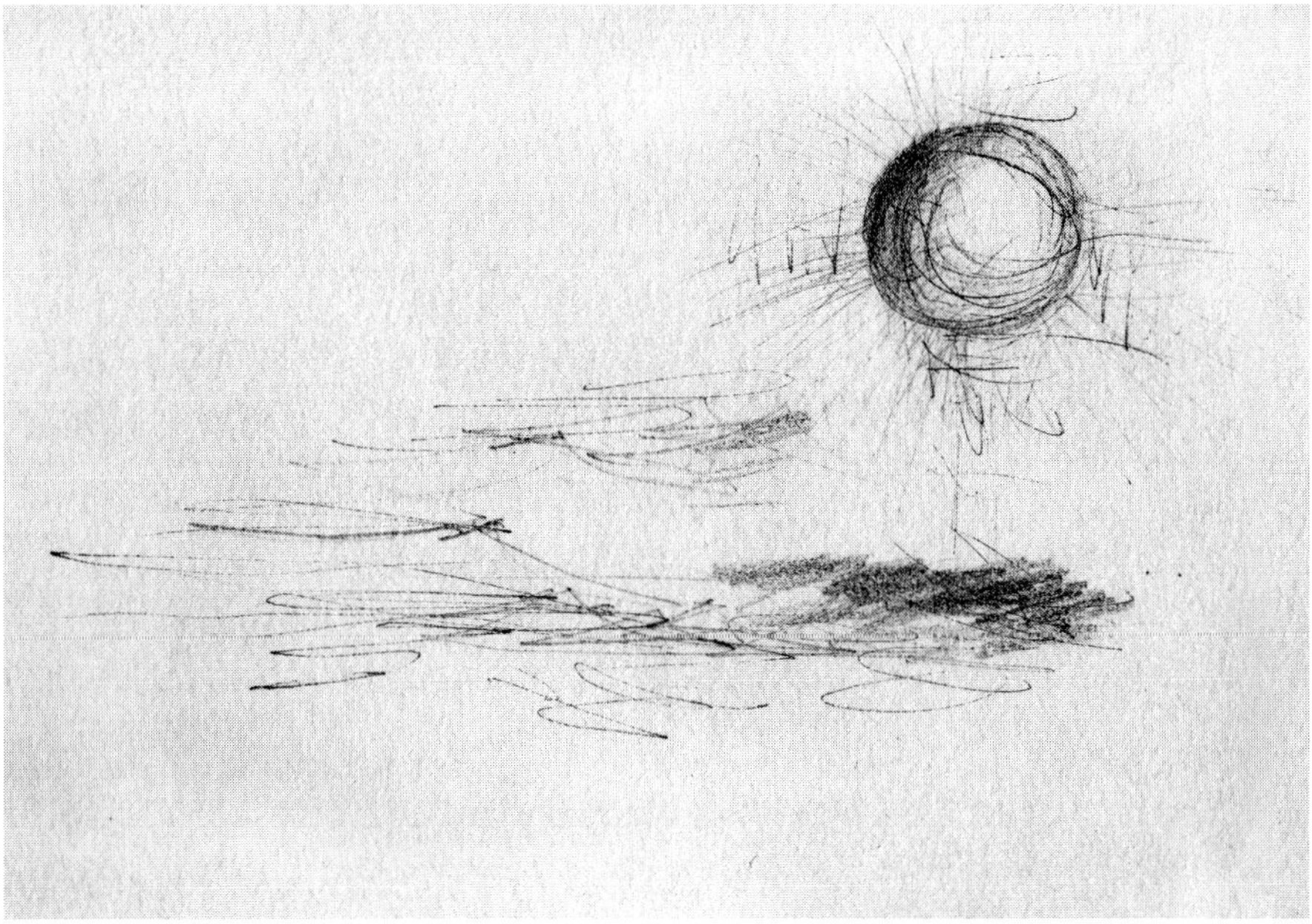

96.6.30-7.31

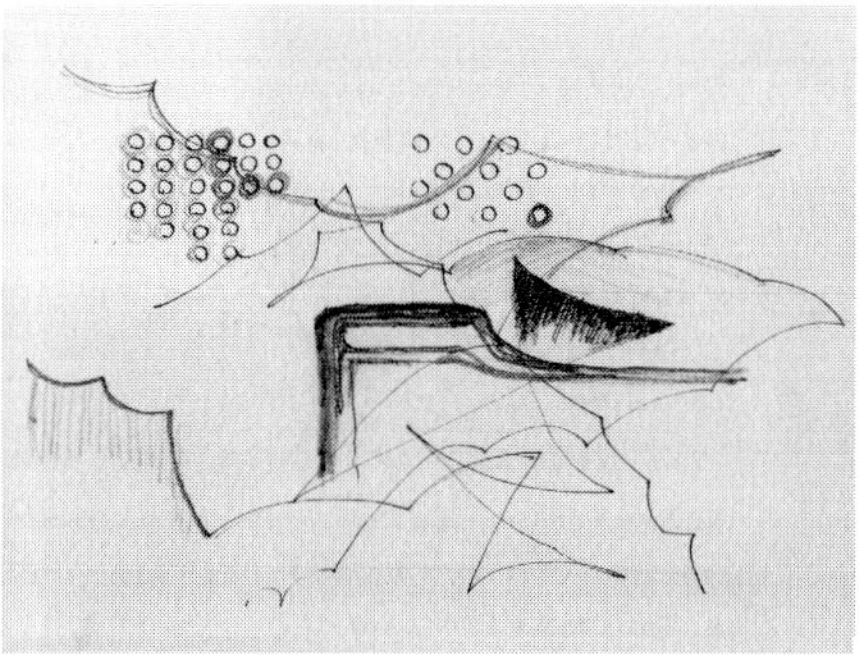

96・7・3

モホリ・ナジは示唆に富む世界が多い。現代に通用するというのは歴史が経過しても変わらぬ美を伝えるものがある。軽快で無重力でありながら確かな着地を示している。

カンディンスキー、リシツキーの次に現れたナジは芸術の多方面での活躍がある。絵画、彫刻、写真、グラフィックと異分野にまたがって創造活動を行っている。それでなおかつ教育者としての立場も保っている。

1920年代、スペシャリティが語られる時代にこの多才は異常ではあるが、バウハウス運動の真っ只中にあっては、ごくあたりまえともいえる。

ナジの創作の背景には実験的な要素を多くもっている。素材に対する実験、異分野の組み合わせ視点を変換させることによる発見などがある。建築は専門ではなかったが、強力な刺激を与えたことは確かだ。

バウハウス建築の構成主義は、ナジの理論がその根底にあることが理解できる。ナジの平面芸術の秩序は建築へと応用されている。それが今でも強く意識される。平面から立体への手順はゆるがない展開であり、グロピウス、ミース、コルビュジェはそれを敏感にとらえている。平面が強力であれば結果として立体も強められ高められる。ナジの光と形、色は固有のものであり、永遠な生命力を有する。それは当時の社会が、ナジの哲学と行動を支援する力学があって成立

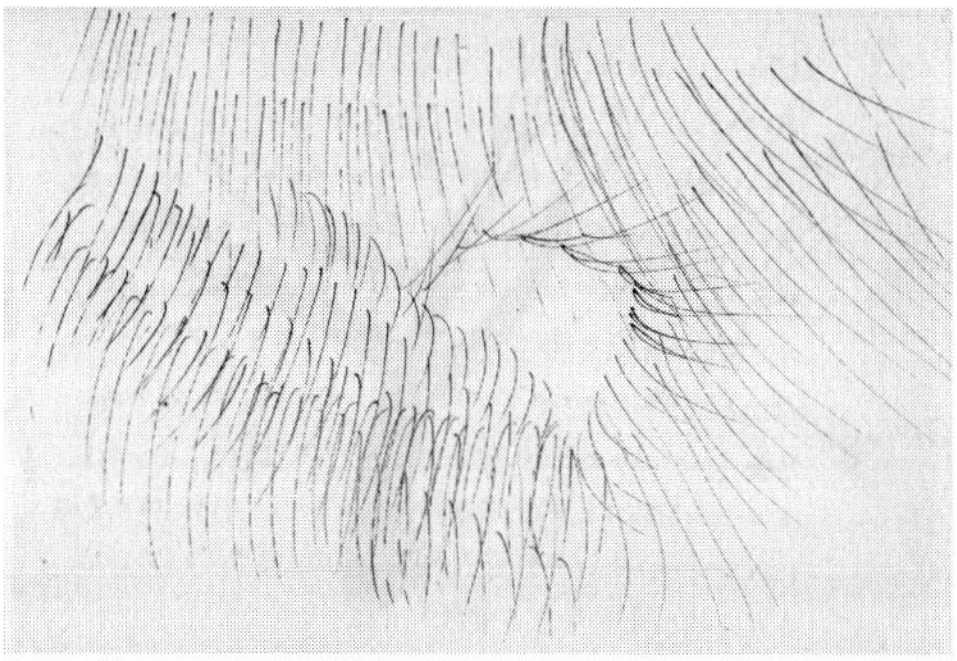

したことであり、同じことは二度とおきることはない。
当時は当時、今は今なのである。今は車社会となり世界を航空機が飛びかいコンピューターで管理されている。ナジの時代とは異なる。現代の道具を有効に使うことによって新しい美はうまれる。ナジの美学を今の美学におきかえる作業が必要なのである。

96・7・6

手を動かすこと、頭を動かすこと、この二つの局面は対立しているようで結構バランスを保っている。書きながら考えることも、歩きながら考えることも人体の働きとしては両立している。時はゆっくりと流れることによって身も心もさえてくるのだろう。

この第三番に登場する時間はとらえ方によっては身と心を支配することにもなりかねない。時間は歴史を解く鍵でもあり、これをとりちがえてしまうと大問題に発展してしまう。

ものごとにはタイミングというものが存在し、タイミングによって重要度の尺度もかわってしまうので恐ろしい。時は往々にして人間の支配の外にいることが多々あるのだ。だからといって理解を示さなければいい関係を保っていなければ、横道にそれてしまう。

手と頭

歴史をふりかえってみるとわずかな時のずれが幸せにもなり、また大問題に発展しているこ

とが認識される。適正なる時期は手と頭を有効に働かせる。この適正なることが何によって保たれるかとなると、その時、その時での感度のいい判断にゆだねることしか方法はない。日々おこたることなく活動するしかない。そこに目に見えぬところでつくられてくるのだ。感度とはその結果のようなものであり、人間の基本要素、資質というものなのであろう。ゆるぎないものがあって確かな手ごたえをつかむことになる。だからむずかしい。全くむずかしい。ただ一人でいくら考えぬいても答えは見つからない。

他との反応の中で現れてくるこのゆるぎないもの、それは時代により場所により異なってくる。いつの時代にあっても、それにありうべからざるものとしてゆるぎないものが存在するのだ。

建築にあっても音楽も絵画も、その時代が求めるものが必ずある。答えは無限の中にあり、それを発見できるかどうかにある。発見こそ実力であり、能力なのだ。ここにいて発見できるものもあり、ここにいることでかえって見えないものもある。視点の移動、変換が重要となる。ただふらふらと行うのではなく、ある強力なる共鳴作用がやってくる。

共鳴というコンセプトはこの国際時代の重要なるテーマであり、これは無駄を伴うことがあるが、それをこえなければ意志の交感に至ることがない。いろいろな国がありいろいろな民族があり、風土習慣などそれらを横つなぎできるのは、共鳴するという自由で没我のところにあって語られる。

人類の長い歴史にあって、このことはくりかえしくりかえしめざしてきたこと。時代が移ることにより新たな唯一無二なる方法を必要とする。だから歴史は二度と同じ方策のない論理を求めるのだからたいへんであり、また興味がつきぬところにある。

未来の姿を過去に求めることは全くありえないこと。そう思い、手さぐりでの模索が必要。手さぐりはいいことばであり理想をめざす根本なのであろう。

再び手と頭の話にもどることにする。手はどんどん先を順序だててとらえる方法にふさわしい。頭は無限にとびかうイメージの発露。何がとび込んでくるかわかるものではない。その点、手は秩序正しく安心できる。手は正直である。頭は何をやりだすか無責任この上ない。

この二つの性格を誰が与えたのか、なかなか意味深い。だからこの両者のバランスがなければどうにもならない。

今日の己が行動をふりかえってみるとこのことがより実証できる。拘束のないこの空間にあって、何が手と頭を支配するのだろうか。習慣なのか、気分なのか、義務感なのか、どうも、いずれも正当性はおぼつかないようだ。

語らない遺伝子の応答、それとも、その瞬間にわきあがる必然性なのであろう。なるようにしかならないといえば無責任な話だが、このなるようにというところにこめた、こめさせたと云

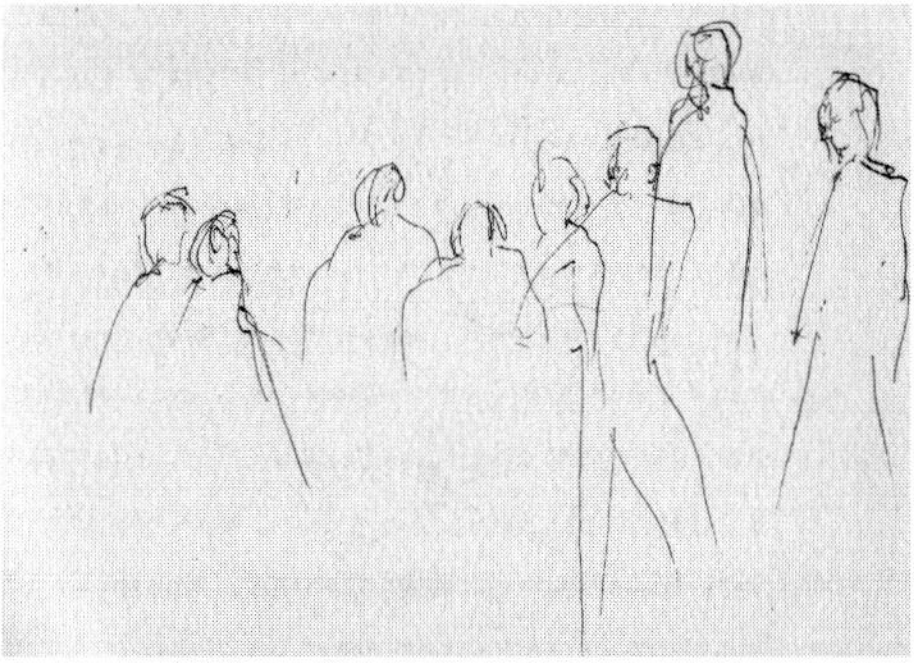

うべきだ、そこに無情なる意味を思う。今日もなるようになった、明日も同じだ、そう思うことによって、無心の無重力のかなたから重く強力なるインスピレーションがやってくる。そんなものなのだ。無心とは「無」なのだ。

この無、無、……、これだけの中に無限の許可を包んでいる。無とは無尽蔵に通じる。なにもなくした時に無限が広がってくる。なにもないところからの行動と思考。

手と頭を思っているとそこにたどりついた。どんなところをめぐっても到達点はここなのだ。それを忘れて、もうかなりいけているのではと早合点してうろうろする。それが無駄となってしまう。人生とはこの無駄のくりかえし。

96・7・7

大きな木の下を歩いていると気分が安まる。体の中の血管が穏やかに作動するのが伝わってくる。アパートのあるクアフュルステンダム通りは大きな通りであり、建物の屋上—六階建てであるが—につかえるほどの高さであり、枝のないぐあいはその広い道路を両手を伸ばしたかっこうとなる。この木の下を通ることにより生活が豊かとなり、未来に対する思いを抱く。

樹木は人間にどれほど活力と安心を与えたことか。あまりにありふれていて普遍であることで感じない。その時その時その瞬間にそこに目をやれば反応がある。

今朝、ノーレンドルフプラッツで一人の男が、あまり人通りのないところでパフォーマンスを

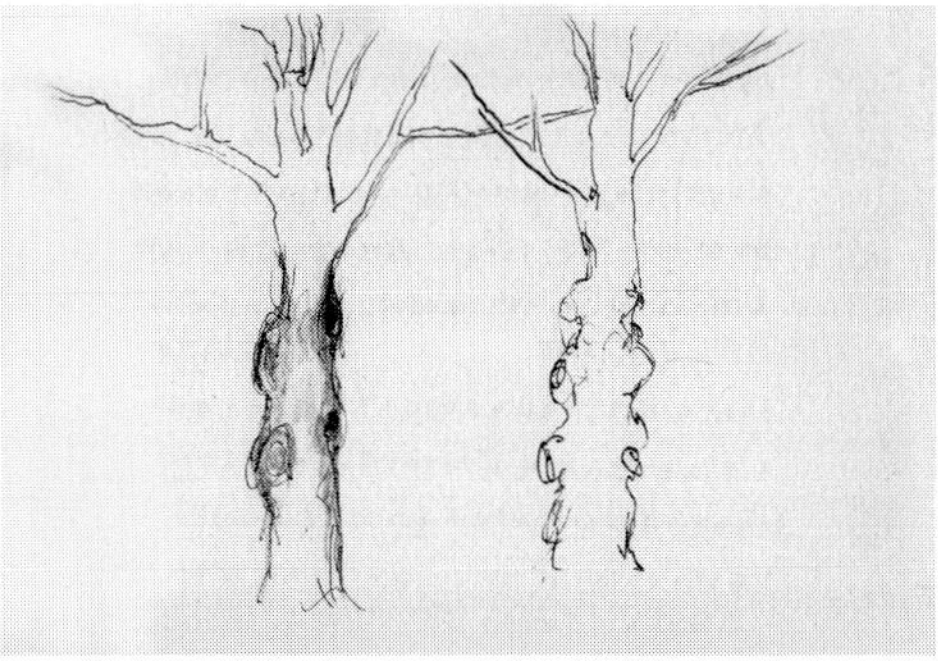

行っていた。パントマイムといった方がいい。両手をのばし一方は上に一方は下に、いいかっこうだ。動かずにじっとしている。普通は動く人間がここでは動かない。全く、全く。
そこに、動く人間と動かぬ人間の差異があらわれてくる。人間の存在感が動かないことによって高められるのはどうしたことか。時間が停止したようでもあり歴史が逆流したとでもあるのかと思ったりする。

時間の停止、逆流は人間に感動を催すことがよくある。非日常、意外性、この人がこんなことをやるのかという現象が心を動かしてやまない。芸術とはこのようなところから生成をきたす。日々の中にかくされている。

そしてときどきに顔をあらわす。きょろきょろしないでじっとしているときに美が向こうからやってくる。美はつかまえに全速力で走る必要もあるが、限りなく待つことも必要なのだ。

パフォーマンスの男には一つの美学があった。忍耐もはずかしさもぬぐい去った後におとずれる美。動かないでいるということは重大なるコンセプトでもある。全速力で走った後に微動だにしないところに美がある。その表情に美があらわれてくる。皆が上を見ることに気をとられているときに、下に、地下に目をやったときにある強いメッセージが伝わってくる。それが美。

ベルリンにある地下構造、ほとんど地上はやられてしまったので地下は歴史の生命がだくだく

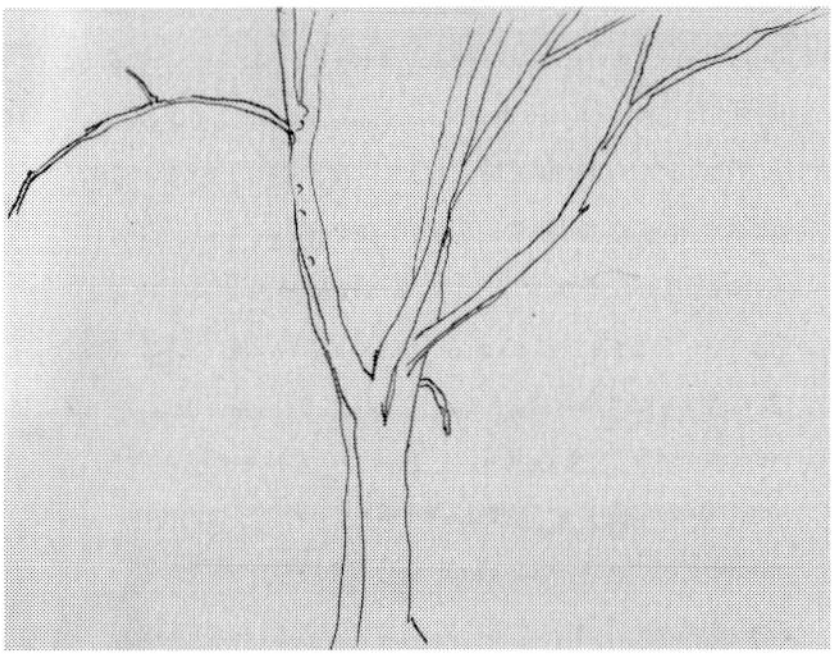

と流れている。地下の壁、天井、床にこびりついた時間の刻印は何を現代に語ろうとするのか。静かに耳を傾けると、喜びかなしみの錯綜する姿のなかから語りかける。

それは聴く人によって全く異相なるものを語る。聴く耳をもたなければきこえはしない。すべてそうなのだ。聴く状態にあらねばだめだ。なかなかそう簡単には語ってはくれない。

それでも無心で訪れる。そこからやっと訪れる。満天の星の中に浮かぶ充実する光の海。深い無心と感嘆、この混交の中につつまれた中に入ってしまう。母なる霊魂—そういった方がいいのか、ごく日常に潜む偉大なる記号音（信号）、この記号音（信号）が気がかりこの上ない。

異郷の地で独りいると記号の氾濫である。地元の人には気づかない記号、これを集めてみることも意味がありそうである。身の周辺すべてに記号—信号があふれかえっている。歴史の重層の中からやってくる信号。人間に見えない、人間に聞こえない信号であふれている。あるいはある動物、犬でも猫でも馬でも、あるいは見ぬいていることになる。

人間が犬に近づく行為というばかげたと云われる思いが発見を促すことになる。それほど人間の方が普通であり、それほど能力があるともいえぬ。犬にかえりて仏性ありやなしかがここにきて理解できる。

確かに私の家の隣の犬、ジャッケンシー君の方が人間達よりはるかにすぐれた才能を時にあらわしている。感覚にあっておよびもつかぬものが発揮される。人間が犬になる努力、この平凡

にして難解なる行為の中に万物の認識へのといかけを伺うことになる。それも長時間にわたって存在するのではなく、一瞬の中に。

この一瞬が人間技ではない。だから皆がよってたかってというわけにはいかない。だれかが、それをキャッチして皆に伝えるしかない。伝えても伝えきれるかどうかもあやしいところがある。

いつの時代にもあったのだ。歴史とは美のメッセンジャーがくりかえし誕生することに他ならない。どう伝えるか、伝える方法は未来における理想を内包をするものでなくばなるまい。伝える方法は美しくなければならない。他の共感をともなうものであることが必要。心を強くゆり動かすものでなければならない。それは心を虚しくすることによって伝達される。

美と生命とは同じ領域にある。生命あるものは美に反応し、また美によって生命は力を宿してくる。この両者は相互に因果律を踏みバランスを保っている。

生き生きとした身体、生き生きとした瞳《まなこ》、後姿、そこに美を語るものが存在する。ファウストが人間に語ったのはこの美についてであり、普遍性のある美なのだ。ギリシャ時代に生存していた神々の語りを再現したのだ。

ゲーテはファウストを通じて、古代からのことばを甦らせようとした。時間をつきぬけてくる永遠なる生命といえよう。ファウストを今にどう受けついでいくか、これが我々に課せられたこ

と。

ゲーテの魅力は平常でありながら生命の核心に知らぬまにつれていってしまうところにある。この知らぬというところに謎を秘めている。これは文学に限らず芸術にはすべてあてはまる。謎があって深さがあり永遠なるものがやってくる。作者がゲーテにあってもただ目的をもってではなく、仕事をやっているうちに自然体で美がやってきたのだ。

計画的であるものは底が知れている。人生に計画などあったとしても部分的であり、全体を支配しているのはその時その時の風であり空気であり遭遇する人間だ。時代精神の反映しかない。従っていつの時代にも美はあり、それを感じる力をもてるかどうかにある。あらゆる関係が物事をつき動かし理想へとやってくる。

96.11.2-11.23

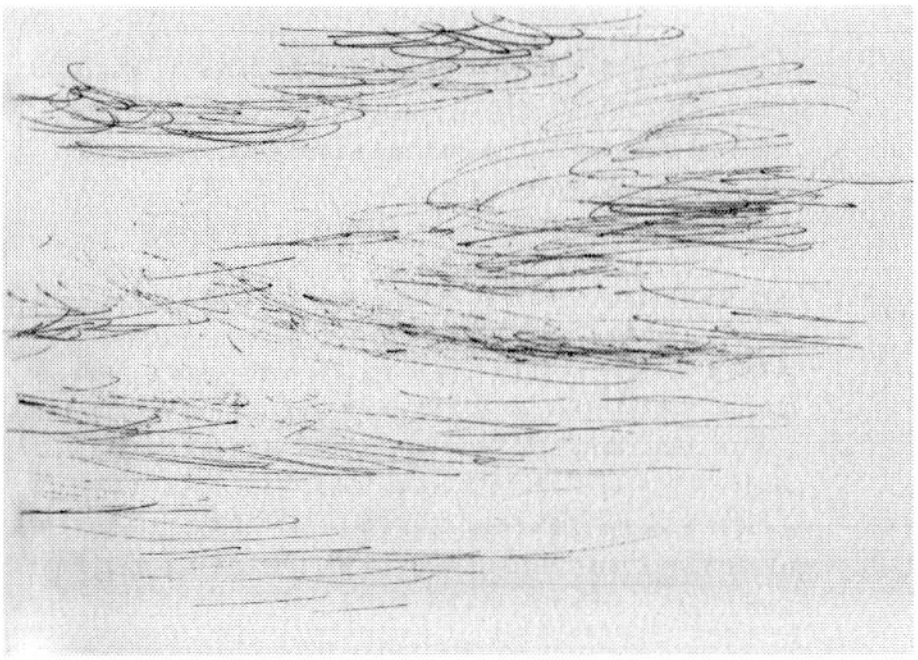

96・11・2

アフリカ　イズ　ビューティフルだ。このことを知るのに時間がかかった。アフリカ人の青年はあらゆることに好奇心を持ち、体当たりで迫ってくる。人間対人間の関係をくずすことはない。なかなか美しい。

態度と思考性にそれが現れている。時代の流れに逆らうことなく、今を謳歌する。全体で応答する叫びのよう。人類が世紀末の予感を打解する。選ばれた人、アフリカ人。

今日会ったジョー君はじめ、多くのアフリカ人はセネガル国の出身者だったが、一致団結のきずなは強くゆるぎない。言葉などどうでもいい。顔で態度で歌い、あるものはおどり、その場の空気を微動させる。今がここにある。そこにやってくるフランス人、スペイン人、もちろんドイツ人。ベルリンの新しい断片を知ることになった。現代人が忘れてしまったことを見事に彼らは語る。この洞察力はどこからくるのか。過去に虐げられた歴史が底に深くかかわっている。アフリカを考えながら日本を思う。

日本は敗戦のいたみを体験したが、アフリカは歴史が始まってこのかた、つづけてそのいたみを背負いつづけている。そのことが表情にでないのはなぜだろうか。今があることを知っているのだ。彼らは未来よりも今なのだ。前向きの今なのだ。今日よりも明日なのだ。遠き未来はあまり問題ではないのかもしれない。しかし考え方によっては明日を思う方が未来よりも確かな

理想なのだ。そう思いながら握手をし肩を組む。
床に敷きつめられたセネガルから運ばれた砂漠の砂がある。毎日ふるいにかけられ新しい砂がつぎたされる。土地がそのままアフリカからやってくる。床は人間のアイデンティティそのもの。日本はタタミ。それが使われなくなったとき、日本を忘れてしまう国民となってしまう。そんな思いをした一日。
ジミー君達は今夜十二時からの演奏のため出かけてしまった。朝明けまで演奏するそうだ。このたくましさ、この時のリズム、このライフスタイル、彼らは異国の地ベルリンの住民ではない、地球上どこにでも立脚できる民族なのだ。

96・11・6

ロダンの言葉には多くの真理が込められている。言葉に時代をこえて震動する波動が伝わってくる。流行とは関係のない永久なるものがそなわっている。それは自然の静かな観察がベースにしっかりと根をおろしているから。日常の中、自己の身辺にある美に思いを至らせるから。
道辺の草に花に人物に、それは男も女も、若いことも老いたることも、関係なく美を見つめつづける。それはいかなる著名なる学者の書よりも偉大ということ。それを見る力が備わっているかが、美への入場か否かの分かれ目となる。

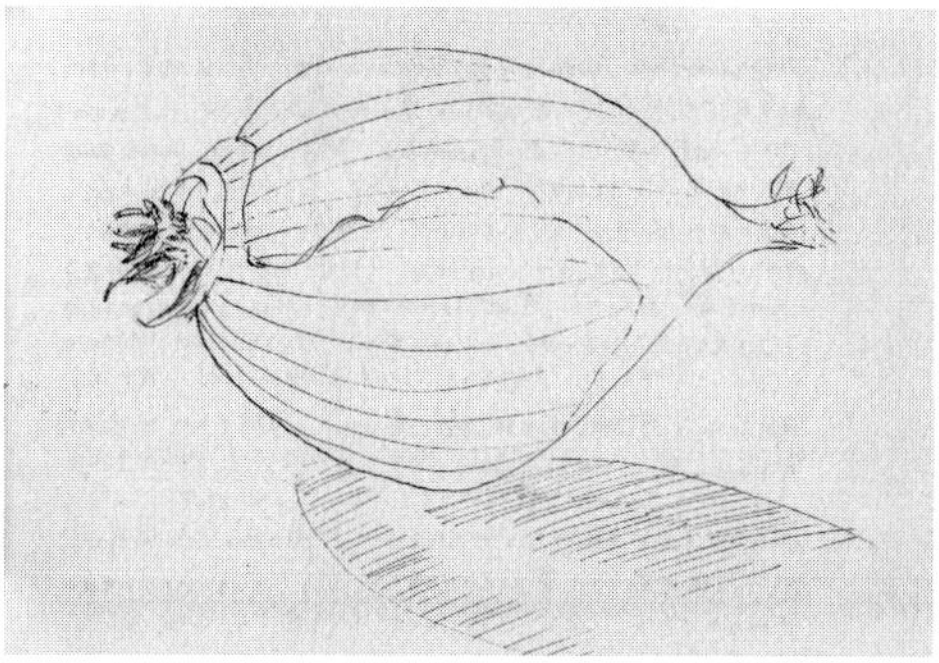

自然、この無為転変する動きはおどろきである。それは人間の定理でおきかえができる。それがジオメトリーであり、人間の、一芸術家のフィルターを通すことによって、大衆に語りかける技を術を獲得することに至る。道行くときに向こうからやってくる人の動き、周辺をそよとぬけていく風、それらはみな芸術そのもの。

今までなかなかそのことに気づかずに過ぎてしまった。頭で考えることが芸術と。思い違いもはなはだしいではないか。いたるところに、一瞬、一瞬に美は点滅をくりかえしている。それをキャッチできる画像をもっていなければならない。

雨がふり床がぬれ落葉は風に身をまかせる。人間はいろいろ思考し行動しそこを通り抜けていく。その時、その人の美は失われてしまっている。自然の中の要素どうしはそれをよく知っていて美の中に身を投げだしている。それは輪廻転生そのままがそこにある。なんとすばらしいことか。ここでは人間と要素の上下関係はなくなってしまう。生命とはそんなもの。すべてに平等にそなえられたもの。ただ生命のもやし方が異なってくるから思わぬところに進んでしまう。

カフェから眺める外の風景は映画を見るよりもドラマがある。二人連れの歩行、カバンを背にかけいそぐもの、ゆっくりいくもの、一シーン一シーンに再現性のないドラマが語られている。発見、また発見だ。

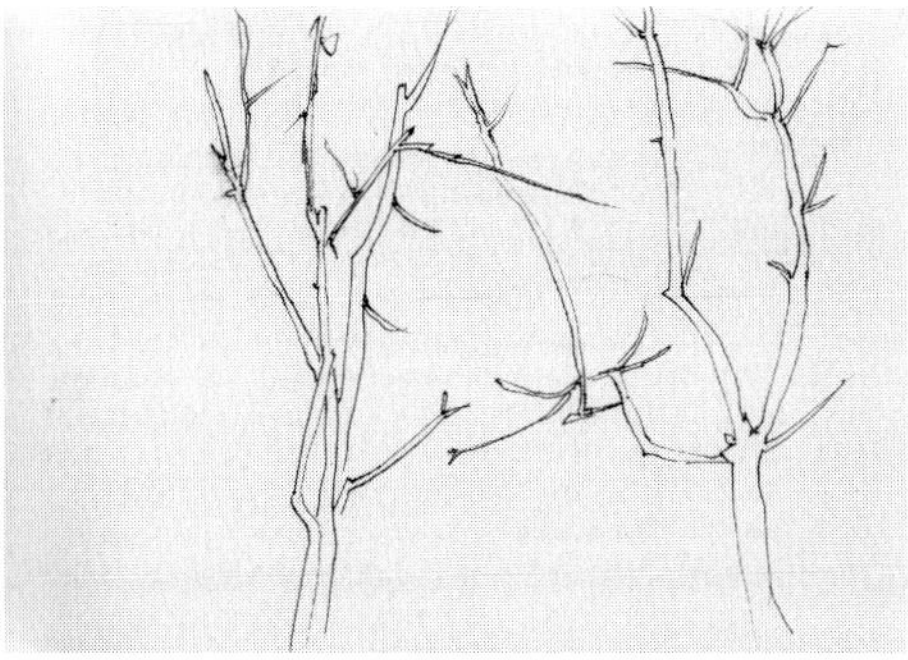

歩行が力学的運動の美だ。無理のない自然の姿がある。どんどん変わるドラマはつい見とれて自己を忘れてしまう。このように時をすごすと、いつ一時間が経過したとか、半時間がどうだったかを反省することはなにもない。

生命のもえていく姿。そこに人間の悲しみと偉大さが横たわっている。ここはドイツ映画の実像。今まで語ったことがもう過ぎてしまった。それでいいのだ。

やっとこの年になって建築のことがわかってきた。自分にできることしかできないという、ごくあたりまえのことがわかったということ。

それにしては長い道のりだった。自分でできるムーブメントがわかってきた。予想が正当になってきたというもの。人間の生と死の境界のなくなったところに、建築は何なのか、人生とはどういうものなのかが向こうからやってくる。足音もなく近づいている。あまり夢中になることもなく、それほど真剣さもいらない。あるがままにあれば、あるがままそこにあるということになる。

この静かなムーブメントはかけがえのないこと。どこか輝くオーラを発するもの。オーラは日々真撃に生きてはじめて気づいてくる。気づいた人もオーラそのものの中にいる。

人類の歴史はこのくりかえしに他ならない。その為、努力を重ねているのだ。これほど純粋になれることがあるだろうか、これはただ孤独にいるから純粋になれるものではない。高い目標

をかかげているからそのことが理解できる。

その目標とは建築のきたるべき姿であり、芸術がいかに人生において大切であるかをこの世に示すことにほかならない。人は建築に芸術を身に包むことによって、時と空間をその境界をなくしてしまう。境界はもともとない。それをつくってしまったのは人間のエゴイズム、自己領域を定める心の狭い了見。

あるところに芸術はある。その改造と組み合わせ、選定によってはっきりとしてくる。近代にあって、人類は芸術のその本質を見るに至っていない。なぜか。外界にまどわされてただうろうろしてしまったから。足場をなくしてしまっている。これではしっかりとものの姿―本性をつかむことはできない。自己にうつるものだけが必要。それ以外は害となるだけで、利に働くことはありえない。

芸術には建築にも同じであるが、全体があり部分がある。どちらも重要だ。一方だけでは片手落ちというもの。全体は骨格でありファーストインスピレーションなのだ。外から眺めた美の感動。マッスでつかみとる力がそこには求められる。部分は物理的構成であり、近くからみたときのリズムのごときもの。リズムは動きであり、生きものの生命。動かない建築を動きをもたせることが一部分の役目。

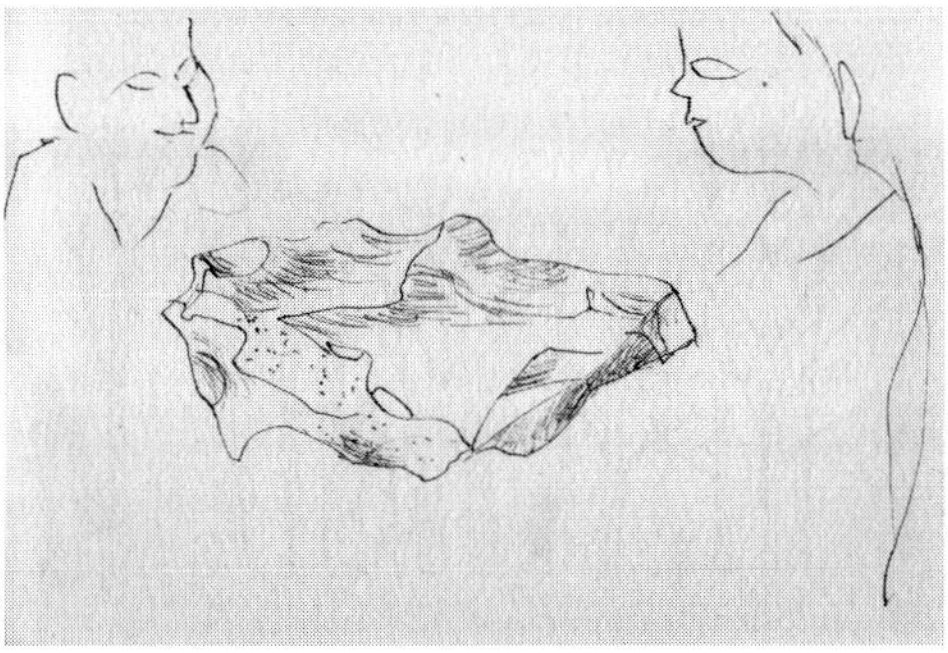

部分の中でもまた、全体と部分からなりたっている。この関係は視点のとり方で無限のこたえが用意される。芸術とは生命体そのものであり、いつ見ても変わるものだということ。光の具合で場所によってどんどん移動する。人間の感度よりも何億倍も高速だ。光と影のドラマが芸術の生命体なのだ。どんどん移動しどんどん姿を変える。

人間が年を重ねていくのと同じ。そこに芸術がある。人間も芸術体。芸術の中に人間は内包されてしまうのである。

ただ静かなる時間、これは単なる瞬間だ。静かな時に何億分の一を感じるときがやってくる。いろいろなことを経験した結果やってくる時。天国でもあり地獄でもある。それをかいまみるところに美はやってくる。難解なる解読も必要ではない。語れないこと伝えることのできないこと。言葉としたときにもう別の方向、美とは別世界にいってしまっている。美を感じたことは永久に封印されたことにある。自分でとり出してみることが唯一与えられたること。

96・11・7

マネからゴッホまで、というタイトルの展覧会を見に行った。個人のコレクションと聞いたがたいへんな量の作品群、しかもレベルが高い。マネを再考することになった。

マネの作品の奥からせまりくるのは生活感。人物の表情が見事ということしかない。日常の中にひきずりこまれる。なにげないがどこか違うのだ。絵の中に引きずり込まれてしまう。絵

のタッチ一つ一つが生命体となっている。これはかなわない。本当にいい絵というのはその作品がいつの時代であれ、それと同化することなのだとわかった。

建築も同じ。そこに近づくと内部に入りこむような同一化こそ大切。無の中に入れることが大切。時が無限の中でストップしてしまい、充実するとき。

まだ、これだけしかたっていないのと、もうこれだけ経ってしまったとはおおいに異なる。芸術とは時間の無限を封印することに他ならない。これはなかなかたいへんな世界である。つくり手の修練がそうたやすくはない。日々つづけて行わなければみのらない。

今日のアルテナショナルギャラリー。マネの作品の中にある知性をもった修練はずばぬけたものがある。それは一枚の絵の中にすべてかくされている。絵の中の色、筆づかいの一ふり一ふりに下された中にそれがでている。実物をみると現実より現実であり、見る人を別次元へと誘い、異次元の誘いは簡単なようでなかなか。

今日はロダンの作品が多く展示されていた。肉づけのみごとさ、生き生きした表情、これはブロンズがもう皮膚感覚なのだ。生きている、生きている、これはいかんともしがたい。同じブロンズでありながらここには至らない。

ロダンの彫刻の石、ブロンズの表面の肉づけが力強いのでなめらかなところと隆起したところのとの差ができ、そこで光と影を生む。その結果、生命がかよってくる。しかし、そんなに簡単

に語れるものではないだろう。素材内部から律動するものがあって動く影があらわれる。
ここには単なるテクニックの域ではなく空気がただよっている。実体をつくるのではなく周辺の気配こそ意味深い。見る人は形を見るのではなく──形であればすぐ忘れてしまう──本質なのだ。石とかブロンズが動きまわるところに至る。

アルテナショナルギャラリーはたいへん見やすいフロアー構成だ。入口廻りは工事を行っていて玄関の感じはつかめないが、今回の展示は二階部分の全フロアーを使っていた。中央に大きな広間、周辺が小部屋に分かれていて回遊できるようになっている。

順序だてて見ながら、途中からはどこにでももどることができる。芸術を見るリズムがある。歩行のリズムと頭の眼の反応の微妙なる反応をみたす。セザンヌの力強さはマネとはまた別のもの。特別なタッチで迫ってくる。

以前はあまり感じなかったことがだんだん明らかになる。芸術とはこのようなことなのか。一つ一つのベールがはがされてきて前の世界を見せてくれる。セザンヌの生活とその苦悩など、そうたやすくはわかるものではない。具象でありながら実物よりもはるかに生き生きとしてくる。

マネもゴーギャンもルノアールもゴッホも同じ。今回、ゴッホの作品は少なかったがいずれも風景画の圧巻。厚みをもちながら波打ちながらどんどん押してくる。

このような経験を建築でできるのだろうか。この奥行きの深さはどうしてできるのだろうか。それにくらべて建築、重量でもっているはずが、なんと軽薄なることか。表面の形ばかりにとらわれてしまって、写真に映ることだけ考えてしまい、実体が伴わないぬけがらの建築ばかりがふえてしまった。困ったものだ。

　これでは近代建築など、歴史の中であまり記憶にとどめることなどありえないのである。人間の日常にいちばん近いはずの建築がなんということなのか。セザンヌと現代建築など語ることすらない。もう芸術としての建築など忘れてしまい、日々快楽の生活にただいそしむ。これでは建築の歴史は空白期そのままだ。

　今日、もう一つの展覧会場にも足を運んだ。先週オープンしたばかりの、ハンブルガー駅を改修したハンブルガー・バーンホフ現代美術館。駅舎を美術館にしただけあってスケールの大きさで圧倒的。ヨーゼフ・ボイス、※アンディ・ウォーホル、※キーファー、※サイ・トゥオンブリー、※ナムジュン・パイク、その他大勢で大きな会場を作家ごとに分かれてゆったりと使っている。日本では考えることができない。知っている現代音楽の※ロルフ・ユリウス氏の作品もあった。ここでは未来を考える要素がいたるところにある。いろいろヒントになる。時代を静かに思うにはもってこいだ。

　今まであまり見ることのなかった人の作品も多く、いろいろと教えられる。モダンアートは今

※アンディ・ウォーホル（1928年―1987年）
アメリカの画家・版画家・芸術家でポップアートの旗手。ロックバンドのプロデュースや映画制作なども手掛けたマルチ・アーティスト。派手な色彩で同じ図版を大量に生産できるシルクスクリーンの技法を用い、スターのイメージや商品、ドル記号など、アメリカ社会に流布する軽薄なシンボルを作品化した。そこにはアメリカの資本主義や大衆文化のもつ大量消費、非人間性、陳腐さ、空虚さが表現されていると見ることもできる。

※アンゼルム・キーファー（1945年―）
二十世紀～二十一世紀のドイツの画家。ドイツの歴史、ナチス、大戦、リヒャルト・ワーグナー、ギリシャ神話、聖書、カバラなどを題材にした作品を、下地に砂、藁、鉛などを混ぜた巨大な画面に描き出す素材の物質性を強調した。コンテンポラリー・アートにおける表現主義的傾向の代表的作家。

※サイ・トゥオンブリー（1928年―2011年）
アメリカ合衆国バージニア州出身の画家、彫刻家。

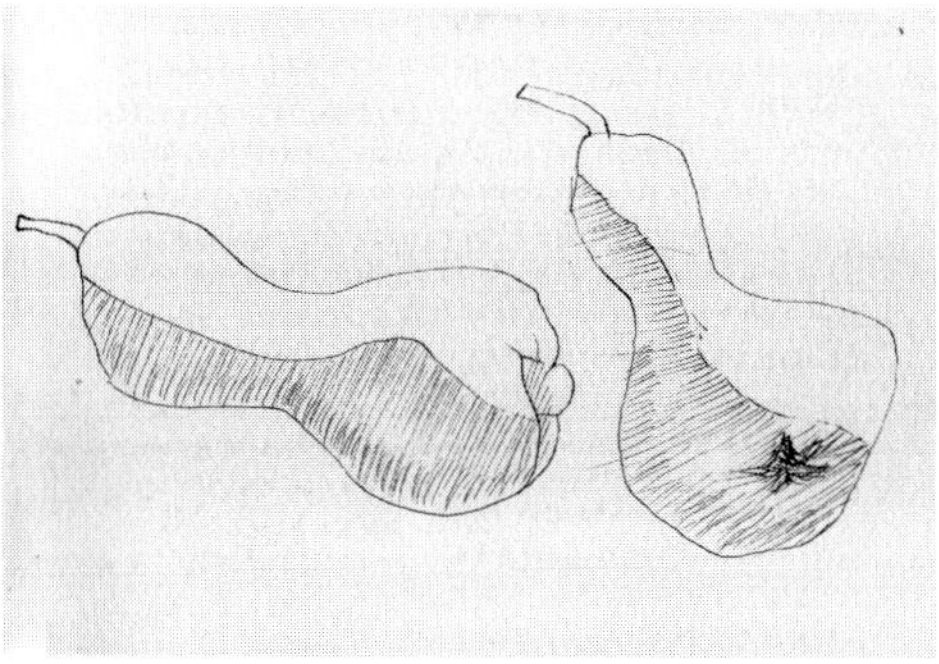

※ナム・ジュン・パイク（1932年―2006年）
韓国系アメリカ人の現代美術家。ビデオ・アートの開拓者であるとともに、その代表的な存在。音楽や美学のほか、禅や道教などの幅広い思想・哲学に通暁していた。

※ロルフ・ユリウス（1939年―）
音楽とビジュアルアートの領域で、テープなどを使った、さまざまなサウンド・インスタレーションを制作する。

を敏感にとらえて語りかけるところにその意味がある。同時代精神のようなものが伝わってくる。身体感覚なのだろう、異和感はない。気づかない分野への明解な示唆が行われる。世界の代表作家だけあってコンセプトが明らかでありゆるぎない。このゆるぎないことが今は求められている。うろうろすることもきょろきょろすることも、ここではいらないのだということがメッセージとなって語りかけてくる。まさに同時者の一人として強く思った。作品が語り、作家が態度で示す。

ボイスのアイルランドでのスケッチが展示されていた。今まで公開されていない珍しい作品とのこと。ボイスの作品が現代に語るのは時間と空間。至るところにほどこしたメモ、色づけ、記号、すべてが語りかけている。

同時進行によるアートなのだ。きめられた時間も限定された場所もなくボイスが呼吸することが芸術となった。このスケッチのタッチを見るとそれがわかってくる。時代を見ぬいていたボイス、大衆を動かしたボイス、時代のすき間、失われたものを充たすことのみを考えた純粋精神の発掘が読めてくる。

多く残された黒板の文字、板切れに紙切れにフェルトに、手あたり次第に記号が印され作品となった。既成概念が完全にくつがえされ、人々は満足の境地へと没入したと思われる。作品をみると発表しているときのボイスの姿が思い浮かんでくる。世界の中で一人ぬきんでたアートを、行動力によって人々を動かしてしまった。

ボイスの第二世代はかえってやりにくい。ボイス流になってしまうから。このことはジョン・ケージ※にもあてはまる。片やメッセージで片や音楽によって、分野は異なるが絶対の力を示した二人であることは間違いない。

※ジョン・ミルトン・ケージ・ジュニア（1912年―1992年）
音楽家、作曲家、詩人、思想家、キノコ研究家。実験音楽家として、前衛芸術全体に影響を与えている。独特の音楽論や表現によって、音楽の定義をひろげた。「沈黙」をも含めたさまざまな素材を作品や演奏に用いており、代表作に「4分33秒」がある。

96・11・8

ロダンの言葉に強く打たれた数日だった。ロダンはギリシャを語り、ゴシックを自己の最も同感するところとして語る。ゴシックの一部としてレンブラントを語っている。あの黒々とした背景の中に射す一条の光、省略を重ねる筆組だからよけいに絵が立体的で生き生きしている。

レンブラントを再確認するためにダーレムに行った。レンブラントの部屋は誰一人見にきていなかった。一人でレンブラントと語っているような気分。

ごつごつのタッチであったりきめ細かいばかりのもある。力強い、いい作品にそなわう力強さ、これなのだ。絵とは筆で描くのではない力、空気、そのあたりにただよう生命を絵の中にぶち込んだところに、見る側になんとも見えない波動がやってくる。その波でぐらぐらとやられてしまい、放心状態となってしまう。

たいへんなことに至る。額縁の中の絵でさえこんなにいろいろな光波がとびかうのも考えられないこと。エルミタージュのときもそうだったし、アムステルダムでもそうだった。

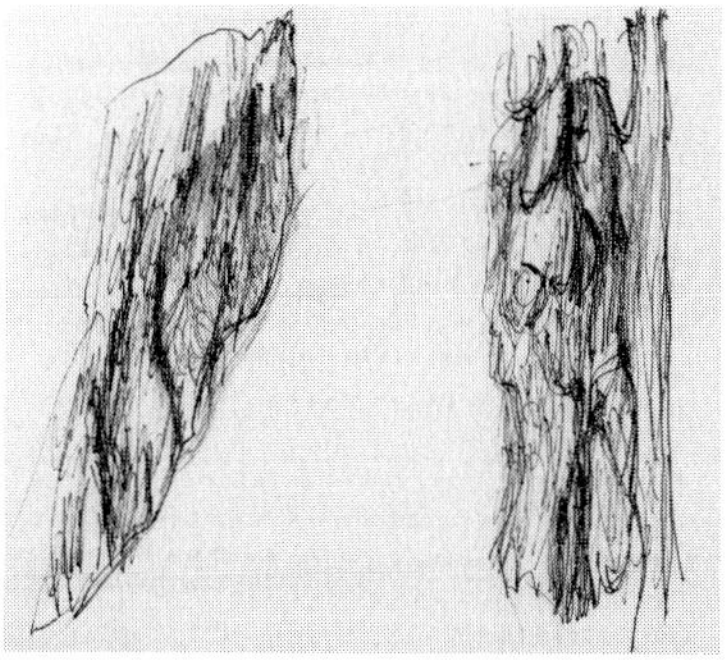
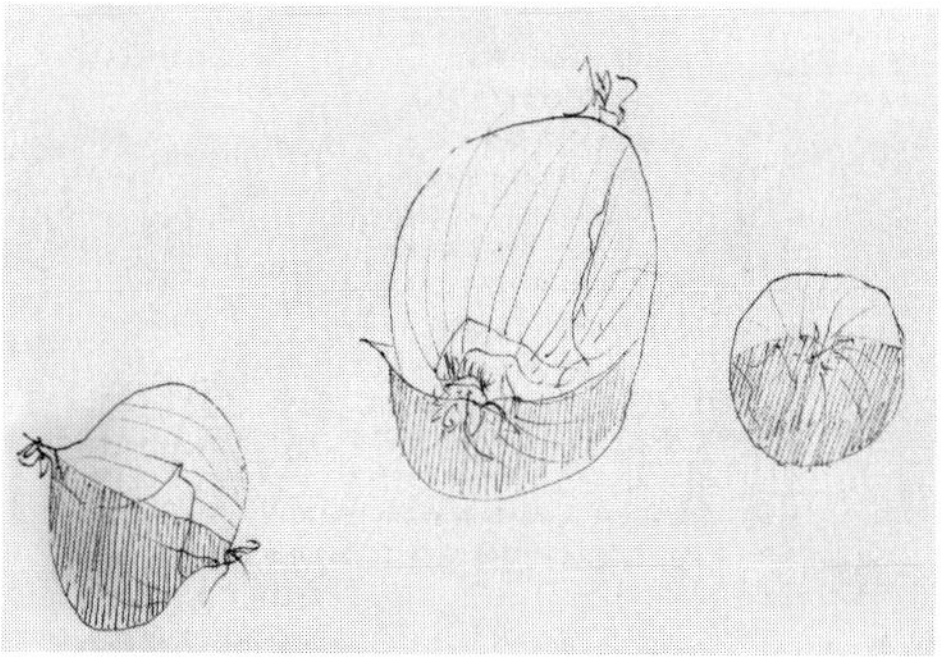

レンブラントは人の心をねばっこくとり入ってしまい離さない。たいへんな時代の産物。神からの使者としてレンブラントは生を受けた。その役目をはたしている。周辺にある他の作家とあまりに違う光、影。影といった方がふさわしいだろう。とにかく深い、深い、深い、底なしだ。

暗黒の中から射す光なので効果的なのだろう。明と暗の対比があってわかりやすい。光が語りかけてくる。人物の表情、点景、背景、すべてが生きている。人間技ではないものがそなわっている。だからおそろしい。筆の跡ははっきりととどめているが、少しはなれると神の影が宿る。この影の絵はレンブラントの特色。すべてのことを投げうって芸術の道へとただひたすら没入した、その姿がみえる。

がらんとした部屋でレンブラントの自画像をながめていると、今、呼吸しているかのように感じる。今の時代をどう思っているのか、当時よりは平和ではあるが、どこか重要なものを失っているのではないだろうか、と思っているのだろう。その目はそう語っている。芸術と時間、不思議なめぐりあわせを持ちながら、その時しかできないのが芸術というものであろう。

理性から神聖へ

そこで思うのだが、芸術とは思考と行動の平衡感覚ということになる。あるいは行動—仕事を行うことによって思考はついてくるともいえるのではないか。仕事を行わずして、ただごろ

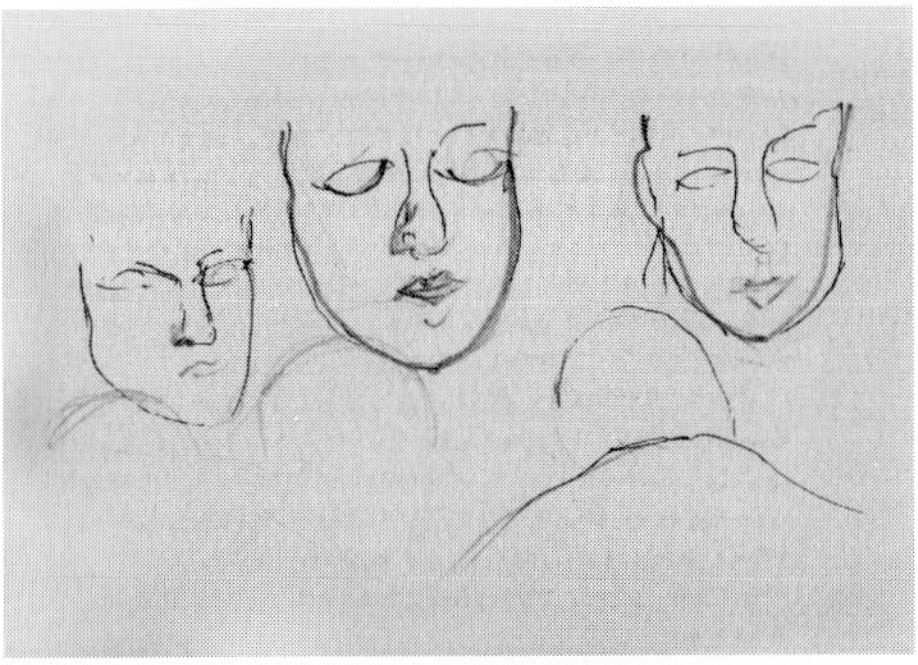

ごろしているようではたかが知れたもの。今まであまり仕事をしてこなかったのでこれから一日、あるいは一日を二日にしてでも仕事をしなければならない。

仕事は忍耐をもとめる。継続の精神がなければ仕事とはいえない。継続は体のリズムであり、感覚であり、力がもとめられよう。継続は自然とのめぐりあわせであり、自然の不思議におどろくことであり、自然の探求に他ならない。自己の内面なる律序は自然を感応することによってより深まるものであり、仕事の重要性を語らしめる。

日常のできごとすべてが仕事の中に組み込まれ充実しているとすれば、一日が二日に使われたことになる。ここでは決して情感というものではなく、理性の働きによるもの。情感はなかなかつづかない。一時のムーブメントではありうるが、やはり理性が基本になければ深まってはこない。レンブラント、ロダンにある性質の根本は、この理性が神聖へと高められたのだ。たえず仕事を行う行動力が人間という自然をこえていき、他から与えられてきたのだ。それが神聖というもの。

ただ仕事を必要によりこなしているだけではとてもやってくるものではなりえないし、一時の快楽のためにのみ仕事を行うだけではすぐ断絶がやってくる。その時の空白とはプラスの空白—バカンスではなく退化の空白、空白にも張力がそなわって意味をなす。

96・11・9

仕事とはただものごとをやりとげるだけでは内容が深まりにくい。人間と共にあらなければならない。この平易なる人間というのがそうたやすくない。感謝され、暖かい心情が伝わってこなければつづかない、深まらない。

どこの地にあってもこれが大切なこと。見ること、見られることの関係で人間は成立している。それに動かされ力がたくわえられいつかそれが爆発してあらわれてくる。そうでなければたかが知れたもの。人間のまわりにたちこめてくる空気のような水蒸気のようなものが支配して、大きなうねりをともなって動いていく。一人ではなにごともできない。同時代の共通認識のなかでそれがやってくる。

この認識には定説はない。むしろ今までこうであったということがあてはまらない方が多いのではないか。二度と同じように現れない雲の形、それも瞬間的にかわってしまう雲。水蒸気を含み強烈な力でながれ変形をくりかえす雲、この移りかわる空間にやってくる一条の光、光と影のバランス。人と人にあってと同じ関係。考えてみれば、美はそれだけで存在するのでなく、関係である。

関係というたやすい言葉が意味深長なのだ。関係をうまく考えなければ逆もどりしてしまう。関係はプラスαでもあればマイナスにも働いてくる。それがなかなかそうたやすく判断できない。

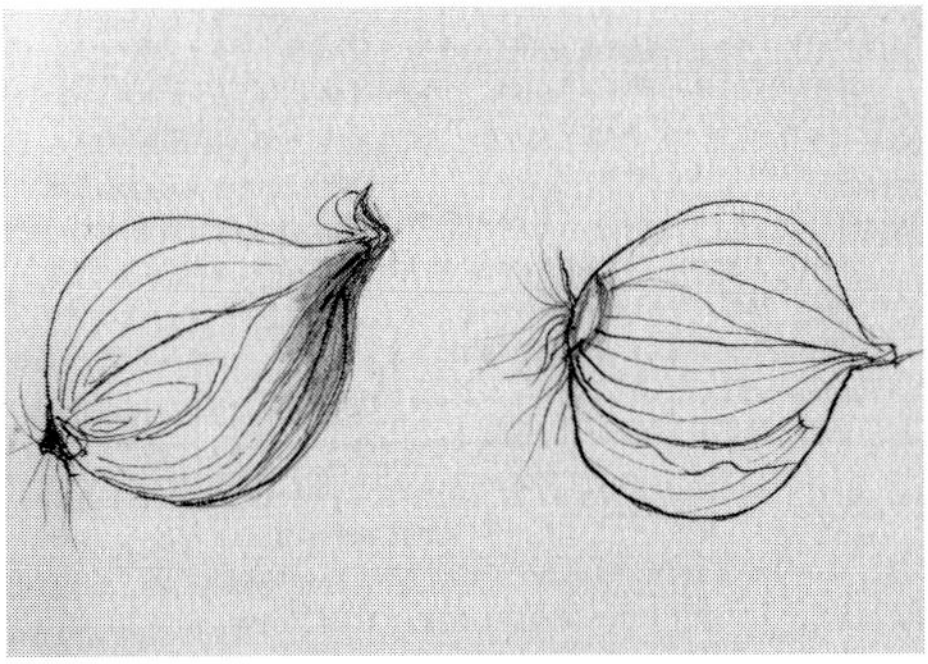

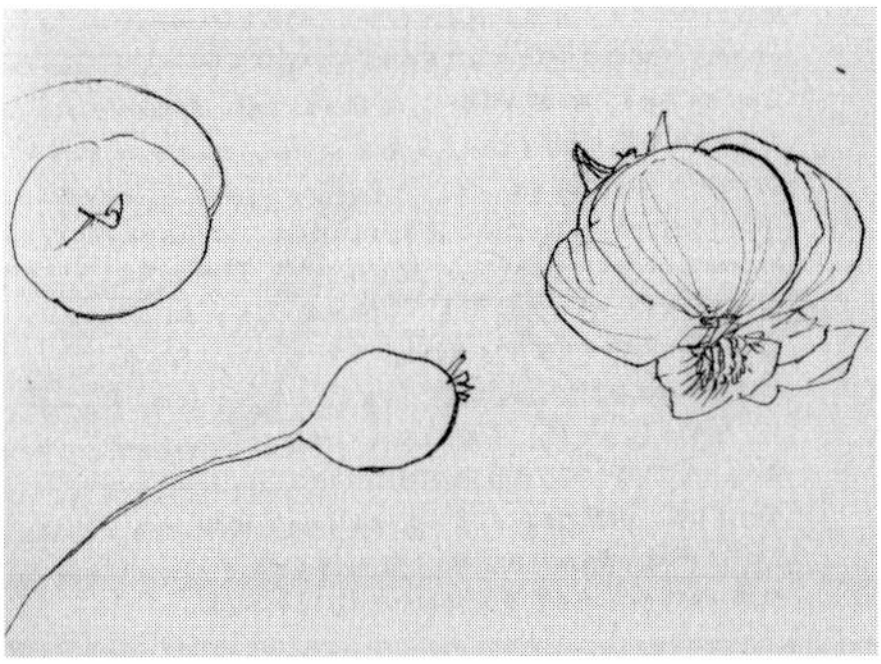

経験からくる感、苦労からやってくるとぎすまされたる感に他ならない。
気楽なところにはなかなかやってくるものではない。たえず手を下しそして考える、このくりかえし。仕事があって、考えがそのあとやってくる。これを逆転するとあまりうまく機能しない。コンセプトは始めではなく、途中ないし終わりになって定まるもの。コンセプトがあてにならないのは時間という概念がぬけおちるから。

時間と空間

時間により空間はどんどん変わる、ということは条件が変わる。コンセプトがあてにならなくなる。仕事という時間の結果、空間がみえてくる、わかってくる。予測はあっても決定的なものではなく、どんどん変わっていく。

生命体と同じ。死も時間。死はそれ限りではなく時間なのだ。深い意味をそなえた時間、生をこえる純化した時間の概念と考えていい。死と天使は重なりあったものであり、天使は死に代替して生のつづきを生き、行動しているにすぎない。


時間とはこういうもの。時間とは変化。空間の変容にあたり、離れがたき二つの条件、生のための条件。時間と空間はどちらかが先行し後行することはない。いつも同時平列にある。

雲の形をみているとそれが現れる。遠くからみていると序々に変わっているが、そのものにふ

れると時間と空間の現象が登場している。人間の目に見えないし、人間では気づかないところにある。時間と空間はたえずいい関係を保ちながら存在している。文学も美術も建築も、このいい関係を見ているときに名作が生まれる。

コマーシャリズムなど入り込む余裕はありえない。時間と空間とは芸術だけが住んでいることになる。だから普遍的なのだ。時間と空間が永久に停止したところでありながら、激しく動くところ。ここがなかなか忘れてしまう。社会、世間が忘れさせてしまう。せっかく醸成していたものが無化されてしまう。無化も再出発の意味をそなえているが、たくわえたエネルギーが失われてしまう。

時間と空間、目に見えないもの、たえず変化をとげ定まらない運動だから生き生きとして新しい姿となってくる。生まれかわる姿、生命がそこにあるから感動をよぶ。何事においても没頭している時、自分を忘れてしまうことがある。このとき時間は停止し、時間と空間は一体となってしまう。これが長時間つづけるところに美が生まれるのだ。

レンブラント、ボッティチェリ、ルーベンス、セザンヌ、マネ、ゴッホ、すべての作家が時空の境界をなくしてしまっている。

これは芸術に限ることではなく、労働にも遊びにも食事にも美はやってくる。その行為の中に没我の気力と体力が伴っているかにある。この没我は無の諦観。無に至らしめる心境がそな

わるかどうかにある。歩いているとき部屋の中にじっとしているとき、人混みの中にあってもそれはできないこと。人をみて花をみて雲をみて落葉をみて……、あらゆるものを注視しているときに美を発見する。

どんどん変化するところに必ず美がやってくる。変化とは生きていることを示しているから。変化しないものはなにもない。年老いていくのも変化であり、美なのだ。変化がないとしたら美しくはない、変化が早いものとおそいものがある。目で感じるのは、ある一定の時間の変化、花が咲いたり、霧がかかったり、紅葉したりすることを重視して美を語るが、そこに誤解がある。すべて同じなのだ。平等なのだ。差別はこの世界ではありえない。

とらえ方の違いだけの話。その時そのものを諦観する姿勢が重要。諦観は仕事を行うことによってわかってくる、だんだんとわかってくる。

こだわらないために何かにこだわることがある。すべては前者にあるための後者。こだわらない自由なる境地がどれだけ確立できるか。たいへんな目にあったり地獄を見た人がこだわらないところに入りやすいのは、外的な要因でそこに至る。外的なものは自分から求めてやってくるのでなく他動的なもの。これも生かすことは意義をなすが、もっと大切なことは自動的なこと。

これは自己確立に他ならない。自己研鑽に他ならない。自己研鑽は往々にして他人、特に友

人知人によって刺激されて行われることがある。この刺激、これがなければ文学も建築もうまれない。刺激により昇華された典型が芸術。

ギリシャ時代、ロマネスク、ゴシック、ルネサンス時代、刺激が強かった。ミケランジェロとレオナルド・ダ・ヴィンチであり、ゲーテとシラーであり、刺激の相互関連は十分みることができる。その時代に生きて、過去からの刺激もある現在、同時代と歴史の刺激。この刺激を仕事に生かすには他が深くかかわってくる。自ずと他の連関が浮かびあがる。

美は中心がしっかりしている。動いていて中心がしっかりしている。動きは変化、中心があって細部があって、細部は中心を有しその細部を回転させていく。宇宙の真理。地球が中心軸で回転することがそれをうまくあらわしている。静止する地球であったとしたら地球としては存在できない。別の思惑へとならざるをえない。宇宙の誕生は美そのものを実証している。人間の頭で考えられないところ、神秘にある。

この神秘は何億光年のスケールから予測すると、ほとんど時間と空間が同一となってくる。億光年の速度は広がりを限りなくゼロにしてしまう。高速運動はものの形さえもなくしてしまう。形のないところが始まるところにあたる。そこからあらゆること、宇宙、地球、人間の営みが始まりを示す。

その単位―一億光年の―からすれば、人間の喜び悲しみはなにもなかったところにおかれてしまうのだが、この喜、悲は時間をぬけてとどまっている。歴史とはこの重層の中にのみとらえることができる。現代は重層の次に位置づけられ、未来もまたくりかえす。くりかえすが同じことは一度もありえない。そこに発見があり、変化があり、美がある。

96・11・10

苦悩から美へ、歓喜へ。これはなかなかたやすくはない。苦悩をゆっくりとたえていくしかない。ダンテの神曲に語られた美は深い悲哀の中より派生したもの。動乱の時代にあっての知識人の生き様。ベートーベン、ドストエフスキーに共通する苦悩からの救いがある。自分が求めた苦悩というのではなく、斥けることのできないところからやってくる。正面性の体験なのだ。

真正面に問題を受け止める姿勢が深さを出している。美とは時代の一番深いところから語りかける救い。ダンテに何が経験であって神曲を語らしめたかはさして問題ではない。その時の問題に光をあてたからに他ならないから。

今、ダンテ時代の再来はありえないし、今にあっては、ダンテを通して何をどう読んでいくかにある。ダンテもそのように考えたに違いない。確かなる手ごたえしかメッセージとはならない。

推測は当てにならない。推測は自己をなぐさめることを示しても自己変革には至らない。変革こそ求められること。ダンテの文学はデザインではなく、デザインぬきのデザイン。だから説

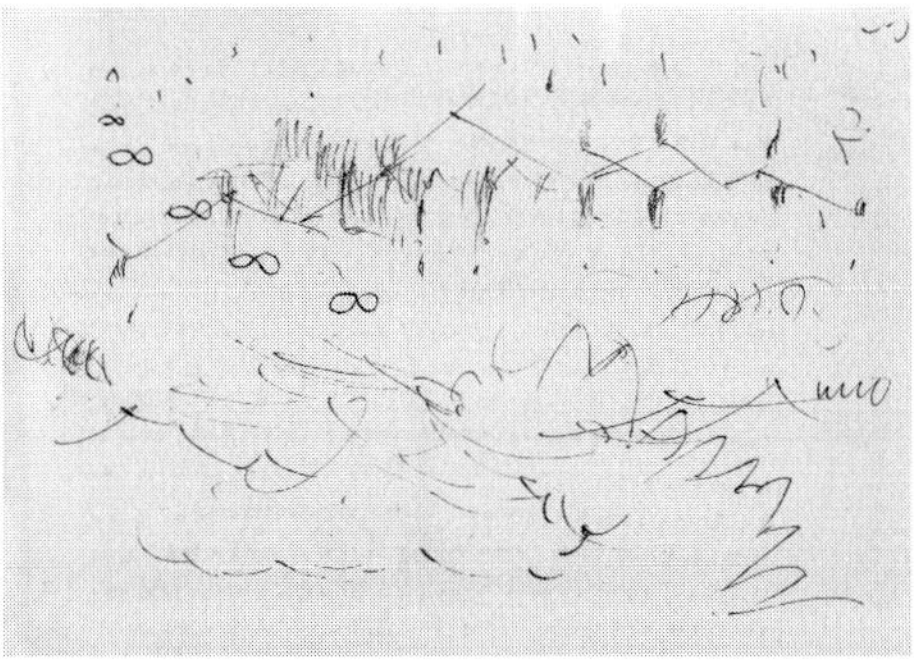

得力が深い。

内に潜む美

建築もグラフィックデザインにあっても同じ。なぜ日本はデザインをやりすぎるのか。なにもしないで自然に身をまかせる方が、はるかに感動をともなうというもの。それでもこてこてとひねくりまわす。

スタディと、デザインにこるのとは同義ではない。スタディは重要。スタディは強い力が感じられる。力の内に潜む美。詩人の言葉の内側に潜む美。何がダンテを詩へとかりたてたのだろうか。

ベアトリーチェ、戦乱の時代の証などと語られるがそうことばで云えない、ダンテ自身も気づかない何か。それがつき進められていく。一度動き出した車はたやすく止まるものではない。どんどん進んでしまう。そこに予定だの方向性などあるはずはない。

動きだしたら止まらない。ロダンのそれでありレンブラントのそれ。止まるところを知らないとはいいことばだ。回転の推進力がたくわえられて効いていく。エネルギーをかけずに動いていく。無力によって動かされる。ここには時は刻まれない。ただ運動がどんどん進化するのみ。

自己エネルギーの発生と消費がくりかえされるのみ。自転そのもの。自転で力をたくわえ消

費できて力がたくわえられていく。助走が推進力をもって連続する。ジェット機の推力と同じ。出発にかかるエネルギーで永続力を保つ。助走力がどうしてついているのか、それはなかなかわからない。ところで、いろいろな条件によって加わってくる。息せききっての助走ではいけない。いろいろなる種類により困難を解放することによって余力がたくわえられる。

何事にあっても道は同じ。たいへんなる道をしてやってくる。生死の境をさ迷えるところに美はやってくる。この生死を見ることの深き意味を解さなければならない。

ダンテの神曲の中の地獄編にあらわれる欲と罪は、人間の内に秘す原罪をとらえてはなさない。ルネッサンス時代に生きたダンテのときと今も同じ。形は変わっていても内容は同じなのだ。いずれの時代にも美は生まれる。形をかえてその時代をうたいあげる。

それは自分―人間の力をはるかにこえたところに力がそなわってやってくる。光が射すごとく風がそよ吹くかのようだ。普通のおだやかな平和なところでは美は姿を潜めている。いつかその出番を持つごとくに。

96・11・15

昨夜は人間に何ができるのかということを深く考えた。それぞれ同じように生を受けて地球にあり、その存在の役目はなんなのかということ。生命を持てる時間は各人それぞれ差がある。早く亡くなるもの長生きするもの人生半ばまで生きるもの、それぞれ。また戦争とか事故で予

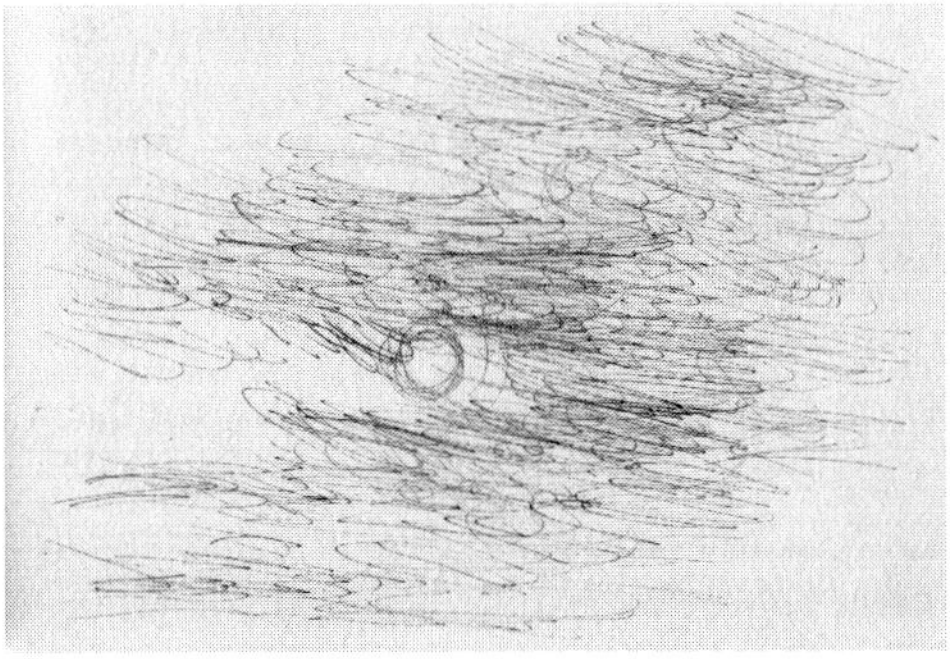

測されない死だってある。この人間がもっている生命の存在意義ということ。人間いかに生きるべきかということに至る。

このテーマは人類歴史はじまって問いかけてきたこと。しかるにその明解なる証しはなされていない。ゲーテにあってもシェークスピアにあってもなされてはいない。生命とは何かを追求するプロセスはあるが結論はない。

いかに生きるべきかという命題はこのプロセスしかないのかもしれない。自己の意思とのかいごう、意識への丁寧、それらが人生のプロセス。限られた時のプロセスとしてその本性をつかむことにあるのではないか。

この人生という時間と空間は、その時その場における生き様にあるのではないだろうか。一瞬におとづれる安堵感がその生の充実ではないだろうか。それは自己における安堵と同時に、他者にあっても受け入れるものでなければならない。自己とは何かがわからずに他を語ることはできない。自己とは意識された平穏に至る道にあることなり。

時間と空間の概念をおきかえると、思考すること行動することになる。わかりやすく云えば文章を書くことと労働すること。

また、文章を書くことと設計することと、議論を重ねることとスケッチをすることにある。このバランスが大切。ゲーテがいろいろなコレクション、彫刻、マジョリカ陶器、鉱物を採集し見ることによってあの文学が成立した。集めるという行動によって思考が深められる。

ロダンがスケッチをくりかえしくりかえし行うことと、ギリシャなどの古代彫刻の断片をかたくなに集めたこと、オークションなどでかなり強い意志で集めたりしたことはどこか通じるものがある。

無との交換

思考と労働は人間の生命のサイクルにあたるものだろう。そのサイクルの持続が多かろうと少なかろうと、それはさほど問題にあることではなく、むしろその通過するサイクルの時間での充実にある。

その充実とは無への交感に他ならない。無への交感はめぐまれているとか、物を多くもっているとか、お金があるからというものとはほど遠い存在。かくあるべしの姿なのだ。その時、その場であらわれる、いわゆる身の処し方に他ならない。無への交感、交信、それは時間、空間をこえたところにある。無への交感がないと、かくやくするだけとなる。

自分の労働で他につくすこと、無への行動、そこに美がある。行動によるみかえりを予想するようでは内容は知れたもの。無のための労働こそ現代失われてしまっていることになる。

社会が生き生きしてくるのはこのようなとき。ただなにごともない、たまたまそうであるのは平和とは云われるが無の心境とはなんらかかわりがない。行動があってこそ本質が浮かびあがってくる。ヨーロッパ思考の問題はこのことを多く含んでのこと。アジアにおけるかすかなる救

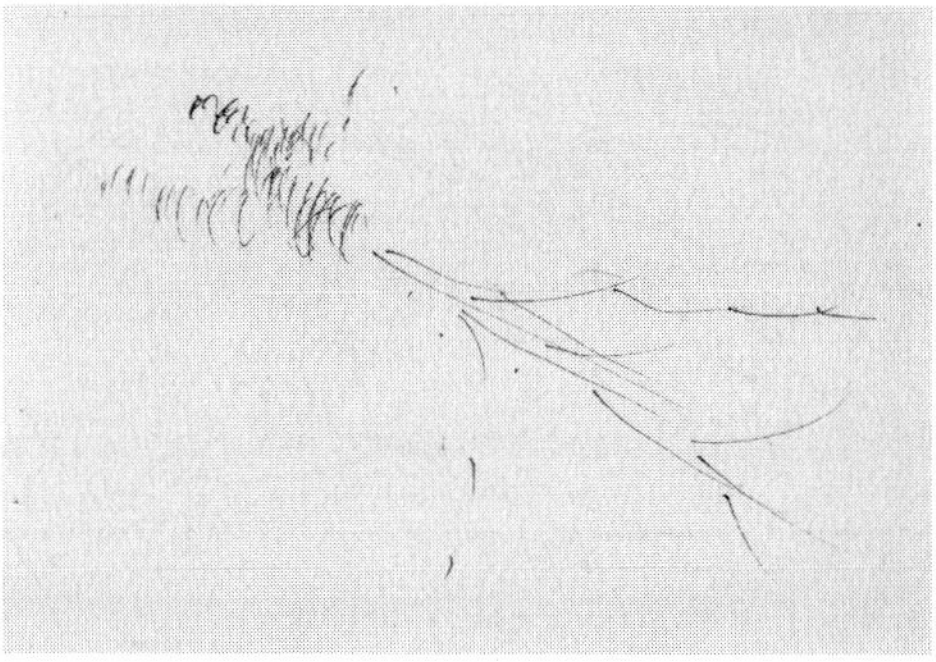

いは、まだ無への行動が時には存在していることにある。

今、ベルリン1945―1950の写真集をみている。建物の破壊の姿に対して人間の表情の確かさ、人間の存在感。すべて無に帰したときの人間のスタートへの心境がそこにあらわれてくる。その表情が現代人に訴えかけてくる。生の充実、意思の確かさがある。

戦争という悲惨とその反対にやってくる生命の振動。生命とは時代のとらえ方にほかならない。いつの時代にも正しいとらえ方がある。より生命をたぎらせる思考と行動がある。五十年代は五十年代の九十年代は九十年代の、これから世紀末をへて二十一世紀、この初頭にあって時代の思考と行動がいる。それは、ものではなく人でもなく無。それは行動の中にある。行動は無の証明でなければならない。

作品とは論理構成が骨子となる。ただなんとなくの思いつきでは作品にはなりえない。論理がベースにあって骨格ができ肉付けされる。交響曲、協奏曲と建築も絵画も同じ。論理はたとえ途中で変えられても後づけになっても、それがあることが大切。

思想的に深い作品というのはこの骨格がしっかりとしているから。ただ流されることがないためにも確かなる基準線をもたなければならない。基準とは動くものなので動きながら固定する。可動と固定のくりかえしによって一つの方向が見えてくる。その方向が鮮明になるほどよけいに骨組みの確かさを実感する。強固な骨組み、そして新しい骨組み、今まで経験できなかった骨組み。

世紀末の骨組みは柔らかくて確かなるもの。気があふれながらあるところに定置させる骨組み。世紀末の期待はそこにある。動くときは地球をぐるぐる、動かないときは石のごとく静かに。しかもめだたずにひっそりと。ひっそり、これは世紀末的。ムーブメントがやってくる。静かに着実に。二十一世紀の人生を考えるために、微風にみえながら台風。

生命とは自転車に乗る人を見ているよう。乗る自己と自転車という社会、両方がうまくバランスしていて生き生きとしてくる。この平衡感覚こそ重要。一点の上に立つことにより、生き生きとして自己と他者に示してくる。そしてある速さがなければ存立があやうくなる。

あまり速いと自己が見失った状態となり、遅すぎたのでは転倒してしまう。スピードとバランス感覚が生命。速すぎると息切れする、遅すぎると停止してしまう。このかねあいが問題。自転車と乗る人の物語がここにある。

ベルリンの自転車道はうまくできていて、車道と歩道の間の違いがゆるやかなる風景を提示している。生命が生き生きとしてくるので、犬を散歩させている様子がユーモアをそれに加えることになる。

※オリヴィエ＝ウジェーヌ＝プロスペール＝シャルル・メシアン
（1908年—1992年）
現代音楽の作曲家、オルガン奏者、ピアニスト、音楽教育者。二十世紀前半から後半にかけてヨーロッパの現代音楽界を牽引した作曲家。オルガニスト、ピアニストとしても長年演奏活動を続け、録音も数多く残している。鳥類学者としては、世界中の鳥の声を採譜。音を聴くと色彩や模様などを連想するという共感覚の持ち主であるとされ、その連想を楽譜に書き込むことも多かった。インドやギリシアのリズム、音と色彩の関係、鳥の鳴き声などの探求が作品にあらわれ、独自の音楽語法として用いるようになる。

都市にはユーモアが必要。ユーモアがなければ窒息してしまう。子供の乗った乳母車もなかなかいい風景。横に小さな旗などたてると、なおさらほほえましさを感じてくる。

生命とは他者との関連で動いていく。他とは人間もあれば動物もあれば樹木、天候、すべてと関連がある。すべてをうまく機能させるための他者、それが生命のもとなのが、街行く状況をながめていると、小さなドラマの中に大きなドラマを知ることになる。

道行く人は無関係のように相互に反応している。そこに美がかくされている。日常の中のドラマ。その中から注出されたところに芸術が生まれ、生命の筋立てされたストーリーがある。余分なものをそぎおとしたところにある。何を筋とし、何を余分とするのか、この見分けが重要。独り座っているとそれがいやというほどわかってくる。何が必要で何が余分なのか。

ジョン・ケージがマッシュルームを好み、オリヴィエ・メシアン※は鳥にこだわったという。マッシュルームと鳥、いずれもユーモアのなせるわざだ。これを語ると人間平等の讃歌がおとづれてくるように思われる。

この二つの対象物から無限の泉をくみとろうとした二人、その執念が作曲によって別の形となってやってきた。人間は飽き性であり、なかなかこのような平凡なる対象につきあってはいけない。それをやってのけたジョン・ケージとメシアンの偉大さがある。とりあげられたものとあげられなかったものによってその核心が鮮明度をます。

一条の光線が強力であるほど骨格がみえてくる。マッシュルームと鳥にその骨格をみることができる。ついて離れることのない骨格、それが部分となって別の芸術に変換される。対象に選ばれるのは無限、つまり骨組みも無限となる。

96・11・16

ものごとには裏と表がある。いつも反対側があることを思っておく必要がある。うまくいかなかったときの、その裏にひそむ真理をつかんでおくこと。文学でよく語られるこの表裏の反転は、急激にやってくるほど劇的なもの。うまくいったからといって奢ることなく、ただ平静であるべき。

受賞パーティなど大々的に行うべきでない。このようなことを行うところに逆転の条件が気がつかぬうちにやってくる。人間は弱いもの。プラスに作用したときにやってくるマイナスを思うこと。たえず反対を思うことにあたらなければならない。人を生かすこと、人をたてること、他を感動させること、自然体でも感動であるべきで、見よがしではだめだ。

いつもやってくる波。それは地球上の水の波のごとく人生の上でもやってくる。それを気づかずに通りすごしてしまうことが多い。気づかずにつみ重ねていくうちにやってくる力、それは、たくわえられた力というように、時代と反応を示す力。なにか目に見えないもので動かされてくる力。それは一生懸命行っているときにはわからず、いつか結果としてやってくる。

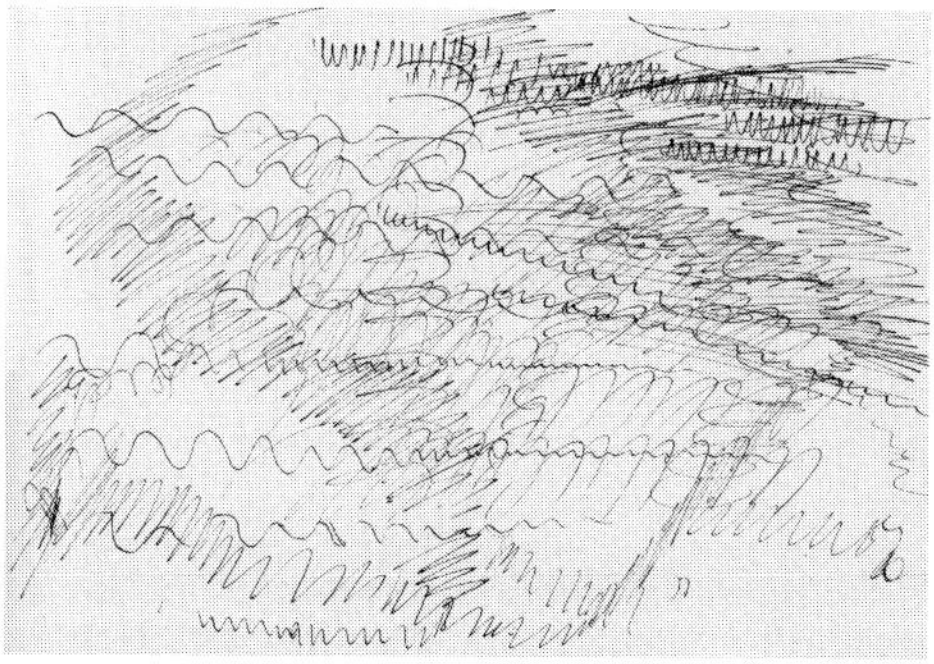

表現する行為

カフカの短編集を読んでいる。短い文章にこめられた偉力を感じた。文章の力は文章の長短にあらずということを示したもの。カフカのものの見方は地獄を見る姿。ということは同時に天国をも目をやっていることなので、しかし書くことは地獄。地獄を書くことによって天国、救いを想定する。この逆転現象はすさまじい。それが文学であり、人生ということになろう。

建築にあっても平和なことばかりを想定してはだめだ。地獄を描いて創って天国を想定する行為がいい。これはなかなか難しいが重要なこと。それには表現する行為—文学における書く行為と同じ—が意見をもつ。プレゼ、構成力、説明力が求められる。

表現は相手の心をうつものでなければならない。文学とプレゼ、大いに関係がある。プレゼで人が感動するということはどういうことなのか考えてみることにある。

プレゼは人体のようなものであり、全体と部分の相互作用にある。どちらか一方ではだめだ。全体がみえて—説得力をもってよくよく部分をみるとしっかりしている。樹木の樹と枝と葉の構図なので、この世のいたるところにこれに類するものはある。よくみれば無限だ。無限を感じながらよく見ていないだけ。有史以来変わらないこと。

ポツダム大学に建つ図書館の設計競技。提出作品の展示会がありフォルケ氏の案内でポツダムまで行った。当選案はほとんどの施設を地下に埋め地上を公園にする案であり、今までよく提案されている案。

130の応募案の中で地下案はこの案だけというのも意外だった。当選案は公園にくりぬかれた中庭を採光部分として四方に閲覧席をめぐらすもの。案としてはさほどユニークとは云えないが、書庫が一フロアーで有効にとれるのとプランが整形であること。別の見方としてはプレゼンテーションの見事なこと。ゆらぎの時代をよく読みとり、ガラス、樹木、地盤面の表現が見事というしかない。

大学の助手をつとめる人が当選者ということで、コンペを何度か経験しての当選である。計画から説明書そしてプレゼまでよくねられた案だった。

フォルケ氏のチームは第一回目のときすでに選ばれなかったが、案をみたところさほど悪い案ではないが、何が重要なのかということを考えたとき、わかりやすさ、快適さ、安心感に欠けるものでプレゼが十分でなかった。ねりあげ方が不足しているのと、日頃からの考え方のトレーニングがいる。

一つのコンペを通じて当選案は他の案の正道をいきながら裏を見るものだった。裏を見なければ文学と同じなのだ。別の新たなる視点が望ましい。トレーニング、トレーニングをくりかえすことによって、日常の中に裏が見えてくる。それしかないということがわかった。

コンペというのは審査側の目がどこにあるかということにあり、そこを見とどけておく必要が

ある。時間の中に流れる一瞬のインスピレーション、一瞬で世の中がかわっていく。そのときは一瞬だが、長い時間の修練のトータルが前提にあることは云うまでもないが。

大きな展示会場、わかりやすい展示だった。見終わったあとすがすがしい気分だった。フォルケ氏は残念がっていたが、全体を見ると納得した様子だった。理想と現実のきびしさが身にしみたようだった。ドイツのコンペを見て考え方に正当性があった。とんでもない案はなかった。次の時代を考える参考になった。

今日はポツダムの天候は霧の中にあった。かえって都市が美しくみえた。映像ではなかなかこのような光は再現できないだろう。それほど印象にのこる風景だった。

霧のポツダムも裏側の景色。今まで何度かここに来てこのような思いを抱かせるのは初めてのこと。予想外こそ美。そこにドラマがある。

コンペの展示会場に行く前、ポツダムのハイランズ教会に案内してもらった。シンケルと同じ時代のルートヴィッヒ・ペルシウスの設計による教会。バジリカ風のザークロウ地区の教会は、なんといってもこの湖につき出たすばらしい敷地にある。

霧の中にあるのでより幻想的だ。前庭がタワーと囲われたコート、そのプロポーションが見事。無理のないおさえ方が手わざのさえを見せてくれる。

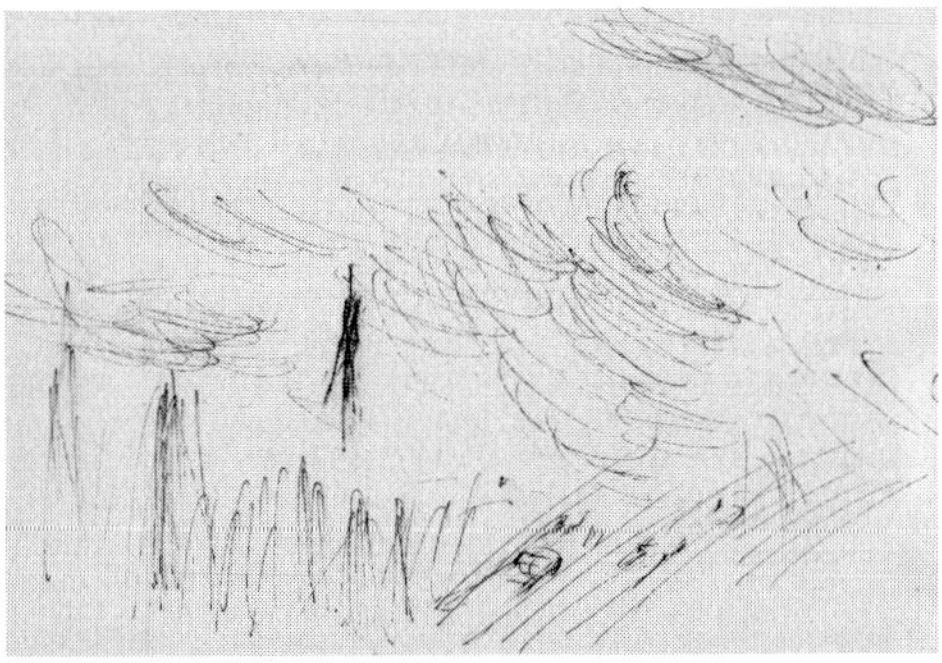

湖につき出た回廊が身体感覚で生き生きとしてくる。手すりもなく危険を感じるが、それをぬけた美を発揮しようとする意思が働いてくる。床、柱の銃弾のあとは生々しい。そこがかえって痛々しいことが伝わってきて建築をひきたてたりする。修復中ということだが、どこまでが歴史でありどこまでを手を加えるべきなのかと考えることになる。

内部に入ると修復されていて感動が伝わってこない。修復とは生命を断ってしまうことがよくある。生命とは歴史を支える力をもっているということ、それをぬきにはなにごともできるものではない。

霧の中の教会、これは歴史の表現でもある。そう思いながらこの教会をあとにした。周辺の山林の樹形のみごとなさまを見ながら車は森の中をぬけていった。旧東ドイツの悲しみがこめられた森、大らかなる美しい森、人々に語りかける森、日本人にはよけいに、この恵まれた自然を感じることになる。

知と情、どこの世界でもむずかしい。ドイツ人は日本人と似かよったところがあり、人に親切でよく面倒をみてくれる。これが逆に負担となり、次なるイメージの自由性がなくなってしまうことがある。これでは思考の秩序がなくなってしまう。冷静にして公平なる感覚がなければならない。燃えているときは冷ややかに、さめたときは燃えることがなければならない。ドイツにおける優位性と虚無感の同時存在はどうしたものか、納得できるところもあるが、まだも

っと別のものがあるのではと考えるに至ったりする。

　これはドイツに限らず世界共通のできごと。平均化の世界なのか民主主義の行きつく姿なのか。同じ性格の民族が地球上にふえてきたのは、どう見ても平均化なのだろう。平均というキーワードは世界をかけめぐることになりそうだ。その中から何なのだと考えなければならないだろう。

　平均という、この平和のようで内容のとぼしきことを思うと、次に解決することをさぐる必要がある。平均のケースをどう追求するかにある。

　この追求が美を生む。平均はだめなようで、その実、内容は深い。深さのところからやってくる人間の理想、それがわからなければどうにもならない。変化と刺激と反転の思想が求められる。こうことばで語りながら、その実、いざとなれば具体的に語りにくい。しかし求められていることはそれなのだ。

　ドイツにおける冷静さはどこからやってくるのか。冷静と人情が一体化していることの意外性は何なのか。哲学と音楽にたとえば置きかえてみるとわかりやすい。知と情の混合。そう思いながらやはり知が先行する。バランス感覚としてはやはり知。いつでも冷静がスタートラインにある。

　ここが日本とは様相を異にするようだ。もっと知のウエイトが高まると日本人としてはバランスが保てるというもの。いつも瞬間にとらえる冷静—知性—論理—科学が大切になってくる。そこのポイントに立てれば日本人は国際人となれると思えてくる。

理の世界、自己の世界、かけがえのないところが忘れられている。それをとりもどさなければつきあっていくのはなかなか。開かれた世界へこれからが正念場だ。

いろいろと経験を重ねながらわからないこのヨーロッパ世界。その根底にある地球のリーダーシップとしての自負。これがけっこう強いことは事実。そこがこの情報時代にはあやしいものとなる。すべてを裏側からみる人種がふえたことに他ならない。

それが自然のなりゆき。地球上のできごとが即座に地球の裏側で知ることとなった。できごとの意味を知らなければ、どこかは昼であるときどこかは夜であるという確かな知識が求められる。そこには冷ややかにみることが求められる。いつも動かされる。熱意ほどあやしいものはない。判断力をなくしてしまう。

情意にあっても同じ。不公平そのものが悪いことではなく善ではない。しかし別の姿でこの不公平をどう考えるかにある。道は開かれるが閉じられることもある。その内容こそ重要。手間をかけるのをいやがる現代人、そこからは美術にむけた無理に、必要に応じて行っている美術館が、いろいろ解く鍵を秘めているようだ。

※武満徹　（1930年—1996年）
日本を代表する現代音楽家、作曲家。ほとんど独学で音楽を学んだが、若手芸術家集団「実験工房」に所属し、映画やテレビなどで幅広く前衛的な音楽活動を展開。和楽器を取り入れた「ノヴェンバー・ステップス」など。

ケージはキノコから創作や思想の着想を得ており、みずからの音楽論とキノコの関係について語り、キノコの生態が出す音について想像し、エリック・サティの音楽をキノコにたとえた。また、キノコの性が多様であることから、人間の雌雄の概念は、本来は複雑な状態を単純化したものではないかと考え、性の多様化を提唱した。

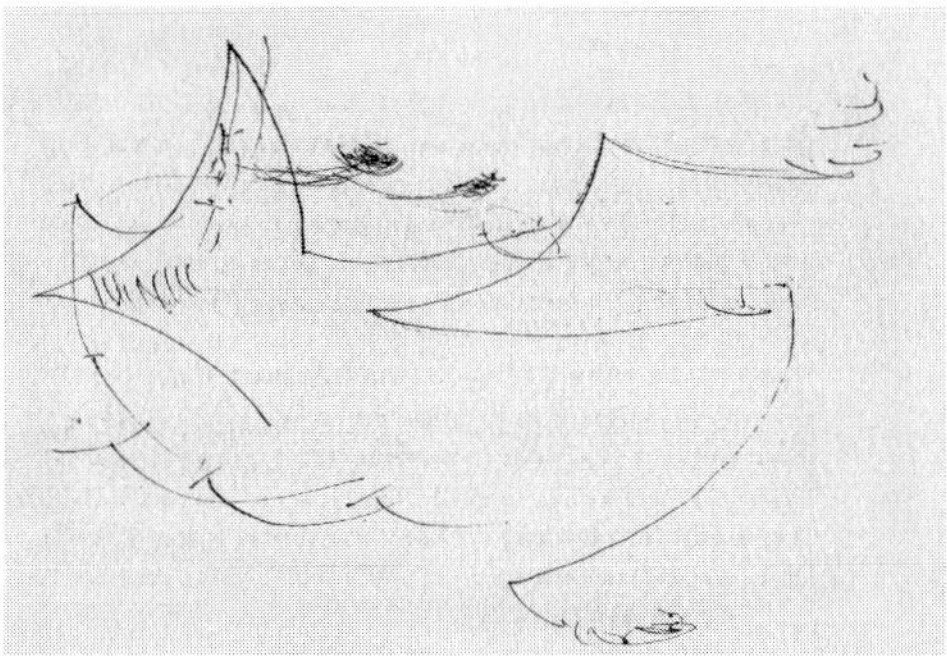

96・11・17

古本屋で面白い本を見つけた。キノコの絵本である。出版の年1917年。バウハウスができる二年前。それからこの本は激しい戦渦の中を生きのこってきた。なんとも痛ましくもあるが、本の中味はユーモアさえ感じる。あるとき武満徹[※]が、ジョン・ケージがキノコ大好き人間であることを書いていて、ジョン・ケージが語るところによると、マッシュルームはミュージックの隣にある言葉だからと云った、となっている。

これはユーモアであるが皮肉にもきこえてくる。私はこう考えた。きのこは風貌からしておどけていて内容はたいした実力をもっている。ガンの薬にもなれば人間を死に至らしめる力まで発揮したりする。

そこにキノコの特徴がある。ジョン・ケージとキノコ、ある人にとってはたいへんな生きる意味を与え、ある人には無関心そのものとなる。そのへんがキノコにあてはまることになる。また、キノコのあの変幻自在な形、突如あらわれては消えてしまう、あらわれたときのそのあたりの風景を一新してしまう威力のごときものではないか。

ジョン・ケージの今までの音楽のリズムの解体は、約束事、音符の解体であって、次なるリズムの導入になる。そしてジョン・ケージがたえず語っていたとされる、典雅でなければ美しくなければということは、なかなか深い意味をただよわせている。

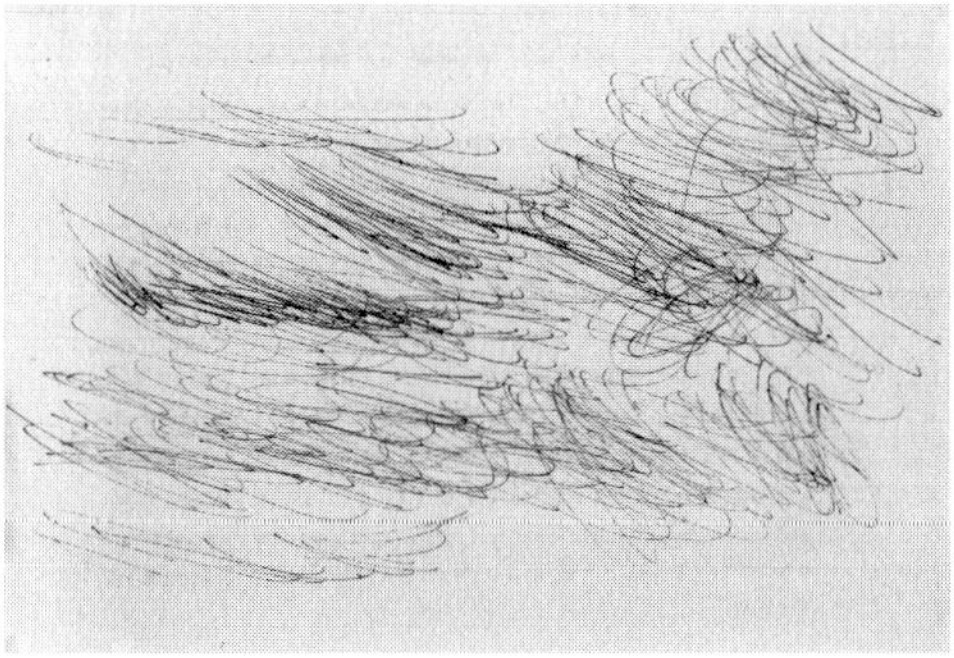

マッシュルームに現代音楽をおきかえたところにジョン・ケージの生活姿勢を思う。その意外性、その直観力、そして行動力、これはヨーセフ・ボイスにもあてはまること。彼が出現したことによるメッセージ力の高さはその動き、その発言力、その音楽性、その表現力、デッサン力に示される。

もうボイスもジョン・ケージも武満徹もこの世にはいない。別のところで三人がキノコについて話し合っているようにも思われる。

ベルリンの市場ではキノコを多く売っている。そして安い、一籠七マルク、これだけあれば一週間分。白い球形のものもあれば黄色くて小型の傘型のものもある。

ポーランド産が多いとのことだが、近き国、ポーランドの国境をこえてやってきていると思うと、キノコが山の中に生まれてから、アウトバーンを通ってきた旅人を想像したりする。人の目をなんどか通りやってくる、ゆったりとやってくる。その間、人の目で値ぶみされてやってくる。

そうみると人間とさしてかわらない。生まれ育ち旅をして、他から値ぶみランクづけされている。平等であるといわれながら差がつけられる、出身があそこだからという人種の値までつけられる。それではキノコにまでも至らない。キノコの方が平等にあつかわれる。一つの作物で考えさせられることは深い。いろいろとメッセージを変換できるのでキノコは好まれる。人間とここでは似かよっている。

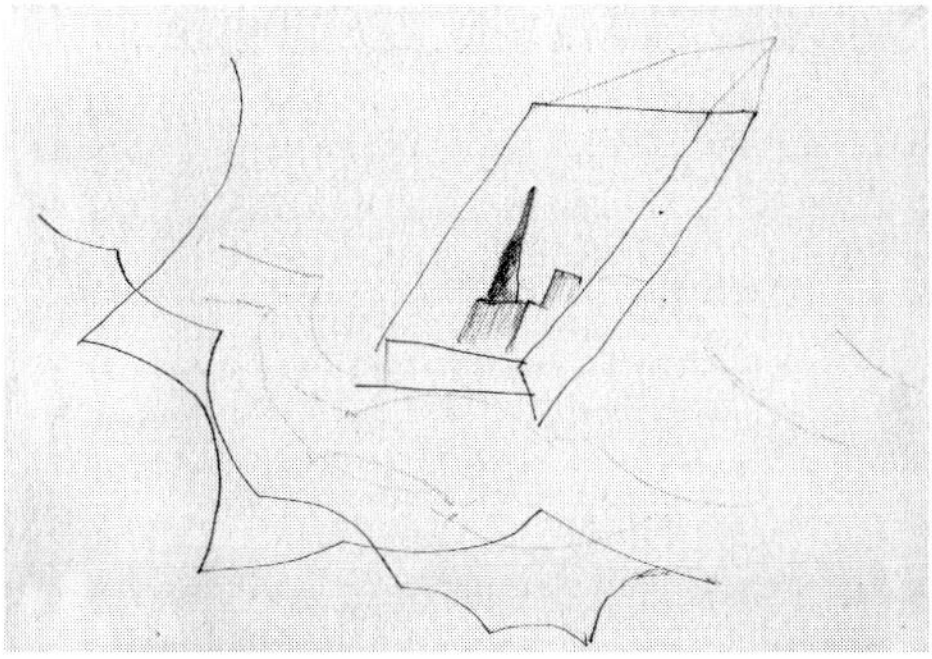

ベルリン生活一年となり、発見、刺激、思考の変換、そして都市のあり方の考察と、いろいろ多くの経験をすることができた。これから、これをベースにどのように形にしていくか。ただ我れ思うだけでは、これだけのエネルギーと時間をかけたことが収束したとは云い難い。これを形にし、これを提案し社会性を持つことによってはじめてこの意味があるのではないか。より内容を深めるためにはもっと範囲を広げ応用をおこない、それぞれのテーマを深めなければならない。テーマにくることが有効でないならば、全体像が見やすいようにしなければならない。

これから世紀末に近づくにあたって、1996、1997、1998、1999、2000と、どうやっていくか。その時代にあわせるのではなく、多少それも必要ではあるが、もっともっと意味深いことは普遍的なる鉱脈に掘り下げて、下から見上げる行為に他ならない。

これは単に他分野とのコラボレーションというものではない。自分独りで掘り下げていく行為。日々反応する自然と社会とのゆらぎの中でうごめく雑学なるメッセージをすくいあげ、切り取る力をだすしかその道はない。この無なる存在意義がどう反応を示すのか。

97.3.5-3.21

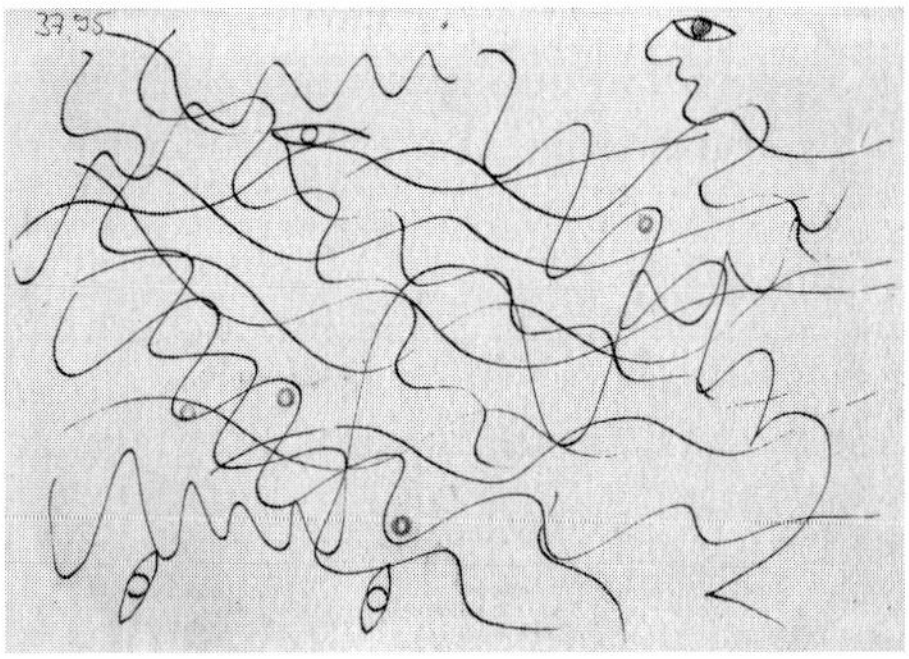

97・3・5

いろいろなことをまとめる時がきた。まとめることは次なること、方向を考える大切なる条件となる。あまり多くをやっても意味をなくしてしまう。少なくてもあてはまることであるが、それでも自分は手を広げすぎている。

イデアは限られたこと。人間いかに生くべきかにほとんど収束されていく。イデアはギリシャ時代ソクラテスが提言してこの方、スタイルは変われど内容は同じ。時とともに表層は変われど生への問いは同じ。

今、ベルリンのアパートを西から東に移動すべくエネルギーをかけている。東の方が刺激的に自己の内面に反応を示す。生活はいろいろ不便だが、不便さをこえるものが具体的にある。たたずまい、生活のリズム、光の応答、みどりの成長具合、とにかく風が西とは異なる。自分の内面との反応が敏感にこたえるのか、それともまだねむっていた体の器官が動きだしたのか、つかれることはあるがプラスに働きかけるものであることは確か。

今回のベルリン滞在中にこの一年余をふりかえりまとめながら自分に何ができるのか、今何を必要とするのか、なさなければならないのかを考えている。

時は静かに流れ、ゆったりと波が動くごとく、風となって光となって語りかけてくる。この言葉を絵に、ヴィジュアルにしなければならない。ヴィジュアル＝メッセージなのだ。メッセージ

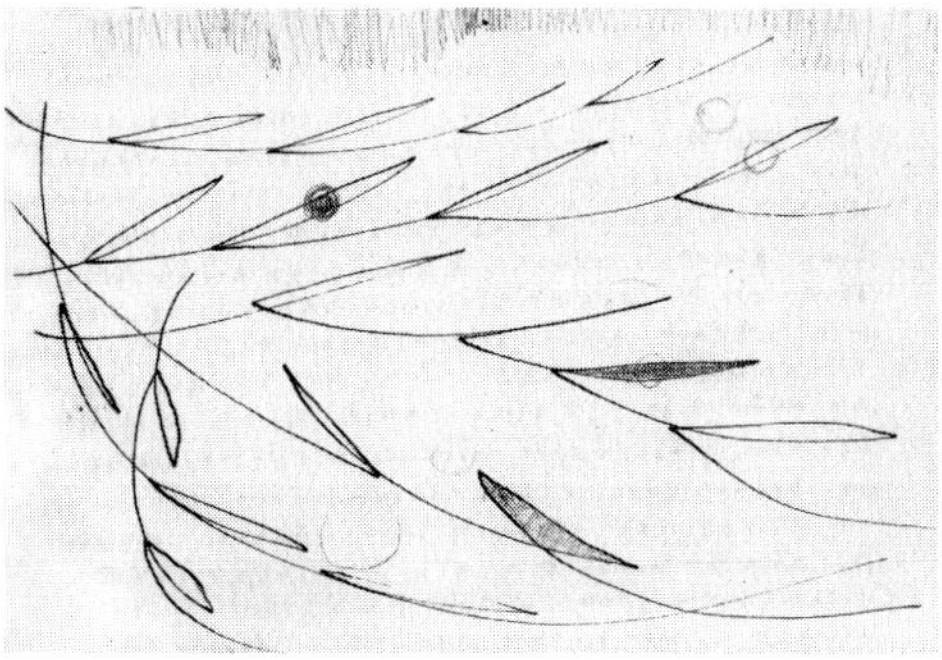

は相手の心を動かし、相手は別の方向に伝えていく。そうすることにより自己の生命を保つことになる。生命力とはメッセージを発することにある。その内容にある。そこから創造がやってくる。

創造の素はイデアー理性であり、イデアから出発する感じ方となる。感じ方はゆれ動くのであまりあてになるものではない。

イデアは確立するのに努力と忍耐が求められる。建築とは何か、という問いに対するこたえは柱と床と天井で構成されたもの。それ以外のいろいろな要素は、あとでどのようにでもつけたしていくものであり、さほど重要ではない。

建築が時が経って何がのこるのかを見るとはっきりしてくる。この柱、床、天井以外何が意味をもつものなのか。それが曲がっていても斜めにかたむいていてもさほど問題としない。人間は示すこと—ここで感動というようななまやさしい語りではない。柱、床、天井に秘める力を理解しなくて何が空間となど云えるものか。一本の柱、一枚の床、天井をこえるものを近代はつくりえなかった。

だからエジプト、ギリシャをこえることはできない。古代には建築を支えるイデアがしっかりしていた。それを語る人物がいた。ソクラテス、プラトン、アリストテレスなど多くの哲学者がいて、あの名建築が生まれた。

※コンスタンティン・ブランクーシ（1876年―1957年）

ルーマニア出身の彫刻家。二十世紀の抽象彫刻に決定的な影響を与え、ミニマルアートの先駆的作品も残した。作品は抽象化が進み、代表作である「新生児」や「空間の鳥」では、幼児の頭部や飛ぼうとする鳥がほとんど単純な卵形やプロペラ型の形態にまで至っているが、描写の対象物の本質を捉え、それを効果的に単純な形態に写す。後の現代彫刻、絵画、デザインなどへ多大な影響を与えた。

表層的には彫刻をしているが、なにをおいてもあの骨格のみごとさに他ならない。今、なぜ表層のみにとらわれるのか。表面はことばとなり即物的に伝えられ、すぐ忘れられまた別の表面をもちだしてくる。表面は深い印象とはほど遠いこと。それにただ踊らされているにすぎない。

また古本屋を見てまわった。「ベルリン―パリ　1900―1933」があった。展覧会のカタログだがいろいろな事を語りかけている。このわずかな時間の中にいろいろなうつろいがある。好況から不況へ、そして戦争を行い、人と人が殺しあい、またそれを忘れて次の時代くりかえす。なんと人間の営みなど底が知れたことか。人間は自己統制力などもちあわせない。少し豊かになっただけでどこかたががはずれてしまう。

今の日本はそこにある。欲望の枠の中でもがいている。さらに満たすために、ただそれだけ。それがずれるといがみあい至るところでぎくしゃくとしてくる。その淀みがだんだん動きの遠心力をもちながら大問題へと進んでいってしまう。何とも結末がわるい。公平なる視点などあるはずはなく、淀みに身をまかせるだけではないか。

持ち物が減少すると落着かない。もともと何ももたないで生まれてきたことを忘れている。もともと無なのだ。それなのにたえず有を求める。それではどこかにしわよせがいく。

日本は今人類の縮図をもっている。また戦争をくりかえそうとしている。今まで何かをもっ

ていたという幻想を追い求めている。市民権をもったことのない民なのがここに露呈してくる。時代の狭間にもろくもやってくる市民意識の欠如が、自己中心へとかりたてていく。古本屋の年表をたどっていくとそれがみえてくる。ある意味では世界をうつす鏡が日本でもある。

※ブランクーシとルイス・カーンは同じだ。このことが気がかりな一日だった。とことんスタディしてすべての要素をそぎおとしたところに至っている。ただ光だけが存在している。空間は最終は光のみが残される。イデアは空間の光、だから存在の永久の生命をたたえることになる。ブランクーシの「鳥」がすべてを語りつくしている。静かななかにあるからよけい力強い語らい。なにもないところに絶大なるメッセージ、しかもすたれることのないもの、それが求められている。ルイスカーンの建築にあっても同じことが考えられる。カーンは建築がどのように使われるか、どのように将来変わっていくかなどは関心事ではなかった。ただ存在のみが重要であった。ただそこにあること、変わっていくのは偶然の作用に任せるのみ。この姿勢があって生命をたくわえていく。

そこを忘れてその時の欲望をみたしてあげることのみにとらわれる建築の多いことよ。どうしてこのようなことになったのだろうか。世紀末に翻弄されているだけではないか。今必要なのは確固たるものをやるしかない。

この確固たることが簡単なようでむずかしい。コストをかけずにまっとうしなければならない。スラブ一本、柱一本にこめる確かなもの、一立方メートルのコンクリート、一トンの鉄、一枚のプラスチックが語らなければならない時代。これは将来にあっても同じ。それほど豊かなる時代はやってこない。

それでもイデアをそなえることはできる。別の道を求めなければそこには至ることはできない。別の道とはシンプルであり理念であり変わらないものであり、人間の知への情熱をそそぐもの。※ヘンリー・ムーアの彫刻、※ジャコメッティの彫刻、※ポロックの絵画、アンディ・ウォホールの車シリーズの絵に見ることができる。

これらの核になっているのは情熱のみ。環境がそのようにさせている。自分独りではできないことを十分にわかっているムーブメントがあってできる。

ムーブメントがいつどのような形で起こるのかは定かでない。通りすぎて、ふりかえって、ああ、あのときがムーブメントであったということを知ることになる。今やっていることはどうだと詮索してもはじまらない。ムーブメントを感じとりそこに身を置くしかない。そこに予測があるのみ。そこは普通でないことは確か。

バウハウスにおけるワイマール、デッサウ、ベルリンを思うとわかりやすい。何か気配がする。

※ヘンリー・ムーア（1898年—1986年）
芸術家・彫刻家。大理石やブロンズを使った大きな抽象彫刻で知られる。イギリスにモダニズム美術を紹介するのに大きな役割を果たした。特徴的な作品は、穴が貫通している横たわる像。最初の像は体の横でひじを付いて曲げた腕が空洞をかたち作るもの。後の「横たわる像」では、凹凸のある表面のある量塊を探求するかのように、胴体に直接穴があけられた抽象的な形態になっている。

※アルベルト・ジャコメッティ（1901年—1966年）
スイス出身の彫刻家。絵画や版画の作品も多い。第二次世界大戦以前にはシュルレアリスムの彫刻家と見なされていた。大戦後に作られた、針金のように極端に細く、長く引き伸ばされた人物彫刻がよく知られている。これらの作品はしばしば実存主義的と評される。

※ジャクソン・ポロック（1912年—1956年）
抽象表現主義（ニューヨーク派）の代表的な画家。絵画は作品というより描画行為の軌跡になっており、デ・クーニングらとともに「アクション・ペインティング」の代表的な画家である。

そこには推進力のようなものがあり、それがどんどん動かしていく。
バウハウスの演出家、彫刻家オスカー・シュレンマーの作品群をみるとよくあらわしている。人間のグループがそれをつき動かしていく、やむにやまれず作品をつくらざるをえないところに追い込んでいく。純粋にして素朴なる行為。その時、さほどでもなかったことがだんだん力をつけてくる。
だからおそろしい。文化とはこんなもの。いくら努力してもそれが有効かどうかはあてになるものではない。努力とは無関係につき動かしていくものが作用している。それがムーブメント。ムーブメントを受けとめるのは強い意志がなければならない。意思は流されることなく、つづける原動力。持続こそが力なのだ。ふらふらしているようではどうにも定まらない。

97・3・6

理性のことを考える。理性をスケッチしてみる、形をつきつめてみる、修練をすることが重要なのだ。形をずっとつきつめると、宇宙誕生のところまでいってしまう。人間の頭脳の限度をも越えてしまう所にある。
それでも確かな核は存在する。人類の歴史は次から次へとヴェールをほどいていく。これから何千、何万とはてしない地球の旅。この何千、何万年にわたりおとろえることのない理性とは何であろうか。それが手元にあるとゆるぎない力がそなわってくる。影響力を添えた原典をも

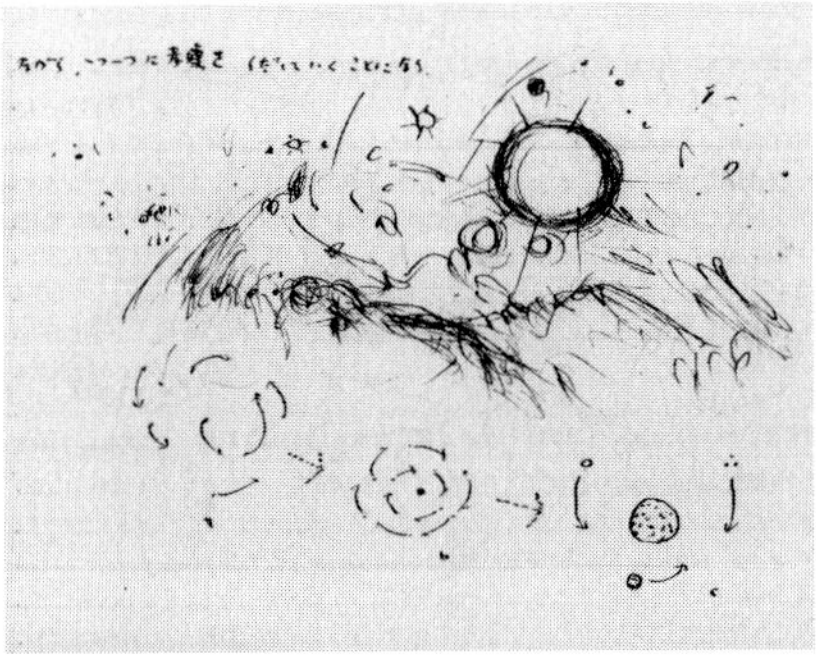

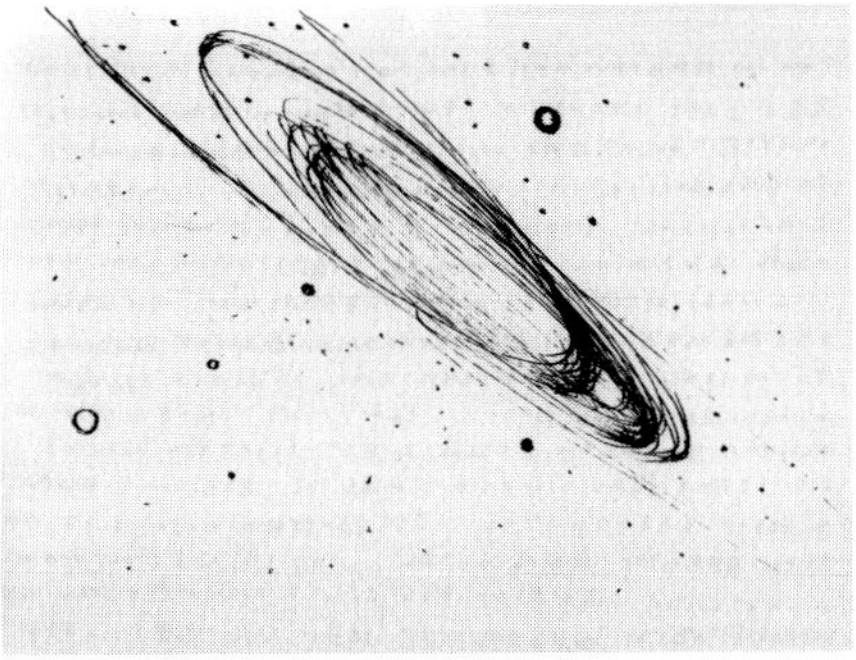

つことになる。それをひとつひとつとりあげながら、ひとつひとつ考察をくだしていくことになる。

97・3・7

今日は一日家具のデザインスタディを行った。木は個性的。木の特性を生かした家具がどれだけできたのだろうか。合板が発明されいろいろな形に対応できるものができるようになったが、木材をスライスして貼り合わせたのが有効とは考えられない。木の個性をなくしてしまっている。どんな木も平均化されてしまいバラツキをなくすことをめざしている。どうもおかしいと思う。

一本一本の木には木目がありそれぞれの表情、気分をあらわしているではないか。その気分をデザインに生かしていかなければ、何十年、何百年と時を過ごしてきた木の存在が生かされていない。ぶなの木の木目と節をみながらつくづくと思った。ながめることによって迫ってくる。触ることによって語りかけてくる。木は人間と同じ。たしかに生命力はなくしてしまっているが、永久不変なる生命は立派に動いている。それがわかってくる。木材に限らずすべて形あるものは多かれ少なかれその状態にある。こちらから語り接することによって、つきあいを深めることによる応答がある。

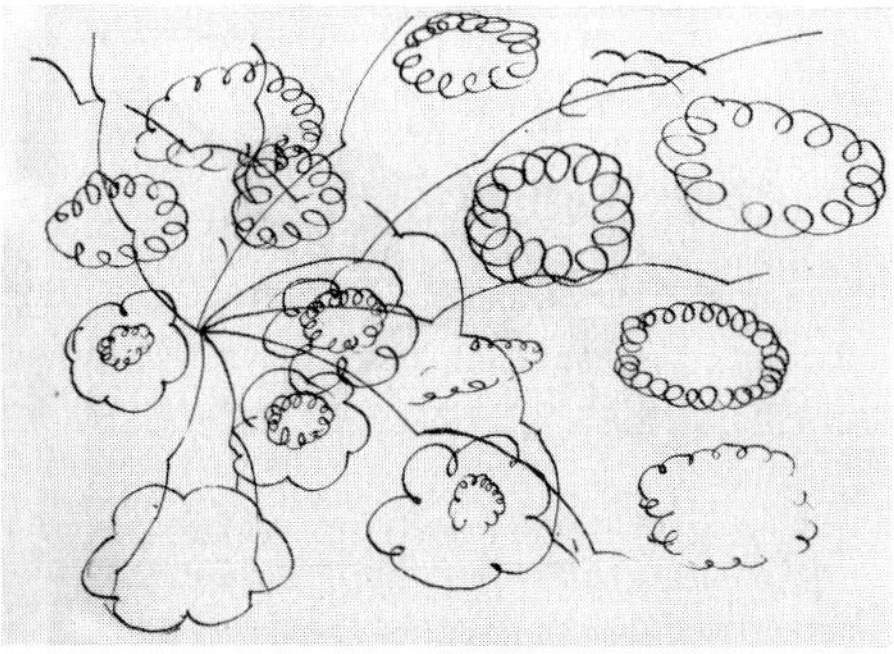

そう考えていくと目にふれるもの、手に触るもの、おろそかにはできない。そこに宇宙の神秘がかくされている。ものの大小とか重要度などは無関係。デザインとは人の力でねじふせて行うというものではなく、対象が語りかけ、手を下させるものといった方が適正。ただその対応の方法が問題であり、対応の手順、タイミング、波長がその後に影響してくる。

瞬間にして全体を支配するものが求められる。これは修練しかない。心を無にしてことにあたるしかない。この無にしてこそ失い去ってしまいがち。なにもなくしたところに立脚できる熱意なのだろう。

ブレヒトの語る人が、食べることに一分となったとき、重要なことを忘れてしまうのと同じ意味をもつ。ハングリー、なにか食べたい、食べないと生命がもたないと考えるときに、インスピレーションが強力に作用する。たえずハングリーであること、たえず何かを渇望することが大切。そのためには己が身をどこにおいておくかを思わなければない。身の処し方ほど重要なことはない。

97・3・13

宇宙とか生命以外に何が大切なことがあるのだろうか。そのことを忘れてしまって人間はいつもあくせくとしている。これ以外に何が関心事となるのか。この大切さを考えながら行動するとどれだけ世界が開かれることか。

宇宙との交信

昨夜、シャウスピールハウスでブーレーズ※の現代音楽をきいた。指揮はスペイン人のタマヨ※、舞台上の四グループ、客席側に四グループ、計八グループに対する指揮。

会場全体が楽器となってなりひびく。宇宙との交信だ。あらゆる音がとびかい人の心の奥に入りこんでくる。音がことばであり、信号音であり、波長であり、いろいろな方向に伝播をくりかえす。音の発信である。

数少ない人間がそれを感じとる。宇宙との交信を。宇宙はたえず変化をとげ膨張と収縮をくりかえしていく。光の速度で空間は飛びかいとどまるところを知らない。

宇宙がどうなっていくのかがわからないように、地球はそれと同じく、どのような運動体なのかつかめない。光速の空間では感覚などとてもついてはいけない。そこで数式のみが存在する。ものも形もなくなってしまう世界。それでも人はものであくせくする。

歴史上これをくりかえしている。進歩などはじめからありはしない。見えるものにとらわれて一喜一憂する。何ともなさけない限り。

昨夜みた三日月の美はすべてをのりこえている。月は発信しているので、生命は宇宙との交信である。動いていることが唯一交信。旅人が生き生きしているのはそのため。あらゆる休んでいる器官が動きだしてくる、バランスしてくる、そのためイメージが高まってくる。動くことに

※ピエール・ブーレーズ（1925年—2016年）
フランスの作曲家および指揮者。

※アルトゥーロ・タマヨ（1946年—）
スペイン出身の指揮者。フランス国立放送、ルクセンブルク放送、ベルリン放送などの放送オーケストラに客演。主に現代音楽を得意とする。

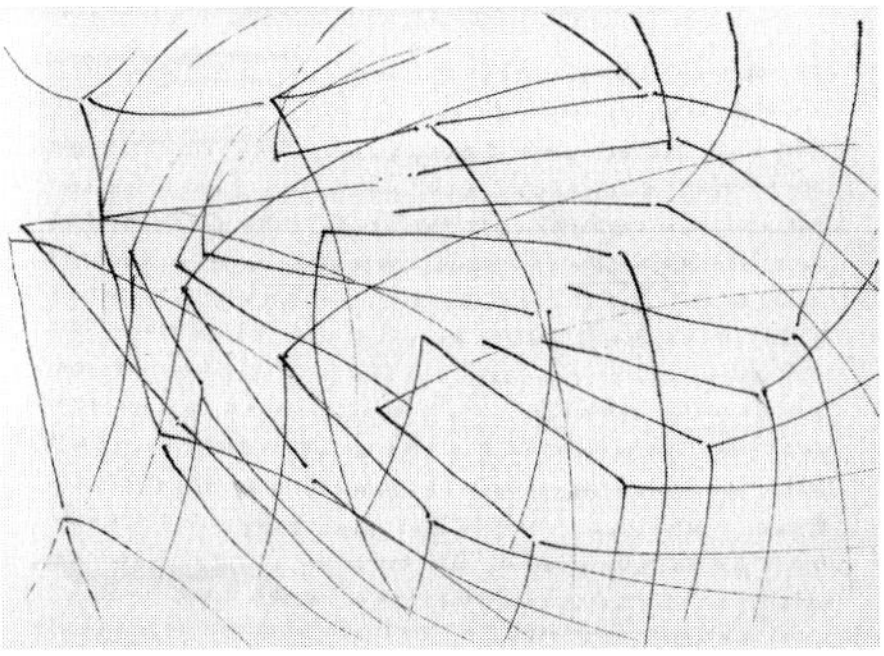

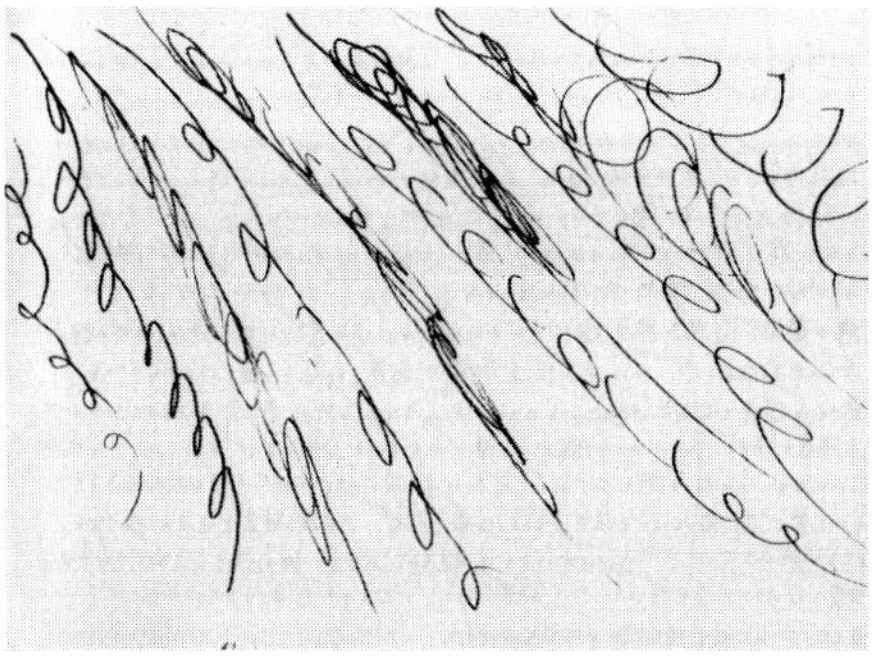

よって他から信号音がやってくる。それをキャッチできるアンテナがしっかりしていなければどうにもならない。動きはすべて回転運動。同じところに完全には戻ってくるのではないが、まわりながら進んでいる。遠ざかっていく。

生命のトータルな分量とはそのようにして計られるのだろう。どのように軌跡をもっているのかということにある。複雑なようで単純、そしてわかりやすい。円環しているからまたかえってくる。また似た姿を示してくるから、それを待っているとだんだんわかってくる。流れているようでもとにやってくる。

これはすべての生命にあてはまる。血液もしかり歩行もしかり、目の動きも髪の毛一本にもこの回転運動が宿っている。回転しなければバランスすることができない。行きっぱなしになってしまうから。微妙に変わりながらもとの近くにかえってくる。

人間の行動も同じ。一度知ったところにまた行きたくなる。行動の生命の原則。いつかまた戻り来たることよ。それで安全を保ち安心しバランスしている。宇宙のバランスがそれを語っている。ギリシャ時代の考えが変わらないで存在する理性。

三千年の歴史を知らなければ人生は語れない。人間の生命の歴史を知ることによって未来を知ることになる。歴史はくりかえすが同じくりかえしではない。似ていながら全く異なる世界。

歴史はヒントにはなるがすべてではない。それを思わないととんでもないことになる。歴史の断面断面での失敗はだいたいそれに近い。似ているようで全く違うというのが歴史観の基本。

今日は霧の深いベルリンの街だ。霧はたびたびあるが、今日の霧は唯一無二。霧は相関関係のなかにあり、そのときそのときで姿を示してくる。霧は豊かな風景を露呈する深みがある。形と色の変幻自在、道ゆく子供の群れはなんとも印象的だ。それは子供達が霧の発見した姿をみせているから。霧は子供達のために現れているのか、大人よりも子供にその美を宿らせている。子供達の動きにあらわれ子どもたちの後姿にあらわれる。それほど生命というのは微妙。生命は顔に現れ生命は後姿にやってくる。

九十歳の村野藤吾[※]をみてそれを感じた。若々しい生命力、もっている動き働き、あらゆる器官をたえず働かせるところにおいていた。それがいまでも強烈にのこる。村野藤吾は三千年の歴史を背負いながら人生をおくっていた。消費ではなくたえず回転させながら動いていく。亡くなったあともまだ動いている。

※村野藤吾　（1891年―1984年）大阪を拠点に創作活動を行い九十歳を超えても創作意欲は落ちず、死の前日まで仕事をしていた。代表作に綿業会館、そごう百貨店大阪本店、宇部市民館、世界平和記念聖堂、大阪新歌舞伎座、新ダイビル、佳水園、都ホテル新館、日本生命日比谷ビル、宝塚カトリック教会、兵庫県立近代美術館、高輪プリンスホテル貴賓館改修、迎賓館本館改修、西山記念会館、小山敬三美術館、松寿荘、箱根プリンスホテル、宝塚市庁舎、八ヶ岳美術館、谷村美術館、宇部興産ビル、都ホテル大阪、京都宝ヶ池プリンスホテル

※ウォルフガング・サヴァリッシュ　（1923年―2013年）指揮者、ピアニスト。NHK交響楽団において名誉指揮者、桂冠名誉指揮者となった。

97・3・14

3Dが盛んである。人間の目にできるだけ近い映像をねらうカメラも二眼のものを早くから開発されている。テクノロジーに関心をもつドイツならではのこと。今日かなりの3Dをみたが、

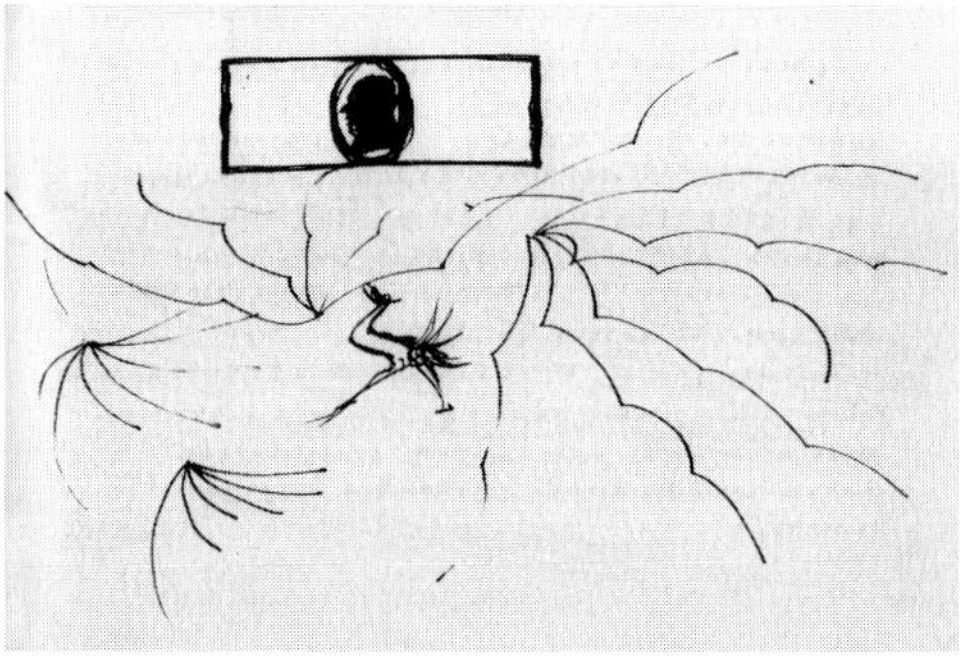

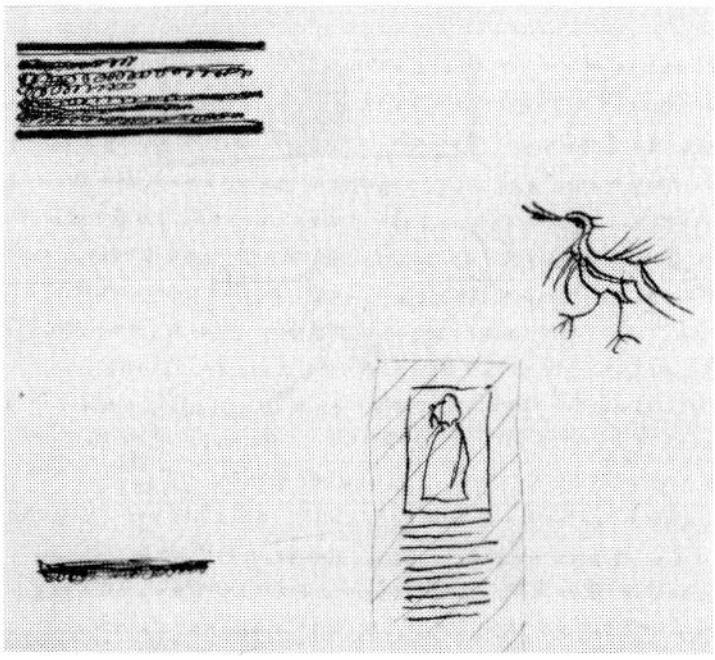

まだまだこれから重要となりそうだ。３Ｄは２Ｄに比べて身体に近いからだ。なにかにこだわりなにかにぬけていくことが意味をもつ。あまり他でやっていないことがまた次なるものをつかむ。フォルケさんの家で見せてもらった３Ｄはかなり先をいっているように思われる。

大々的でなければここにしかないものであるべき。論理をとことんやりつくしてそれが感覚にどううったえるかである。マーケッティブひとつ考えても後者によるところが多い、だからおろそかにはできない。

昨夜聴いたフィルハーモニーは指揮※ウォルフガングのモーツアルト41番。見事。時間を忘れる。この人の指揮によるモーツアルトと相性がいいのだろう。モーツアルトがイメージした分野をこの人の手で完成させている。これも技術的感性のうまいかみあい。とにかくみがきあげられたところからやってくる音。

昨夜のモーツアルトと今日の３Ｄ、分野は異なれど訴えるところは同じ。人が存在することで開かれる新しいところ、みなそれを夢みている。大衆が期待しないとだめだ。

人がいてものが持続する。持続は力。クラッシックであれほど大人を集めたように、３Ｄで子供を掌中にさせるように空間でなにができるだろうか。

空間は長い時間とのかかわりでおさえておかなければならない。いろいろな関係の中で存立

するもの。関係はどのようなかたちでめぐりくるのか定かでない。他者に身をまかせるしかない。だから深い意味をもつ。

フィルハーモニーの休憩時に思った人と人、顔と顔のドラマは、まさにあの関係性の上にあるといえる。関係性は追求できるものと、別のところからやってくるものと両方がある。とにかくふっと浮かび上がるところから太い道が通る。それも堂々として。ゆるぎないもの、これはなかなかである。時代の波がうるさくうごめいているときにあっては。

しかしよく考えてみればそれはごく普通のことであり、いつの時代にあっても発見があり、感動があり、生命がある。

とにかく深く考えること、思考をくりかえし深めるしかない。その中からやってくるもの、来ないかもしれないし来るかもしれない、何かがあって何かを示す。そこに別の位相がつながっていく。別の位相をめざさなければ意味はない。次にやってくる位相、それこそが時代のメッセージと同じことをいう。

モーツアルトが感知した宇宙からのメッセージは普遍性をいだかせて、すべての人の心に共感をよぶ。そこに意味をもつ。共感こそ人類の歴史にあって重要なことはない。そのとき、特別なるエネルギーが発せられる。このエネルギーは普通の定義にはなく、子供心によびかける。

子供は原点からのうたいあげるものをもっている。子供をみているとなにかを動かそうとする。

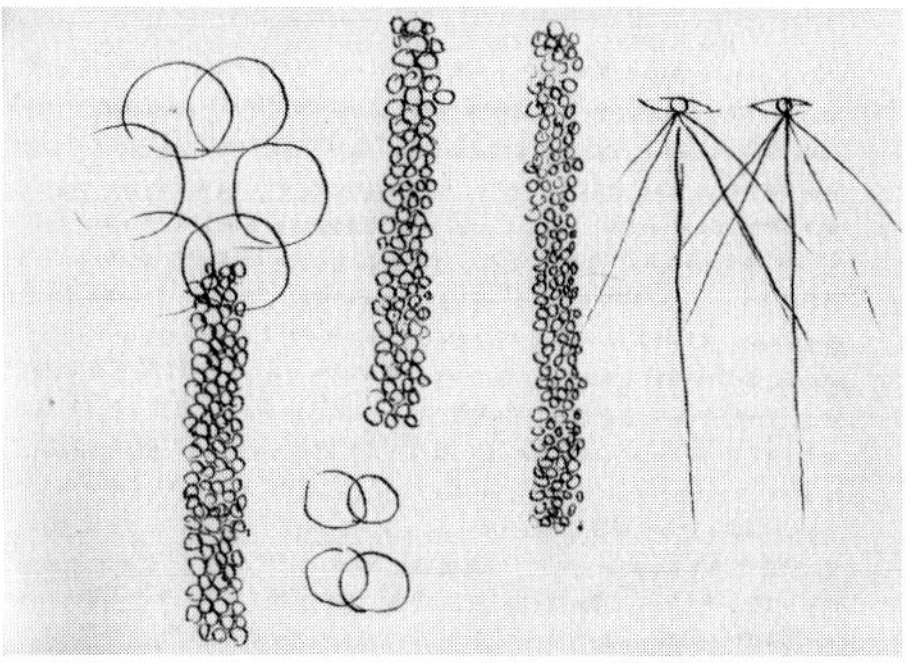

子供は発見者であり、それを大人に伝える。大人もたえず子供の精神でいなければ、子供の伝えようとすることを見すごしてしまう。

人を動かすのは単なる思いつきや偶然ではない。理論の末の構築に他ならない。理論は体系的でなければならない。あらゆる今があって、その今が分類され分析され人生を語らなければならない。

体系的であるためには生命からくる人類の未来への期待。未来の夢。ただばくなるものでなく、必然の末のよりどころといった方がいいのではないだろうか。ある方向に動く、回転運動のごときもの。回転はスパイラルであり、スパイラルは受けついでいく生命。

これほど大切なる事はない。スパイラルを感じて人間は皆生きている。喜びとかなしみはスパイラルの中にある。それぞれ形を異にしながら現れてくる。人と人との間にあるみえないスパイラル、これを生かせるようにしていかなければならない。スパイラルは大きな命題を示している。スパイラルよ集まれ、そこから何かが見えてくる。

97・3・14

民族は結束すべきかそれとも他民族とも手をつないでいくべきか。これは世界がかかえている問題にすべてあてはまる。平和なときは他と手をつなぎ、そうでなくなると民族という概念で

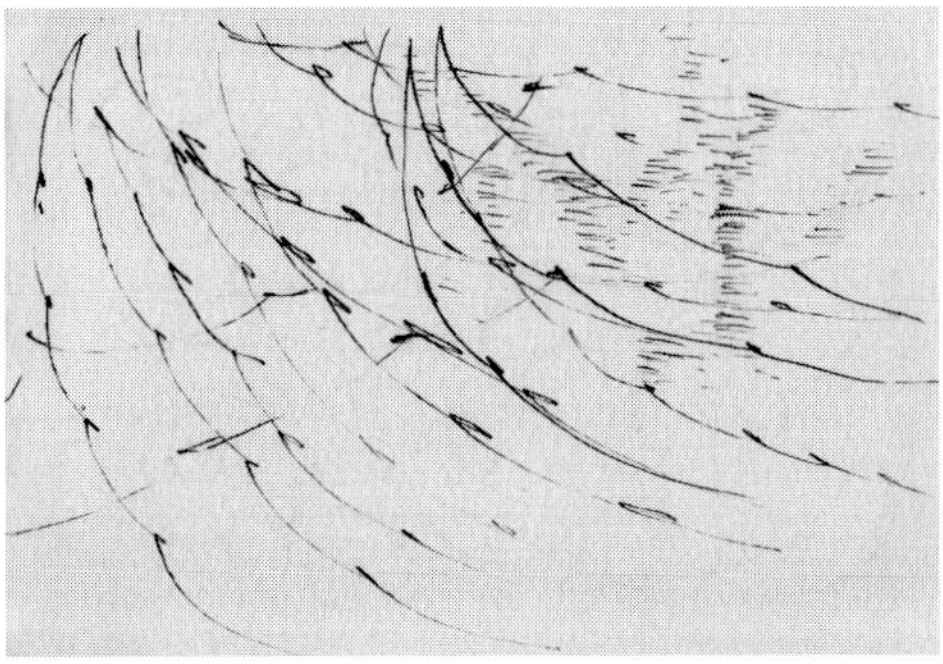

おしまくってくる。
歴史はこのくりかえし。なんにも進歩していない。満足の限界がない欲望のおもむくままにやっているので、歴史はただくりかえすだけ。全く同じではないが似たりよったりばかりをくりかえす。

今日は久し振りに雨となった。気候の移りかわりと人類の歴史、似たようなこと、雨、曇、晴をくりかえすのみ。歴史は集束するのでなく、少しだけ様相を変えながらやっていくしかないのだろうか。

雨の日は、また別の風景を見せてはくれる。別であることの重要性とは何なのか。それを新しい波として受けとめてそれによって生産するのだろうか。生産は生きるための手段。これが喜びとするか否かでとらえ方がちがってくる。

生産のための知識、能力はまだまだ未開のところにある。面白く生産することが大切。面白いとは、ひとつ間違えば非生産的となってしまい、矛盾を露呈する。生産の内に秘める面白さは料理のスパイスのごときもの。面白さは経験が深くかかわっているただの思いつきではない。経験でくみとったことによる行動に他ならない。

経験は時を選ぶことはない。永遠なるなぞを秘めている。経験しようとすることを、経験としてされてしまったことの差に経験のもつ原理があり、たえず未開をめざしている。

97・3・14

ドミニク・ペローの設計した半地下のスポーツセンターを見にいった。何度も新聞のガイドブックに紹介されたので、十分完成されていると思っていたのだが、敷地に近づいておどろいた。円形の外装がかろうじて認められるぐらいで、周辺は工事現場事務所と残土が積んである。四角の方はまだ鉄骨が組みあげられている途中。それでもなんと単純なことか。この円と四角は宇宙のかなたから認めることができる。

ペローのパリの国立図書館での単純さは、このスポーツセンターで同じ思考の中にある。宇宙との交信、建築でなかなか行われなかったスケールの大きなところをめざしている。それに、情熱的であり、ゆるぎないものがある。

それにくらべて、他の、今できている建築の、なんとちまちまとしていることか。これでは宇宙はおろか、人間との交信もおぼつかない。ペローの思想の明確ななかには、なにごとにもとわれることのない理想世界が脈打っている。それが人々に感動をよびおこす。

建築の尊厳

宇宙との交信は南米アンデスのナスカにあるように、地上での人間の目よりも無限からの視点。この無限の距離からとらえることはなかなかできるものではない。日々の世俗にほんろうさ

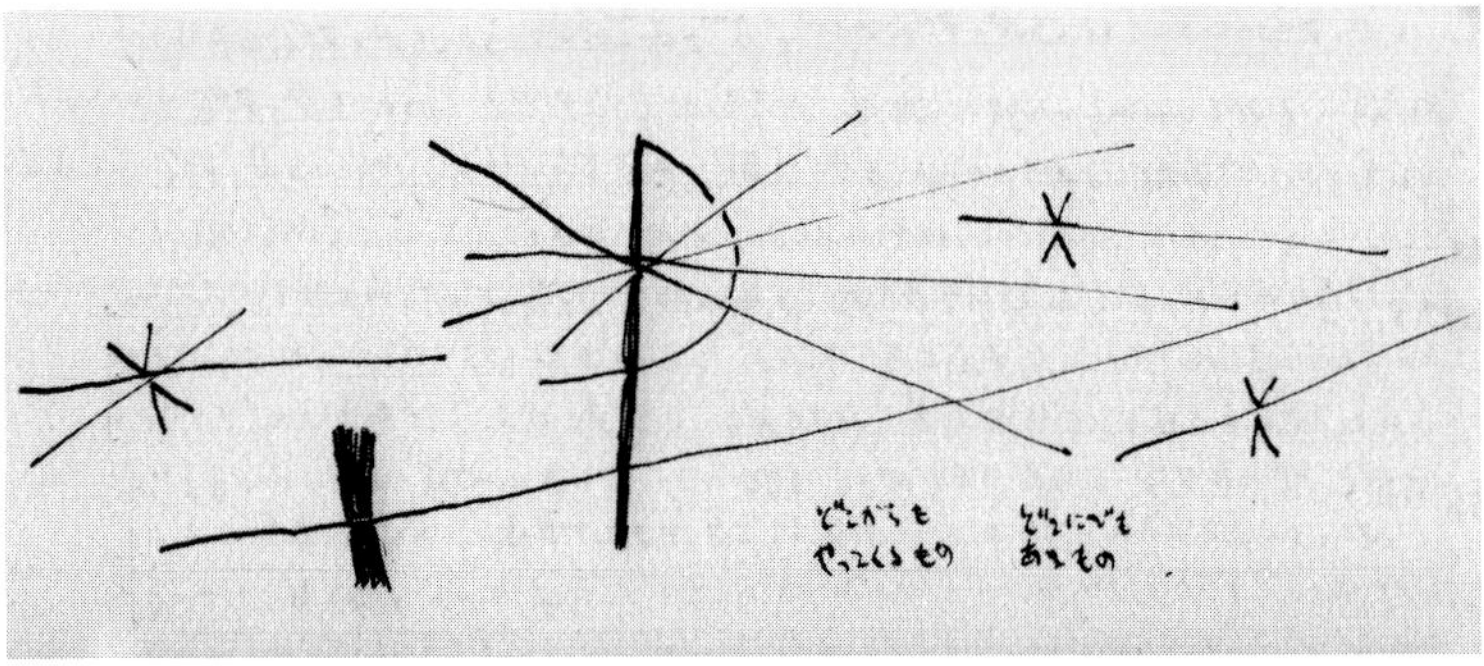

れている身ではなかなか近よりがたい世界。

しかしいつの時代にもこのようなことは現れ、見つけ出され、手を下される。そのチャンスがあるかどうか。

今日は途中からかなり強い雨となった。雨の中での円と四角。この人類史上はじまって以来つづいている幾何学、答えはどのようなところにもころがっている。建築の尊厳とはかくなるところにある。

日本でも古代からみてみると、仁徳天皇陵においても、伊勢神宮においても、法隆寺、東大寺の計画にあっても同じようなことを考えていた。ディテールをとらえながらなお心情は宇宙のかなたに、なかなかできるものではない。

小さな一つの建築でどこまでそれをなしとげることができるだろうか。重くて軽く、かたくてやわらかい、この二律相反をいかにして解放するかということが意味を深めていく。いろいろなことがあっても明快でなければならない。小手先のこそこそした作業ではどうにもならない。そこにはみがきあげられた理性の内から輝きを放つもの。そこにゆきつくにはかなりのスタディがいる。そぎおとしそぎおとしていくときに自然に現れるもの。そこには何ごとも寄せつけることができない強い光をはなつ。

建築が人の精神にまで働きかけるとはこのこと。空間の宗教への回帰があるとしたら、この

ようなところにあるのではと思った。

雨の中を路面電車の駅まで歩き、雨の音をききながら考えたことは、一滴一滴の雨水の中に人間が知りえないことがいっぱいつめられている。どこにでもあるのだ。

この、これからも美は無限に存在するということが人の心をなごませる。差別はない。いつの時もどの場にあっても同じ。思考のとらえ方、思考の順序、思考の組みたてによってどのようでもなりうる。それを忘れてただ苦悩をくりかえす。もっとすばらしいことはいくらでもあるというのに。

あるスタイル、皆がやっているスタイルにとらわれる。皆がやっていることに入ることは、それこそとらわれであり自由ではない。自由な心のおもむくままでなければどうにもなるものではない。別のところに身をおくことは自由なように思われるが、これでは本質ではない。

自由なる精神とは宇宙的なことであり、時も場ものりこえるところにある。そのときはじめてインスピレーションがやってくる。自然にゆるやかに穏やかに豊かに、そのものの存在。そのものほど大切なことはない。これがよく曲げられてしまう。今までの慣習というものでやられてしまう。慣習をぶちこわしたところに入ってくる一条の光があるはずだ。

雨の日は人影がまばらになり、それにかわって自然の顔が、思わぬ顔がのぞくもの。装飾が

※エドワード・キーンホルツ（1927年―1994年）
米国の美術家。職業を転々としながら美術を独学で学ぶ。ロスアンゼルスに移り、木の廃品のコラージュから始めて、舞台装置のような作品を作る。代表作に「待つ人」など。

洗われ重厚な床の表情をあらわす。変幻自在のゆれ動く世界を演技する。そこにはドラマがあり生活があり人種があり、いろいろな読み方ができる。そこに潜むかくされたところが意味をもっている。そこに応答がある。ピーンとしたりサラッとしたりグラッとしたりする。一瞬一瞬をとらえれば一時には無化してしまっているので平均化されてはいるが、雨の中の現れてくるもの、それは深い意味をもち複雑なる反応を示す。

雨の危険性は情緒的であること。理性でとらえなければうつろい、反射、波動、円、水滴、黒々、明暗、……、それ以外を考えないことが重要。冷静に雨をみる。そこから力が出てくる。その時しか重要ではない。人に訴えかけるのは、このベーシックなものをぬきには成立するものではない。転換をくりかえしくりかえしやってくる波動。

言葉が通じないことのもどかしさがある。気分だけで通じるというのは限定された条件でのこと。絵とか音響とか建築を介在してのこと。しかし通じないことは別の感覚を鋭くする。動きをみる目とか耳とか触覚である。

これは考え方によってはすごい事ではないか。自分独自のそのもののところにあることに他ならない。気のおもむくままにということだ。全身全霊で感じとることこそ大切なことなのだ。よくスポイルされることが多い変な知が防御してしまうことだってある。

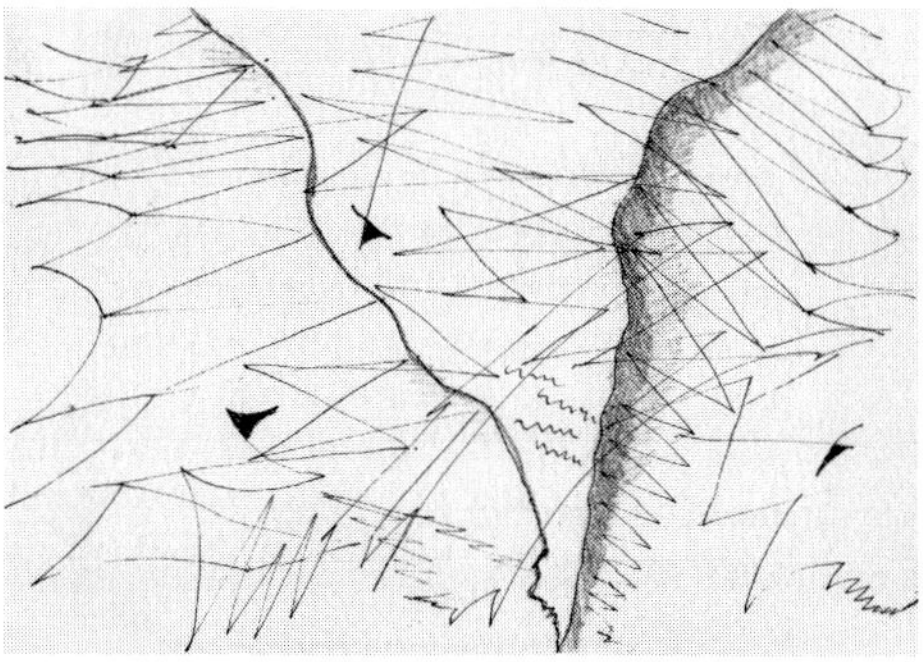

97・3・18

ここに至りて考えること多く、元をたどれば同じところに至るのだが、いろいろと別のことをさぐろうとする。昨夜、アイゼンベルグ氏に会ってその思いが深まった。

十分の表現力があるのにいろいろと今を意識してしまう。それが作品をマイナスにしてしまっている。力を弱めてしまっている。いわゆるコンセプト不在に至ってしまう。※エドワード・キーンホルツとアイゼンベルグ氏の違いはそこにある。

都市にあっても同じ。今と百年前の建築の差は、百年前がただひたすらに、様式をくりかえしくりかえし作品に高めたこと。それにくらべて街角の現代建築はどうしたものか。ただガラスとアルミを器用に使いこなしているだけ。それも工場で切断されたのをただ組み立てるだけでは、なおさら人の気分とは遠のいてしまう。

ただ納まりがいいとかプロポーションがいいではどうにもおさまらない。これではむくつけき残骸を世にのこすだけで、あくせくしているだけではないか。なさけないことこのうえない。

現代は、先端の技を使いながら今までできなかった空間をつくらなければ意味をなさない。テンション、キャンティレバー、長スパン、合板技術、まだ使われていない分野が多すぎる。それを使いこなすことによって、次なるものが立ちあらわれてくる。次なる歴史を語りつぐものでなければならない。
コンクリートにしても、最も造形的な可能性を秘めている。ロンシャン礼拝堂とかサーリネン※のターミナルTWAの美はまだまだ何かができることを示している。スティールにしても直線、曲線のくみ合わせがいくらでもできるはず。極限へのつめがまだなされていない。

極限へのつめ

建築は現代音楽と同じ。楽器の機能をつめていった後の美。それが――とことんのつめが――コンセプトなのだ。それがなければ歴史をつづけていく役目をになっているとはとてもいえるものではない。とにかくコンセプト。コンセプトがなくて何が都市か、何が建築なのか。コンセプトには知と情と神が宿る。それを読み違えて、ただ知に急いだり情に流されたり神がかったりしたのではコンセプトとはとてもいえるものではない。この三者が同一になってこそ、はじめて豊かにして永遠なるものがやってくる。

今日、特にその思いを強く感じた。コンセプトなんて特別なるものではなく原形。もともとそこにあるものをとりあげるだけの行為。その行為はたいへんな努力を伴うものだが、それだけ考えていればいい。余分のことをいろいろ思う必要などありはしない。

これは哲学。人間の存在を問うもの。空間の存在を問うもの。存在こそすべてを語る要素。

※エーロ・サーリネン（1910年―1961年）
アメリカで活躍したフィンランド人建築家、プロダクトデザイナー。シンプルで印象的なアーチ状構造を多く作品に取り入れていることで知られている。ジョン・F・ケネディ国際空港のTWAターミナルビルなど、コンクリート・シェル構造を用いた流れるような曲面の表現主義的なスタイル。

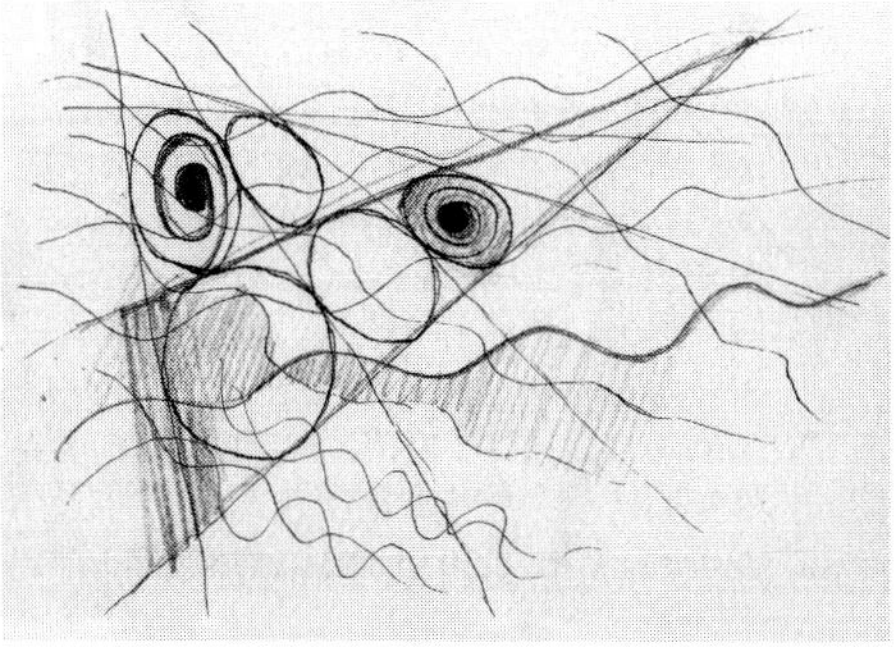
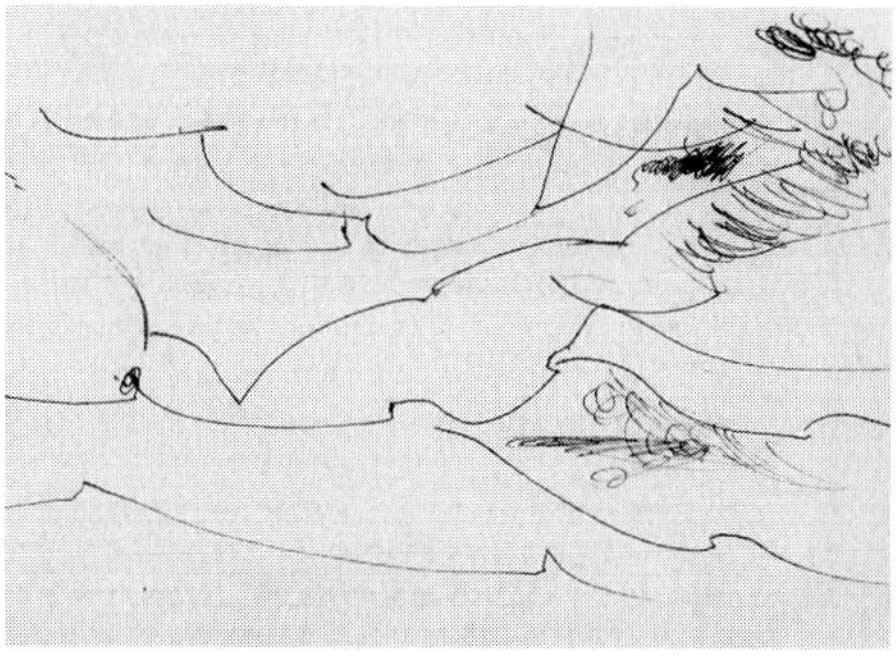

いかにいかに、との問いこそ大切だ。

人間が対象に感動するということはこの哲学のことで、三千年の歴史をつなぐ哲学。哲学は不変。云い方は変わっても同じこと。人間とは何か、私はなぜ、今ここにいるのかということに他ならない。

一杯のグラスの白ワイン。これが何を語るかを知らずして、都市とか建築など語れない。小が大に展開し、大が小の集積ということを思うと、大も小も同じ性格。これを別々に置こうとするからかえって不純となってしまう。

白ワインが体内をかけめぐって旅をする。これは三千年間変わらない。旅で見たものを気にするからややこしい。旅そのもの、見ないでも感じるものが重要。この旅は無限の中の一つの旅であり、唯一無二ということがそれだけで十分だ。

何を見たのか見おとしたのか、表層を論じるから哲学に至らない。白ワインが体をめぐり反応しただけで十分というのに、なんで姑息に陥るのか、もっと大論をみなければならない。

宇宙のなりたちを考えなければ、ワインも宇宙。宇宙が体の中にやって来たのだ。スケールは問題外。たえず逆転することによって、上下が、老若が、国家が、男女が、今までのしきたりが、方針が、ひっくりかえることによってよろこびがやってくる。

人類の歴史なんてそんなものだ。反転反転をくりかえすことによってやっと活力を保つ。宇宙の原理とは逆転にある。キリストもソクラテスも利休も、生と死の逆転により強い生命を保っている。

思わぬところでの一瞬のうちの逆転、そこが美だ。美は簡単であり大層だ。また逆ともいえるが、今までのルールでないところにその意味と感動がある。

ものごととはそういうものの上に成立している。物語として文学であり哲学であり。そのことが日々、日常の中に現れるかどうか。明解なるコンセプトの生命とはこのようなものだろう。それは特別な人に現れるのではない、皆同じ。それを統括する力があったかどうかで違ってくる。三千年の歴史を知るものが統括する役目をもつ。歴史を知らないものがやるからとんでもないことになってしまう。そこにあるのは歴史からわきあがってくる真理。

真理とは神であり知性であり感覚、さらにそれらを総合するもの。モーツアルトの音楽にもブルックナーの音楽にもベートーベンの音楽にもシェーンベルグの音楽にもそれがある。それにかわる建築はあるのだろうが、バックミンスター・フラー※の建築にはそれがある。現代はいろいろな建築があるが、フラーをこえてはいない。

地上、この不思議なるところ、人間は地上にしか住めない。一時地上にあっても天を飛んでも、

※リチャード・バックミンスター・フラー（1895年―1983年）
アメリカ出身の思想家、デザイナー、構造家、建築家、発明家、詩人。生涯を通して、人類の生存を持続可能なものとするための方法を探りつづけた。宇宙船地球号、エフェメラリゼーション、シナジェティクス、デザインサイエンスなどの言葉を広めた。デザイン・建築の分野でジオデシック・ドーム（フラードーム）やダイマクション地図、住宅のプロトタイプであるダイマクション・ハウスなど数多くのものを発明した。ジオデシック・ドームやテンセグリティ、今日一般的に見られるドームスタジアムの開発・設計、オクテットトラス構造の特許を取得。提案されたコンセプト等は現在の社会の大きな要素となっているものも少なくない。

すぐに大地にしかいくところをもたない。考えてみれば不自由な動物。人間に羽根をつけなかったのは誰なのか。これが決定的に人間を不自由動物にしてしまった。
そのため階段をつけたり、エレベーターを発明したり、飛行機を考えたりした。夢を少しはかなえてくれたが、たえず鳥にくらべて不満をもっている。永久に不満をもっている。地球が終わるまで不満をもっている。その人間の欲求と、地球の終わりを想定するとどうなるだろうか。その時羽根をもって飛び立ちたいのであろう。飛びたってどこにいくというのか。とてもこの答えは見つからないのではないか。

97・3・20

人間の行動原理はどこからくるのだろうか。今まで理性でとらえていて、これがふさわしいとか、これが効果的であるとか、安全であるとか、経済的であるとかを判断するのだが、それだけではなさそうだ。

それは美学的な判断というべきものだろう。気分がいいとか快適であるとか好みの建物があるとか、感性に訴えるものがありそうだ。この理性と感性の総量によって支配されていると考えるに至るが、もうひとつどうしてもとらえておかなければならないことがありそう。

それは自己の範囲でとらえられないもの、即ち何か目に見えないもので動かされているということ。なにか第三の力によってひかされている。

ここに哲学は第三のところでいろいろと解釈がわかれてしまう。それは霊的なもの、運命的なものとでも考えるのではないだろうか。日々の行動の決定は自分でもやっているようであるが、そうでないところがある。

何故このUバーンなのか、何故路面電車なのか、このカフェを選んだわけは、どうして他を選ばなかったのかと、計画性をもちながら実はあとで思うに、なりゆきではないかということが浮かびあがってくる。

これは日々のことにあっても人生にも同じ。日々の総体が一生とすると、それが読めてくる。一生は不思議なる糸にあやつられることになる。仕事にあっても生命力にあっても同じ。

未来につたえる

一人の人間は大きな自然の一部にくみ込まれてはいるが、人間の自己と意識と判断とその次なるもの、この次がおおいなるウエイトをもっている。生命力を決定づけるのはこの次ということになる。

平和のときも戦争のときも、人間は生命の持続をはかることに全力を傾けている。この全力なるところが生命の大切なる鍵をにぎっている。自分がこの地にて全力を掲げ、その結果はどうなるのかは予想だにできるものではない。

しかしチャンスは思わぬところにめぐってくるのではないのか。それでこの時代にそぐわなく

てもそれはさほど問題ではなく、別の予見として人々の中に受けつがれていくもの。
未来は光あると考えていた。私がここにいる間に何ができるのかをはっきり決められないということ、決めることができていたらあまり特別なことは期待できない。とにかくこのきびしいベルリンの地で何を未来につたえるべきなのか。そのきっかけが見つかれば、それが波及効果となっていくのではないか。

今夜の月は見事だ。一日の小雪がふっとんで夜空はますますさえわたる。ただしげしげとながめいった。そこには無の感興が静かに横たわっているだけ。そして未来を求めることになる。今までやってきたことはそれはそれとして、これからなのだ。日本はどうなるのか、いや地球はどうなるのだろうか。それは第一と第二と第三のよい選択にかかっている。

時間と創造

人間は時代を経過するにつれて道具を発明し、機械を発明し、合理性をはかってきた。たしかに完成度はあがったし、完成するまでの時間は短くなった。合理的だ。それで豊かな時間と生活が約束された。
ところがそれが深行するにつれて別の問題がおきてくる。時間と空間をもて遊ぶ、もて遊ばれてしまうことに至る。その時、創造は堕落の道を進むことになる。

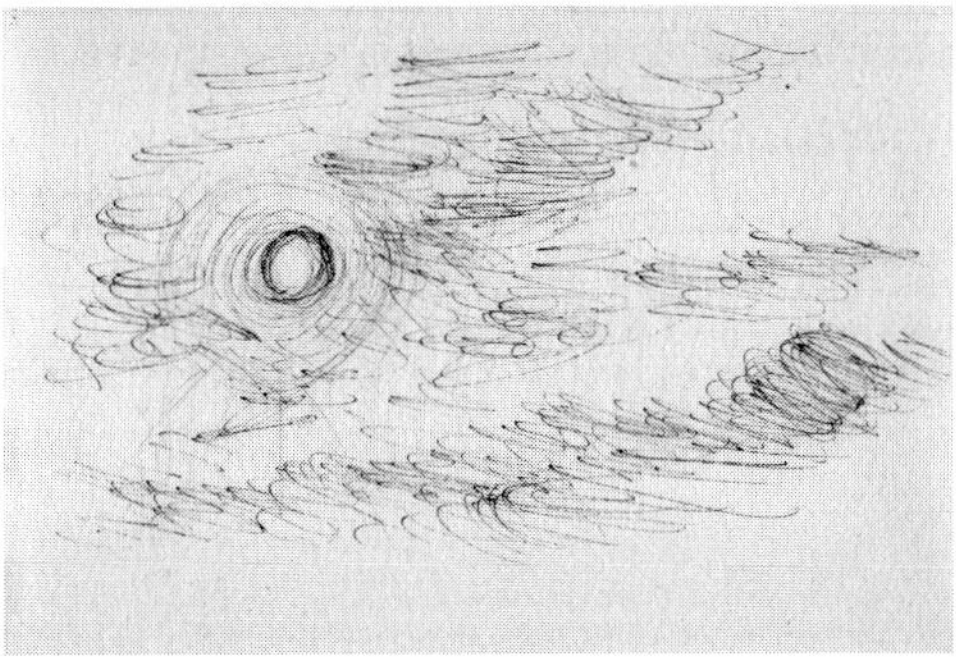

なにごともバランスすることはむずかしい。バランスはないといった方が処しやすいのではないか。完全な正当なる行為はありえないということ。どちらかにふれると必ず反作用が深まってくる。

創造は時間をかけなければ人を感動させることはできない。たとえ一本の線を引いただけでも、何本も何本も引いたものの線と、ただデッサンもされていない一本では異なる。文章にあっても同じことが云える。推敲を重ねつくしたのとそうでないのとは、一字一句に込められる力が異なる。

相手に伝わるかどうかはそこにある。苦闘の歴史の中から新しい歴史は生まれてくる。時代の節目のようなもの。その節目をどうほどいていくのかが重要。一般にはその節目すら気づかないで見すごしてしまっている。

思想の節目は何だろうか。自己の解体なのか自己の読みかえなのか、自己とは近くに遠くにあるのか、いつも問題をかかえている。

時代の創造力とはトータルで同一と考えられる。多くのことをやっていても少しのことしか手をつけられないときにあっても同じ。合理化合理化の道をつき進んでいるときは、その反対の方向が求められる。

そこに美は顔をだす。この街にある百年と今をみると、明らかに百年前に高度のものを感じる。

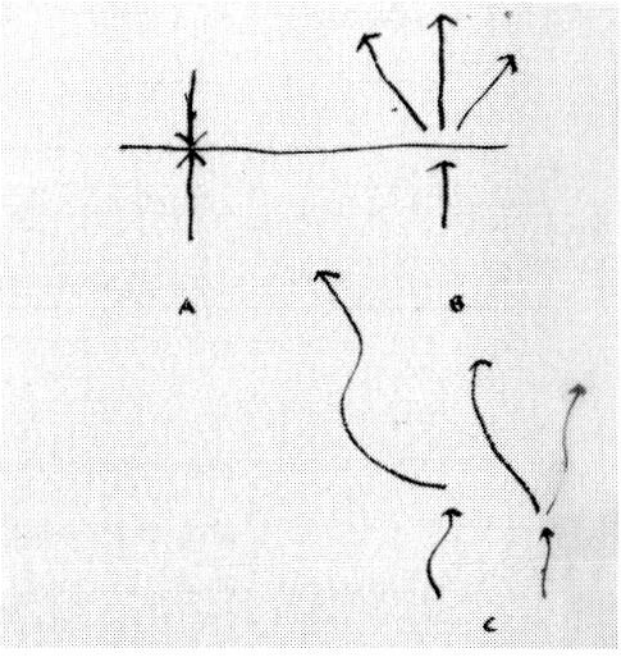

人を引きつけるものがある。

それはそれに傾けた情熱に他ならない。感動する建築というものはすべてそんなもの。思いつきでなにかができましたというようなものに人は感動をよせることはない。つくるのも、機械でも道具でもなく人であり、見るのもカメラでもなく人なのだ。

そこにあるべき姿が語られる。ああ、どうにも逃げられるものではない。心を開いてことにあたるしかない。そのとき美の使者が現れる。

それは計算されている部分とそうでない部分、偶然性か霊的なものか、二者による反応ということができよう。

音楽ビエンナーレで聴いたブーレーズの音楽の、八方から鳴り響く音の反応。音の世界の場への展開であり、音という時間を空間に対等にとり組ませる姿勢。空間と音、音と空間、これの新しい提示に他ならない。

これもデッサンを重ねて行くうちに出来上がった。デッサンとはご破算のくりかえしである。一度くみ立てたことをどれだけはじめからやることができるかということ。ご破算するためにはたくわえられたエネルギーがいる。

再びコンセプトとは何かを考える。コンセプトとはすべてをそぎおとしそぎおとし最終にのこ

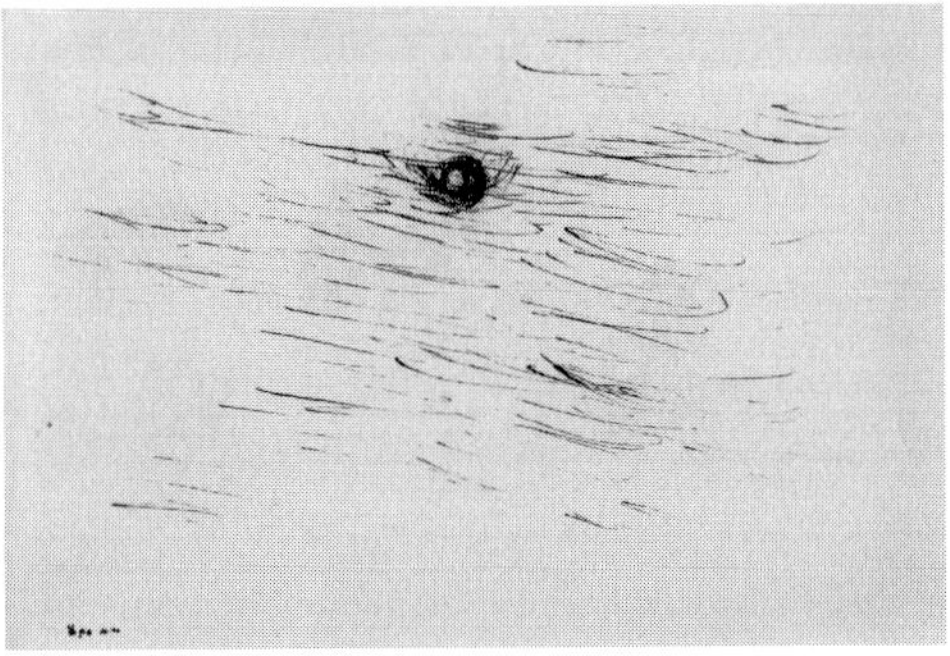

る核のようなものなのか、それとも変更をくりかえしくりかえし到達するものなのか、それとも全く別のところからイマジネーションを伝えてくるものなのか。

おそらくこのずれも必要とするものだろう。それらがうまくかみ合うことによって立ち現れるところに、とほうもない人を感動させるものがそなわってくるのだろう。ヘルマン・ヘッセの文章の中にあるとてつもない人間の内面をえぐりだす力は、同じようにこの三つの統合の中に醸成されるのだろう。とにかく一日にしてはなりえるものではない。

ヘルマン・ヘッセが庭づくりをしながらの植物と動物の交感の結果、選びぬかれた文章であるところに意味があるのだ。生活から文学と一体になっている。

空間体験も同じこと。意味のあるアトリエから意味はわいてくる。そこにいるだけでわくわくとするようなもの。そぎとられていながら、いっぱいのメタファを伝えるもの。アトリエはその人の体内であり、アトリエはその人の人格。アトリエは未来を語り、アトリエは人々をインボルブするもの。アトリエをみると作風があらわれてくる。

にげもかくれもできない修羅場だ。修羅場はおだやかであり、激動もともなう。そこは生と死のぎりぎりのところにある。人間はそれほど多くの事はできない。なんでもかんでもやるわけには行かない。

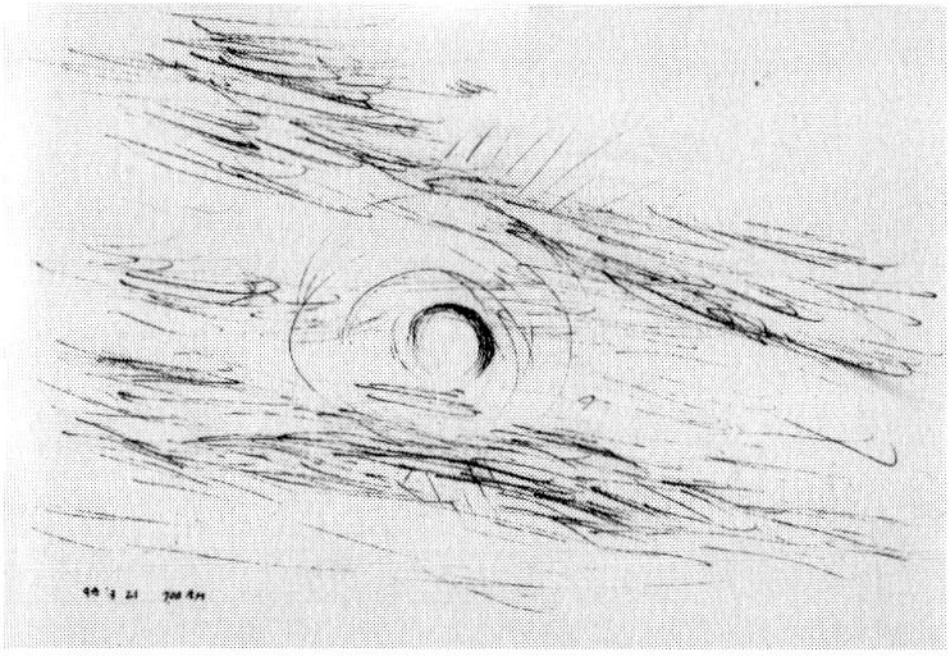

どれかをやってどれかをやめなければ。そこに選択がおこなわれる。この選択、自己が決定していることになるが、他者による影響力も見のがすことはできない。この他者こそ自己との今までの関係にある。他者はあるべくしてある。そこで決断されたることは内容をともなっているもの。この内容は出発がすでに異なっている。だからたやすく内容など充足されるものではない。つくりやすい四角、つくりにくい円。つくりやすい円、つくりにくい四角。そこに美が生まれてくる。美が宿ってくるといった方が正当。つくりにくいのをなんとかなんとかやる。そこに美がやってくる。対象との応答なくして美は生まれない。たやすいようでむずかしい。

急いでやってくる美、ゆっくりやってくる美、どちらもおなじようで中味はちがう。しかしそのどちらがいいかは判定できない。時と場合によるから。

またこういうことも云えそうだ。人間の頭脳には本当のことはわからない。人間の限界とはそういうもの。人間以外の動物とか植物の方がより美を理解している。彼らの住んでいる環境をみればわかってくる。環境と美は同一にあるから、美は人間の感覚のおよばぬところをさまよっている超常現象とも云えるもの。心を無にしなければなかなかわからない。だからやっかいだ。

空っぽでいっぱいのもの、それが重要。いっぱいでいっぱいはたいしたことはない。この空っぽで、というところに深い意味を含んでいる。空っぽはまた空っぽにすることによりとも云いあらわすことができる。空っぽは別の充実を期待できるから。

私はもう空っぽになってしまった。全く、どうとらえても何もない。空っぽのままでいるということもまたいいもの、他から入れてくれ入れてくれとやってくる。何とまあ単純ではすまされない。別の時空にいるとよけいに空っぽをひしひしと感じてくる。空っぽの自立がある。

境界について考えた。考えのまとめとしては境界があった方がいい。物のまとめとしてはこれは人間をだめにしてしまう。境界は見えないところでは偉大だが、見えるところでは俗物になり下がってしまう。

これに似た言葉で臨界がある。臨界は到達を意味し、すがすがしい何かをこれから期待できそうだ。臨界は未来をめざしている。世俗をとおりこしてどんどん純化されていく。空間は臨界をそなえなければ、そうすると内容が変えられていくもの。それを予想できない夢をふくむところへと運んでいってしまう他者からの働きかけのウエイトが高い。だからモダーン。ただ新しいというのでなく、そなえられた、たくわえられたといった方がいい。それが境界と臨界の今のとらえ方、急に行ったりきたりする。

97・3・21

早く夜が明けるようになった。七時になるともう目線から五度は上に昇っていた陽、それを囲む雲、この雲を眺めているると千変万化、とどまるところを知らない。

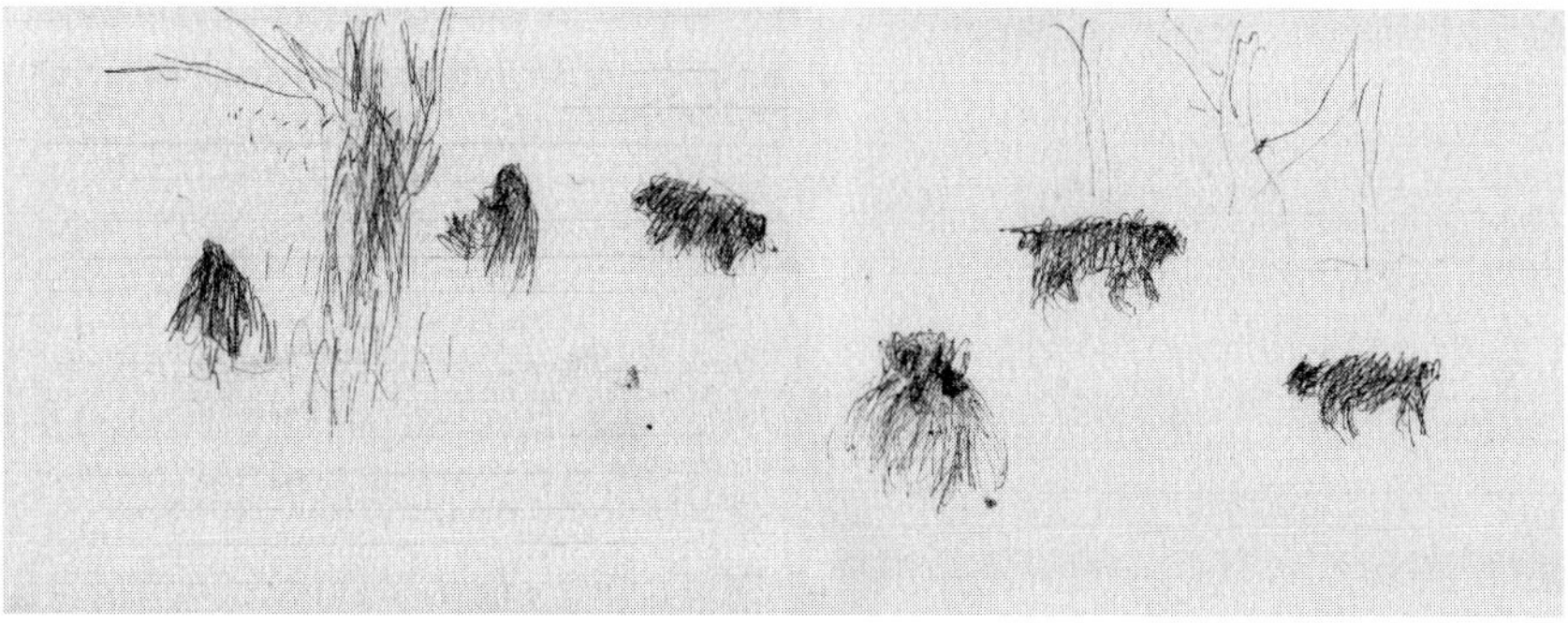

自然はなんとその美を人の前に展示しようとするのか。スカイラインの建物はかすみの中に融け込んでいる、天地一体だ。自然がつくるものと人間の営みとが一体となったときに美が提示される。それは空気がとりかこみながらいい具合に形づくるから。

そこにはとてつもない力、エネルギーの変動があってなされる。人の力など及ぶものではない。人間はそれでも力でねじふせて自己が領域に自然を組み入れようとするが、それは無理だ。それがわかったとき人間はどうすればいいのか。自然を理解する姿勢をもつしかない。とても人間の頭脳のおよぶところではないが、—これからもそれを解明すべくいろいろな理論はたてられても—それを知ることが、そしてそれと仲良くすることが大切なのだ。

今朝、太陽と雲の生々流転をしばらく見て感じたこと。これを書き始めたときはスケッチのように雲があったが、上部はほとんど空となり、大部分うすくなって消えてしまっている。人間の営みもこれと同じ。この関係と同じ。自と他との関係で日々変化する。自は太陽となり雲となったりする。そのどちらの役も必要なのだ。

もうすっかり雲が消えてきて、太陽がギラギラと輝りつける。スカイラインの教会の三角塔がくっきりと現れてきて次の表情へ、人生への序曲をきいているようにも思われる。

太陽と雲はいつもスカイラインをみている。激しかったり、やさしかったり。

あとがき

荒木公樹

本書『Message from Berlin』は、建築家である狩野忠正が一年あまりにわたり滞在したドイツ・ベルリンにてしたためた日記である。狩野のノートには、日記とともにスケッチが描かれ、本書にはそれらを余すことなく掲載した。

狩野は、阪神・淡路大震災の発生後間もない頃の一九九五年一二月から一九九七年三月まで、ベルリンに滞在した。当時のベルリンは、一九八九年一〇月九日の壁崩壊から東西ドイツの統一を経て、首都移転の作業の真っ只中にあった。狩野はベルリンがその都市の様相を大きく変える時期に立ち会っていた。狩野は壁崩壊の前年に当たる一九八八年に最初のベルリン訪問を果たしている。彼はベルリンを選んだ理由として、テオドール・W・アドルノによる「アウシュビッツの後で詩を書くことは野蛮である」という一文を引用しながら、次の言葉を残している。

「日本は第二次世界大戦によって長い歴史が分断されてしまった。それも大鉈で切りつけたような断面である。あまりにも大きな溝である。戦前までの生きた歴史が閉ざされてしまっている。それは今でも続いている。日本が不安定なのは、このような状態の歴史の延長にあるからである。同じような運命のドイツ国のベルリンは辛うじてつながっていた。過去が息づいている。私がべルリンを選んだ理由はここにある」（狩野忠正「どうしても埋めておかなければならない深い溝―ベルリンの壁と阪神大震災が語るもの」『新建築』一九九九年八月号）

当時の狩野は、三十年以上にわたり勤めた竹中工務店を一九九五年の夏に退職し、大阪に自身の設計事務所である狩野忠正建築研究所を開設したばかりであった。ベルリンでの居住開始とともに、日本への帰国までの間、彼は創作し考えるための拠点をその地に置くこととなった。退職直前の狩野は、設計部長を経てプリンシパル・アーキテクトを務め、年間数百件に及ぶ案件のデザイン・レビューを手がける立場にあったという。そのため、自身が納得のいくまで集中して建築に取り組むことがかなわない状況について、心に相当な緊張を抱えていたに違いない。五〇歳代後半の多忙な日々を送る中、狩野は建築家としての円熟期を迎えるに当たり、今後どのような活動に踏み込んでいくのか、立ち止まり考える時間と空間を持ちたかったのだと察する。さらに、自身が育ち数々の建築を手がけ、震災により大きな痛手を被った地を離れることは、いたたまれない気持ちとともに震災により頂点に達した緊張からの解放という相矛盾したものを抱えていたことが想像される。

　そのような狩野が、ベルリンの地で誰にも認知されない存在となり、自分と向き合う時間を持つことができた喜びを日記から読み取ることができる。囚われるもののない中、ベルリンの街で逍遥を繰り返す日々。目にする対象を批評的にとらえながら、建築家として自身はどうあるべきか、愚直なまでに何度も立ち返っている。狩野はベルリンでの自問の結果を受け、都市を息づか

荒木公樹
１９７１年生まれ。神戸大学工学部建築学科卒業。建築環境研究所を経て、２００３年空間計画設立

せる余白の大切さを挙げながら、次のように振り返っている。

「アウシュビッツという過去は、ドイツの過去であると同時に、地球市民にあっては人類がもった過去ということになる。歴史は遠くにあるのではなく、自分のそばにある。しかし、自分の問題としてなかなか気づかない。自問自答しか解決方法はみつからないのだ。それが自己と他とがつながる唯一の方法である。アウシュビッツで犯された罪は次世紀には起きないという保証はない。この罪の事実を実証しておかなければ次に進むことはできないではないか。それは歴史に刻印された人類共通の溝である。この溝を埋めなければ詩も音楽も絵も創造することはできない。同じように、建築も、構築することも余白ができないのはここに原因があるといえる。建築をデザインするとか構築することはもうやめてしまってもよい。建築は歴史を掘り下げていく行為の結果、立ち現れてくるものである」（狩野忠正「どうしても埋めておかなければならない深い溝―ベルリンの壁と阪神大震災が語るもの」）

狩野は決して器用な人間ではない。繰り返し問いかけ、考えることを通して自分なりの答によようやくたどりついていたに違いない。彼の手がけた建築を訪れると、多くの迷いや葛藤を経て達成された明快さを強く感じる。

狩野はドイツからの帰国後、多くの設計・計画を手がけるだけでなく、神戸大学と大阪芸術大学において十数年にわたり建築・環境デザインの教鞭をとり、後進の育成に携わった。それらの活動と並行して、彼は子どもたちを対象とした立体造形教室を、自身のアトリエだけでなく関西各地で開き続けた。

狩野は現在療養中であるため、本書の出版に際し、校正を手がけることはかなわなかった。日記のオリジナルの状態に手を加えないことが、狩野の個性を失わない適切な方法と判断したため、理解の難しい部分が残ったことは事実である。本来、狩野自身の手により質を高める過程が必要である。読者諸賢の寛大な心にすがることとなるが、何卒ご海容いただきたい。

本書の編集は、狩野が編集長を務めた近畿建築士会協議会の会報誌『hiroba』で協働した南島順子氏が手がけた。子息の狩野新氏とNPO法人「これからのまち・建築・みどりをつくる会」の代表理事を狩野の跡を継いで務める濱田康郎氏、狩野の神戸大学時代の教え子である原司枝氏が、文字起こしとスケッチの整理を進めた。

本書が、建築・都市・まちづくりについて関心を寄せる方々にとって、道標につながる未来へのメッセージとなれば、狩野自身の一番望むところであろう。

2003年頃、事務所近くの淀川のＪＲ高架下にて
撮影／河合止揚

狩野忠正

１９３８年　韓国全羅南道麗水生まれ
１９６２年　神戸大学工学部建築学科卒業
１９６２年　㈱竹中工務店
　１９８１年「三輪そうめん山本本社」にて第六回吉田五十八賞受賞
１９９４年　㈱竹中工務店プリンシパルアーキテクト
１９９５年　狩野忠正建築研究所設立
　１９９６年１月〜１９９７年３月　ドイツ・ベルリンに居住
１９９７年　神戸大学工学部建築学科教授
２００１年　神戸大学名誉博士
２００１年　大阪芸術大学環境デザイン学科教授
２００８年　大阪芸術大学大学院客員教授

ベルリンにて

狩野忠正年譜

主たる設計作品

竹中工務店時代／ショーズビル、ダイエー鹿児島ショッパーズプラザ、塩野義製薬福島分室、ユニチカオークタウン、清和台センターモール（1980年商空間デザイン奨励賞）、百合学園聖母幼稚園、三輪そうめん山本本社（1981年吉田五十八賞、1984年BCS賞、2014年JIA25年賞）、播磨屋本店円山店（1989年BCS特別賞、1990年日本建築士会連合会優秀賞、同大阪府知事賞、2012年JIA25年賞）、京都・四条通りアーケード（1990年グッド・デザイン商品選定証）、梅花学園澤山記念館（1990年日本建築士会連合会優秀賞）、YHP神戸事務所、奥郷屋敷（1991年BCS賞、日本建築士会連合会優秀賞、甕賞銀賞）、心斎橋筋アーケード（1991年照明学会優秀照明施設賞）

狩野忠正建築研究所時代／長嘯館、円安寺、UFF（2000年銅を用いたすぐれた建築のコンクール入賞）、神戸大学百年記念会館（2001年神戸景観・ポイント賞）、吹田の家、ケロヨンシアター（S邸）、中之島公園照明計画、南山洞禅院、ヨーロッパ通りまちづくり、家と庭と家（K邸）、フローリス（老人介護保険施設）、Obal house・楕円の家、鹿篭の家I期、ぐるぐるハウス・N邸、天満天神繁昌亭（2008年大阪都市景観建築賞、同大阪まちなみ賞、同大阪市長賞）、鹿篭の家II期、空の庭・Y邸、調布の広場（共同住宅・作業場・ギャラリー）、浮かぶ家・U邸、ナンジャモンジャの家・H邸

著書

コマーシャルスペースの計画とデザイン(1886年　商店建築社)、　現代の民家(1989年　学芸出版社)、光・形（1989年　求龍堂)、　建築ノート（1992年　新建築社)、　建築に潜む自然（1993年六曜社)、自然に潜む日本（1993年　六曜社)、　環境デザインの視野―人・都市・自然を学ぶにあたって（2006年　澪標)

展覧会

建築家の自邸写真展（1985年　天神橋OMMビル)、　西・現代建築家の自邸PART1（1986年　銀座ポケットパーク)、　彫刻と建築の空間展（1986年　アートスペース虹)、　'87光・音（1987年　アートスペース虹)、遊女の都市建築展（1989年　心斎橋パルコ)、　ノート'90（1990年　アートスペース虹)、　圧縮と引張／狩野忠正による空間への試み（1991年　アートスペース虹・信濃橋画廊)、都市の余白（1999年　建築家倶楽部)、　沈黙する空間（1999年　ハービス大阪)、　住宅作家展（2001年　芦屋ラポルテ)、　建築100話（2001年　意匠学会展覧会・京都市立芸術大学)、Exhibition浮遊展、　Exhibitionベルリン・大阪展（2007年　中之島公会堂)

謝辞

本書は、NPO法人「これからのまち・建築・みどりをつくる会」が発行する運びとなりました。出版にあたり、NPO法人会員の方々を始め、竹中工務店在職時代を含めた狩野先生と交誼のあった多くの方々、また狩野先生が総合監修にあたった「有田町市民交流センター（2017年7月竣工）」の関係者の方々等、多くの方々に多大なご協力を賜りました。深く感謝申し上げます。狩野先生は非常に広い、豊富な交友関係がある方ですが、編集作業の関係でご協力のお声をかけさせていただく時間的余裕がなかった方々もたくさんありました。お詫び申し上げます。

また、あとがきを、荒木公樹氏に執筆していただきました。氏は大阪府建築士会の会報誌『建築人』にて特集「狩野忠正」の編集を手がけました（2015年4月号）。狩野先生のポートレイトは、先生の親友の彫刻家・河合隆三氏のご子息である写真家の河合止揚氏にご提供いただきました。あらためて深く感謝申し上げます。

本書は、狩野先生がベルリン時代に書き綴られた日記をそのままに書き起こしたものです。そのため、狩野先生が神戸大学、大阪芸術大学で学生たちの指導の際、熱心に語られていた教え、建築家としてのありようが、建築家・狩野忠正の思想、心情を赤裸々に吐露した言葉で紡がれています。私は神戸大学時代の三年間、狩野研究室でお世話になり、現在、狩野先生が設立された

NPO法人「これからのまち・建築・みどりをつくる会」の代表理事を務めています。学生時代、漠然と理解していたことが、本書により自分の中で消化され、約二十年越しのメッセージとして感じ取ることができました。

狩野先生からは「現在だけではなく未来を見据えた、時間を越えた設計をするためには、設計をする場所と向き合い、答えを紡ぎ出すことが大事である」と教えられたと理解しております。

最後にこの本の出版に携わった一人として、こころよく基金のご協力に応じてくださった方々を始め、関係各位、またすべての読者の方々に、深く感謝申し上げます。

NPO法人これからのまち・建築・みどりをつくる会
代表理事　濱田康郎
（濱田康郎建築設計事務所）

※NPO法人「これからのまち・建築・みどりをつくる会」は、〝その地域に相応しい建築やまちなみ及び緑豊かな心地よい環境を創り出すための提案や、卓越したものづくりの技術を発掘してその活用を図り、次世代に正しく継承していくための活動も合わせて行うこと〟を目的とし、二〇〇九年に狩野忠正氏が主体となり設立されたNPO法人です。現在、主に、子どもたちを対象とした立体造形教室の活動をしています。

Message from Berlin　一建築家の思索の日々

２０１８年４月２５日発行

著　者　狩野忠正

発行者　ＮＰＯ法人「これからのまち・建築・みどりをつくる会」
大阪市北区中津三丁目十七・十四
ＴＥＬ　〇六・六一三六・七六二三
ＦＡＸ　〇六・六一三六・七六二四

発行所　澪標《みおつくし》
大阪市中央区内平野町二・三・十一・二〇二
ＴＥＬ　〇六・六九四四・〇八六九
ＦＡＸ　〇六・六九四四・〇六〇〇
振替　〇〇九七〇・三・七二五〇六

印刷製本　亜細亜印刷株式会社

ＤＴＰ　山響堂pro.

定価はカバーに表示しています
落丁・乱丁はお取り替えいたします